석인본 〈북관일기〉의 누락 부문, 초서원고본을 통해 확인 복원
임진왜란 당시 함경도 관찰사 겸 도순찰사의 186일간 기록

중호 윤탁연
북관일기

重湖 尹卓然 北關日記

尹卓然 원저
申海鎭 역주

보고사
BOGOSA

머리말

이 책은 중호(重湖) 윤탁연(尹卓然, 1538~1594)이 1592년 4월 25일부터 1593년 8월 13일까지 임진왜란 당시 전란의 상황을 기록한 일기를 번역하였다. 이 일기는 윤탁연의 문집《중호선생문집(重湖先生文集)》의 상권과 하권에 걸쳐 수록된〈북관일기(北關日記)〉로 186일간 기록한 것이다.

윤탁연의 본관은 칠원(漆原), 자는 상중(尙中), 호는 중호이다. 윤석보(尹碩輔, ?~1505)의 증손자, 석보의 차남 내섬시 판관 윤문형(尹文亨, 생몰년 미상)의 손자이다. 부친은 우봉 현령 윤이(尹伊, 1502~1576)이고, 모친은 안동 김씨(安東金氏) 김윤선(金胤先)의 딸이다. 1558년 생원시에 합격하고, 1565년 알성 문과에 급제하여 승문원에 보임되었다. 1568년 천추사(千秋使) 서장관으로, 1573년 주청사(奏請使) 서장관으로 명나라를 다녀왔다. 1575년 동래부사와 상주 목사를 지냈고, 1580년 좌승지와 1581년 도승지 등을 지냈으며, 1582년 경상도 관찰사와 1585년 경기도 관찰사를 지냈다. 그 뒤로 한성부판윤에 승진하고 형조판서와 호조판서를 지냈다. 1591년 종계변무(宗系辨誣)의 공으로 광국공신(光國功臣) 3등에 책록되고 칠계군(漆溪君)에 봉해졌으며, 특히 비변사 유사 당상(備邊司有司堂上)을 역임하였다.

윤탁연은 1592년 임진왜란이 일어나자 4월 29일 임해군(臨海君)

호종 임무를 맡아 이튿날 함경도로 떠났으며, 함경도 함흥에서 근
왕병(勤王兵)을 불러 모았으나 호응을 받지 못하였다. 가등청정(加
藤淸正: 가토 기요마사)이 이끄는 왜군이 철령을 넘어 북상하자, 임해
군 일행이 회령(會寧)으로 허겁지겁 피난하여 윤탁연은 삼수(三水)
의 별해보(別害堡)에 남게 되었다. 회령에 뒤늦게 들어온 순화군(順
和君)과 함께 임해군은 전란 중에도 회령의 토호들에게 행패를 부리
고 부녀자들을 강탈하였는데, 함경도 회령의 아전 국경인(鞠景仁)
등이 반란을 일으켜서 임해군과 순화군 등을 체포하여 왜장 청정(淸
正)에게 넘겨주었다. 이에, 선조(宣祖)는 7월 10일 윤탁연을 함경도
관찰사로 임명하고, 이틀 뒤인 7월 12일에 특명으로 도순찰사까지
겸직하도록 하였다. 곧 남병사와 북병사를 아울러 통솔하고 관군과
의병을 모두 동원하여 가토의 왜군을 물리치고 속히 두 왕자를 구출
하라는 의미였다. 왜냐하면, 함경도 내의 외관(外官)을 규찰하고 수
령까지 포함한 성적을 1년에 2차례 평가하여 보고할 수 있었으니
도내의 군사 및 민사를 지휘하고 통제할 수 있었을 뿐만 아니라,
직단권(直斷權: 독자적 처분 권한)이 있어 일을 처리하는데 독자적인
권한이 주어진 데다 전란에서의 군권까지 장악하였으니, 말 그대로
함경도 관군의 총괄자였다고 할 수 있기 때문이다.

　그렇지만 주지하듯 윤탁연은 북관의 의병을 거느린 정문부(鄭文
孚, 1565~1624)와 손을 잡지 못하고 서로 알력이 있었다. 처음에 정
문부가 직급이 낮은 6품의 북평사(北評事)로서 스스로 의병대장이
라 일컫고 2품의 관찰사 윤탁연에게 관문(關文)을 보내왔는데, 그
문투가 대등한 입장에서 맞상대하려는 듯하였다. 그리하여 윤탁연

은 "평사(評事)는 일개 막료의 관직이니, 마땅히 감사의 지휘를 받아야 한다."라고 하였으나, 젊은 정문부는 그 명령에 따르지 않았다. 그러하였지만 정문부의 의병은 경성(鏡城)을 수복하고 회령으로 진격하여 두 왕자를 왜군에게 넘겨준 국경인의 숙부 국세필(鞠世弼) 등을 죽이고 반란을 평정하였다. 또한 명천(明川)·길주(吉州)에 주둔한 왜군과 장덕산(長德山)에서 싸워 대승하여 〈장덕산 대첩〉이라 일컬었고, 그해 12월 쌍포(雙浦) 전투와 1593년 1월 백탑교(白塔郊) 전투에서 왜군을 크게 무찔러 이른바 〈북관대첩〉이라 일컬었으니, 관북 지방을 완전히 수복하였다. 백탑교 싸움에는 남관(南關)의 의병대장 한인제(韓仁濟)가 좌위장(左衛將)이 되어, 북관(北關)의 의병과 함께 왜적과 싸워서 전공을 세웠다. 이러했음에도 윤탁연은 정문부가 전후로 세운 전공(戰功)을 모두 사실과 다르게 조정에 보고하였다고 《선조수정실록》에서는 부정적인 인물로 묘사되지만, 실제 기록들을 살펴보면서 과연 그러한지 짚어볼 필요가 있다. 또한 그러하다면 그 이유가 무엇인지도 다방면으로 아울러 짚어볼 필요가 있다.

이에, 윤탁연의 실제 기록으로 일컬어지는 〈북관일기〉를 주목하였다. 이 일기가 함께 수록된 문헌은 1957년 석인본(石印本) 상하 2권 1책으로 간행된 《중호선생문집》과, 2005년 칠원 윤씨 칠계군 종친회에 의해 비매품으로 간행된 《중호선생문헌집(重湖先生文獻集)》이 있다. 특히, 문헌집은 이전에 간행된 문집과 비교하면, 북관일기의 '초서원고본'을 영인한 점, 김현영과 류주희 글이 수록된 점, 조선왕조실록 관련 기사를 조사하여 수록한 점 등이 보태었고 아울러 번역한 점이 다르다. 그러나 아직도 여전히 여러 면에서 전문가의 손길이 필요해 보인다. 다만, 초서원고본은 문헌의 변주 과정을 살펴보는데 중요한 자료라 하겠다.

이 책에서는 1957년 간행 석인본 〈북관일기〉를 주 텍스트로 하되, 초서원고본을 통해 확인한 누락 부분은 각주에 원문과 번역문을 실었다. 초서원고본의 탈초는 2005년 당시 국사편찬위원회 교육연구관 김현영 선생이 공들인 것인데, 그 공 덕분으로 활자화하는데 수월하였으니 고마운 마음을 표한다. 한번 확인해보면 좋을 것으로, 석인본에서 초서원고본의 내용을 변개한 곳은 없었으며, 대부분 누락만 있었다는 점이다. 누락은 대부분 윤탁연의 개인사이거나 노비와 관련된 것 등이었다. 초서원고본은 적어도 1957년 석인본 간행 시에 존재했었음을 확인할 수 있었다. 실상이 이러하다면 초서원고본도 윤탁연의 '친필초서본'에서 누락시키고 정리되었을 가능성이 농후하다. 하여 작가론을 비롯해 당대의 실상을 논할 때 상당히 조심스럽게 접근해야 함을 알 수 있다. 이에, 연구자들이 문헌의 변주 실상을 확인할 수 있도록 초서원고본의 이미지도 함께 영인하려고 했으나, 관계자들이 승낙하지 않아 못내 아쉽다.

이 책을 통하여 임진왜란 초기에 조선의 풍패지향(豊沛之鄕)인 함경도에서 관찰사 겸 도순찰사였던 윤탁연이 왜군의 동태를 파악하여 행재소와 긴밀히 연락하면서 방비책을 세우고 민심을 안정시키기 위해 동분서주한 모습을 보여주며, 당대의 미세하고 다양한 움직임을 기록한 것을 제대로 살펴보기를 바랄 뿐이다. 의병뿐만 아니라 관군들의 움직임도 좀 더 적극적으로 살펴보아야 하지 않을까

하기 때문이다.

한결같이 하는 말이지만 나름대로 최선을 다하고자 했다. 그러함에도 불구하고 여전히 부족할 터이니 대방가의 질정을 청한다. 이책과 같은 실기 문헌은 인물과 시간, 그리고 장소에 대해 정밀하게주석 작업을 해야 하는데 아직도 채우지 못한 주석 작업이 많이 있지만 부족함을 채우고 오류를 바로잡는 과정에서 후의를 입었고,또 비매품 문헌집을 기꺼이 보내 준 칠원윤씨칠계군종친회 윤순원사무장에게 이 자리를 빌려 고마움을 표한다. 끝으로 편집을 맡아수고해 주신 보고사 가족들의 노고와 따뜻한 마음에 심심한 고마움을 표한다.

2022년 9월 빛고을 용봉골에서
무등산을 바라보며 신해진

차례

만력 20년 임진년(1592)

만력 21년 계사년(1593)

일러두기

이 책은 다음과 같은 요령으로 엮었다.

01. 번역은 직역을 원칙으로 하되, 가급적 원전의 뜻을 해치지 않는 범위 내에서 호흡을 간결하게 하고, 더러는 의역을 통해 자연스럽게 풀고자 했다. 다음의 자료가 참고되었다.
    • 『중호선생문헌집』(연구·번역편), 칠원윤씨칠계군종친회, 2005.

02. 원문은 저본을 충실히 옮기는 것을 위주로 하였으나, 활자로 옮길 수 없는 古體字는 今體字로 바꾸었다.

03. 원문표기는 띄어쓰기를 하고 句讀를 달되, 그 구두에는 쉼표(,), 마침표(.), 느낌표(!), 의문표(?), 홑따옴표(' '), 겹따옴표(" "), 가운데점(·) 등을 사용했다.

04. 주석은 원문에 번호를 붙이고 하단에 각주함을 원칙으로 했다. 독자들이 사전을 찾지 않고도 읽을 수 있도록 비교적 상세한 註를 달았다.

05. 주석 작업을 하면서 많은 문헌과 자료들을 참고하였으나 지면관계상 일일이 밝히지 않음을 양해바라며, 관계된 기관과 여러분께 진심으로 감사드린다.

06. 이 책에 사용한 주요 부호는 다음과 같다.
    • (   ) : 同音同義 한자를 표기함.
    • [   ] : 異音同義, 出典, 교정 등을 표기함.
    • "   " : 직접적인 대화를 나타냄.
    • '   ' : 간단한 인용이나 재인용, 또는 강조나 간접화법을 나타냄.
    • 〈   〉 : 편명, 작품명, 누락 부분의 보충 등을 나타냄.
    • 「   」 : 시, 제문, 서간, 관문, 논문명 등을 나타냄.
    • 《   》 : 문집, 작품집 등을 나타냄.
    • 『   』 : 단행본, 논문집 등을 나타냄.
    • ◇ : 초서원고본에는 있으나 석인본에는 없을 때.

07. 이 책과 관련된 안내 사항과 논문은 다음과 같다.
    • 1957년 간행 석인본《중호선생문집》을 주 텍스트로 하되, 2005년 간행 『중호선

생문헌집』의 초서원고본과 대조하여 소소한 글자 출입은 차치하고 누락 문장 중심으로만 밝혀 두었다.

- 특히, 초서의 탈초는 2005년 당시 국사편찬위원회 교육연구관 김현영 선생이 공들인 것을 참고하였다.
- 김만호, 「임진왜란기 일본군의 함경도 점령과 지역의 동향」, 전남대학교 대학원 석사학위논문, 2008.
- 류주희, 「임진왜란을 전후한 윤탁연의 활동: 〈북관일기〉를 중심으로」, 『한국사상과 문화』 28, 한국사상문화학회, 2011.
- 서수용, 「중호 윤탁연 연구」, 『동양예학』 24, 동양예학회, 2020.
- 김재천, 「임진왜란 중 정문부와 윤탁연의 갈등 양상 연구」, 『동북아문화연구』 65, 동북아시아문화학회, 2020.

| 번역과 원문 |

북관일기 상
北關日記 上

만력 20년 임진년
(1592)

만력(萬曆) 20년 임진년(1592) 4월 3일

萬曆二十年壬辰四月三日錄。

4월 25일(갑인)。 맑음。 우림위청(羽林衛廳)에 근무함。

경성 시위 도검찰사(京城侍衛都檢察使): 이양원(李陽元, 협주: 한산
　부원군(漢山府院君)이다.)

부사(副使): 윤탁연(尹卓然, 협주: 칠계군(漆溪君), 시호는 헌민(憲敏),
　호는 중호(重湖), 곧 공이다.)

종사관(從事官): 사옹정(司饔正) 류영순(柳永詢), 호조정랑(戶曹正
　郎) 이경함(李慶涵), 좌랑(佐郎) 이잡(李磼), 전 부사(前府使) 박
　인량(朴寅亮), 전 주부(前主簿) 이천유(李天裕)

군관(軍官): 전 부사(前府使) 김호침(金好忱), 전 현감(前縣監) 신응
　사(申應泗), 전 부장(前部將) 이종성(李宗誠)·이경진(李景震)·
　이응진(李應震), 전 만호(前萬戶) 원경전(元景詮), 내금위(內禁
　衛) 이덕의(李德義)·윤□홍(尹□泓)·한덕구(韓德久)·방응각(房
　應角)·이대립(李大立)·류옥수(柳玉樹)·이계남(李繼男)·이천

수(李天秀) · 이민신(李敏信) · 김백려(金百礪) · 원경납(元景納) ·
김수인(金秀寅) · 곽안국(郭安國) · 이단(李湍) · 이령(李衙) · 성춘
경(成春卿) · 이봉헌(李奉憲) · 원수의(元守義) · 신충선(愼忠善) ·
이상(李尙) · 김대길(金大吉) · 남용(南瑢) · 성순경(成舜卿) · 권승
경(權升慶)

좌상대장(左廂大將): 변언수(邊彦琇)

종사관(從事官): 이현철(李賢哲) · 이준헌(李遵憲) · 오정방(吳定邦) ·
이상고(李尙古) · 이사모(李士慕: 李士恭의 오기)

중상대장(中廂大將): 신각(申恪)【협주: 여기만 종사관이 기록되어 있지
않아 의아하다.】

우상대장(右廂大將): 이전(李戩)

종사관(從事官): 이공좌(李公佐) · 정수곤(鄭壽鵾) · 최헌상(崔獻祥) ·
최흠(崔歆) · 이섬(李暹)

경성(京城)의 둘레

궁가(弓家: 성벽 위의 구조물)는 흥인문(興仁門: 동대문) · 혜화문(惠化
門: 동소문) · 숙정문(肅靖門: 북대문) · 백악당(白岳堂: 북악당)이 2,337
좌(坐)에 이르고, 백악당 · 돈의문(敦義門: 서대문)이 1,812좌에 이르
고, 돈의문 · 서소문(西小門: 서의문) · 숭례문(崇禮門: 남대문) · 목멱당
(木覓堂: 남산당)이 1,200좌에 이르고, 목멱당 · 수구문(水口門: 광희

서울의 사대문 사소문
출처 : doopedia.co.kr

문)이 1,875좌에 이르러서 모두 7,224좌이다.

비변사에서 아뢰기를, "적군이 만일 점점 핍박해 온다면 마땅히 군사들을 시켜 장강(長江)의 험준한 지형을 의지해서 세력을 연합하여 멧돼지처럼 돌진해오는 침입을 물리치도록 해야 하니, 경성(京城)의 제색군(諸色軍: 각종 군사)은 모두 도성을 지키는데 적절히 동원하고, 도성 밖에 징집된 자들이 와서 모이기를 기다렸다가 제장(諸將)에게 나누어주고 통솔하도록 하여 굳게 지킬 계책으로 삼아야 합니다. 경기(京畿)의 제장(諸將)이 정군(正軍)을 군영(軍營)으로 들

여 상번(上番)하게 하는 것 외에는 관찰사에게 경사(京師: 한양)를 방
어하고 수호하는 책임을 지워 방어사(防禦使)와 조방장(助防將) 등과
함께 곳곳에 병사를 주둔시키고 천연의 요새지 장강을 의지하여 지
키며 도성의 안팎에서 기세를 타고 번갈아 앞뒤로부터 몰아치는 형
세를 이루어야 합니다. 강물의 상류와 하류에 있는 얕은 여울을 또
한 미리 파내어 적들이 쉬 넘어오지 못하도록 하고, 주둔 군사들이
의지해 지킬 곳도 또한 미리 정해야 합니다. 게다가 적의 소식을
정탐할 사람을 의당 많이 정하여 날마다 교대해 보내고 충청도 및
경상도로 들어가는 초입의 땅에서 연이어 돌아와 소식을 전하면,
그때그때 필요에 따라 대응하는 일을 도모해야 하니 경기감사·방
어사·조방장에게 교서(敎書)를 내려서 제때 조치하도록 해야 합니
다. 감사도 또한 응당 광주(廣州) 등지에 머물며 대응하도록 해야
합니다. 이러한 뜻을 아울러 하유(下諭)하는 것이 어떠하겠습니까?"
라고 하니, 전교하기를, "아뢴 대로 하라."고 하였다.

검찰사(檢察使: 이양원)의 뜻으로 아뢰기를, "도성의 궁가(弓家)가
7,200좌(坐)인데, 해조(該曹: 관련 부서)에서 뽑아낸 군사가 단지
4,500명이니 비록 1명으로 하여금 각기 한 궁가를 지키도록 해도
반이나 부족합니다. 심지어 각 요해의 제장(諸將)은 독신자 외에는
다른 사람이 전혀 없으니 매우 걱정스럽습니다. 각 해당(該當, 협주:
비변사를 가리킨다.) 담당자가 신속히 조치하도록 하는 것이 어떠하겠
습니까?"라고 하니, 전교하기를, "아뢴 대로 하라."고 하였다.

이날 병세가 여전하였다. 이날 병조판서(兵曹判書, 협주: 洪汝諄)의
교체를 비변사에서 의논하고 의망(擬望: 후보자 천거)하기에 이르렀

으나, 어명이 그대로 있게 하였다. 나 같은 사람도 또한 의망을 보
건대, 차라리 그대로 두었던 것만도 못하였다. 대개 위급함을 당하
여 장수를 바꾸는 것이 옳지 않은데, 하물며 병조판서임에랴! 내
생각으로는 교체하지 않는 것이 잘 되었다.

四月二十五日甲寅。晴。坐羽林衛¹廳。

京城侍衛都檢察使²: 李陽元³【漢山府院君】

副使: 尹卓然⁴【漆溪君, 謚憲敏, 號重湖, 卽公也.】

---

1 羽林衛(우림위): 조선시대 禁軍의 하나. 1492년 서얼을 흡수하고 부족한 금군
   을 확충하기 위하여 설치되었다. 지위는 內禁衛·兼司僕보다는 못하나 甲士보
   다는 위이다.

2 都檢察使(도검찰사): 조선시대, 나라에 난리가 났을 때 임금의 명령을 받고
   지방에 나가서 제반 군무를 검찰하는 일을 맡은 임시 벼슬.

3 李陽元(이양원, 1526~1592): 본관은 全州, 자는 伯春, 호는 鷺渚. 1555년 알성
   문과에 급제, 檢閱·著作을 거쳐 1563년 호조참의가 되었다. 그해에 宗系辨誣
   使의 서장관으로 명나라에 들어가 객사한 正使 金澍를 대신해, 명나라의《太祖
   實錄》과《大明會典》에 태조 李成桂의 아버지가 고려의 李仁任으로 잘못 기재
   된 것을 李子春으로 바로잡고 돌아와 그 공으로 加資되었다. 그 뒤 평안도·충청
   도·경기도의 관찰사, 형조판서·대제학·대사헌 등을 역임하고, 1590년 종계변
   무의 공으로 光國功臣 3등에 책록되고 漢山府院君에 봉해졌으며, 이듬해 우의
   정에 승진하였다. 1592년 임진왜란이 일어나자 留都大將으로 수도의 수비를 맡
   았으나 한강 방어의 실패로 楊州로 철수, 分軍의 부원수 申恪과 함경도병마절
   도사 李渾의 군사와 합세해 蟹踰嶺에 주둔, 일본군과 싸워 승리한 뒤 영의정에
   올랐다. 이때 의주에 피난해 있던 선조가 遼東으로 건너가 內附(딴 나라에 들어
   가 붙음)한다는 소식을 전해 듣고, 탄식하며 8일간 단식하다가 피를 토하고 죽었
   다 한다.

4 尹卓然(윤탁연, 1538~1594): 본관은 漆原, 자는 尙中, 호는 重湖. 1558년 생원
   시에 합격하고 1565년 알성 문과에 급제, 승문원에 보임되었다. 승정원주서를
   거쳐 1568년 전적·사간원정언을 역임하고 千秋使 서장관이 되어 명나라에 다녀
   왔다. 1574년에도 奏請使의 서장관으로 명나라에 다녀와 사헌부지평·장령·교

從事官: 司饔正柳永詢[5]·戶曹正郞李慶涵[6], 佐郞李磧, 前府使
朴寅亮[7], 前主簿李天裕[8]

리·검상·사인 등을 역임하고, 이듬해 외직으로 동래부사·상주목사를 지냈다.
1580년 좌승지·도승지·예조참판을 지내고, 1582년 영남지방에 큰 흉년이 들자
왕이 윤탁연의 재능을 믿고 경상도관찰사로 특채하였다. 1585년 경기도관찰사
에 오른 뒤 한성부판윤에 승진하고 세 차례의 형조판서와 호조판서를 지냈다.
1591년 宗系辨誣의 공으로 漆溪君에 봉해졌으며, 특히 備邊司有司堂上을 역임
하였다. 1592년 임진왜란이 일어나자 왕을 모시고 북으로 가던 도중 檢察使에
임명되었다. 그때 함경도 지방에는 이미 적이 육박했으며, 함경도에 피난한 왕
자 臨海君과 順和君이 회령에서 北邊叛民과 적에게 아부한 무리에 의해 적의
포로가 되자, 조정은 勤王兵을 모아 적을 격퇴시킬 계획을 세웠다. 윤탁연은
왕의 특명으로 함경도도순찰사가 되어 의병을 모집하고, 왜군에 대한 방어계획
등 시국 타개에 노력하다가 그곳에서 객사하였다.

5 柳永詢(류영순, 1552~1630): 본관은 全州, 자는 詢之, 호는 拙庵·北川. 1573년
사마시에 합격하여 생원이 되고, 1579년 식년문과에 급제하였다. 1587년 冬至
使書狀官으로 명나라에 다녀와 동부승지·우승지를 역임하였다. 1595년 황해도
관찰사가 되었는데 家屬을 도내에 유치, 경거망동하고 또 수령을 통솔할 능력이
없다는 이유로 대간의 탄핵을 받아 파직당하였다. 이듬해 병조참지로 기용되어
海西·關西 사이의 관문인 平山山城의 중요성을 들어 그 수축을 청하였다. 1597
년 정유재란이 일어나자 왜란 중 부친과 형을 잃고, 金時獻·宋詢 등과 함께
사사로이 군량·무기 등을 준비하고 장정 700명을 모아 復讐軍을 조직, 서울의
수성계획을 세우기도 하였다. 1598년에 다시 황해도관찰사, 1601년 성주목사,
이듬해 좌승지를 역임하고, 1604년 定平府使, 1606년 경상도관찰사, 이듬해 동
지중추부사·한성부윤에 이어서 호조참판을 역임하였다.

6 李慶涵(이경함, 1553~1627): 본관은 韓山, 자는 養源, 호는 晩沙. 1585년 식년
문과에 급제, 1593년 정언·지평·세자시강원필선을 역임하고, 이듬해 掌令이
되었다. 이때 鄭澈에 대한 삭직논의가 일어나자 모두 두려워하여 말하지 못하였
으나 그는 자신을 돌보지 않고 부당성을 과감하게 상소하였다. 1603년 성주목사
를 비롯하여 光州牧使·호조참판·경상도관찰사·병조참판에 이르렀으나 폐모
론에 반대하다가 탄핵을 받고 사직하였다. 1623년 인조반정 후 한성부우윤으로
摠管을 겸하다가 나이가 많아 사직하였다.

軍官: 前府使金好忱[9], 前縣監申應泗[10], 前部將李宗誠·李景震·
李應震, 前萬戶元景詮, 內禁衛李德義[11]·尹(缺)泓·韓德久[12]·房應
甬·李大立·柳玉樹·李繼男·李天秀·李敏信·金百礪·元景納·
金秀寅·郭安國[13]·李湍·李衜·成春卿·李奉憲·元守義·愼忠善·
李尙·金大吉·南瑢·成舜卿·權升慶
左廂大將: 邊彦琇[14]
從事官: 李賢哲[15]·李遵憲·吳定邦[16]·李尙古[17]·李士慕[18]

---

7 朴寅亮(박인량, 1546~1638): 본관은 密陽. 曺植과 李滉에게 수학하였다. 府使
　를 지냈다.

8 李天裕(이천유, 생몰년 미상): 본관은 全州. 宋希建(1572~1633)의 둘째 부인인
　전주 이씨의 아버지이다.

9 金好忱(김호침, 생몰년 미상): 본관은 慶州. 남양부사, 옥천군수 등을 지냈다.

10 申應泗(신응사, 1546~?): 본관은 高靈, 자는 景源. 부친은 申淊이다. 珍山 군
　수를 지냈다.

11 李德義(이덕의, 1559~?): 본관은 新平, 자는 仁叔. 아버지는 李箕孫이다. 1583
　년 무과에 급제하였다.

12 韓德久(한덕구, 생몰년 미상): 본관은 淸州. 형제로 韓德遠이 있고, 李福男과
　는 처남 매부 사이이다. 昌城都護府使를 지냈다.

13 郭安國(곽안국, 1553~?): 본관은 玄風, 자는 忠老. 아버지는 郭信이다. 1583년
　무과에 급제하였다.

14 邊彦琇(변언수, 1544~1592): 본관은 原州, 자는 君獻. 1592년 유도대장에 제
　수되어 都元帥 金命元과 副元帥 申恪을 도와 한강을 지키는 임무를 맡았다.
　임진왜란이 발발하여 왕실이 긴박한 상황에 처했을 때 먼 남쪽에 있던 崔遠이
　1만 군사를 거느리고 임금을 보필하기 위해 달려온 데에 반해, 가까운 곳에 있던
　邊彦琇는 더 이상 적들과 맞서는 것은 헛수고에 불과하다며 구원 명령에 응하지
　않다가 군율을 어기고 군사들마저 잃어버린 죄로 白衣從軍을 명받게 되었다.
　그러나 후에 오랑캐에게 망명하고자 겨울에 얼음 언 강을 몰래 건너 새벽녘에
　楸島를 엄습한 사실이 드러나 빌을 받아 죽었다.

中廂大將: 申恪[19]【此則無從事官所錄可疑.】
右廂大將: 李戩[20]

---

15 李賢哲(이현철, 1555~?): 본관은 龍仁, 자는 季明. 아버지는 李治이다. 1583년
무과에 급제하였다.

16 吳定邦(오정방, 1552~1625): 본관은 海州, 자는 英彦, 호는 退全堂. 1583년
무과에 장원급제하였다. 당시 북쪽에서 泥湯介가 종성 땅을 자주 침범하자 大
司馬 李鎰의 휘하에서 종군하였다. 1592년 임진왜란이 일어나자, 도총부도사
로 영흥 지방에서 의병 수천 명과 힘을 합쳐 많은 전공을 세웠으며, 이어 부령
부사·정평부사를 지냈다. 1604년 전라도 병마절도사가 되고, 이어 경상우도
병마절도사 겸 진주목사와 황해도 병마절도사를 역임하였다.

17 李尙古(이상고, 1546~?): 본관은 固城, 자는 士初. 아버지는 李韶이다. 1583년
무과에 급제하였다.

18 李士慕(이사모): 李士恭(1554~1631)의 오기. 본관은 慶州, 자는 仲敬. 아버지
는 李長庚이다. 1583년 무과에 급제하였다. 1592년 임진왜란 당시 수문장으로
왕을 호종하여 의주로 피난하였다.

19 申恪(신각, ?~1592): 본관은 平山. 아버지는 申景顔이다. 작은아버지 申景閔
에게 입양되었다. 1586년 강화부사를 거쳐 이듬해 경상도방어사가 되었으나,
영흥부사 재직 시에 新昌縣監 趙希孟이 그의 첩에서 난 아들을 納粟시켜서라도
벼슬길에 나갈 수 있게 해달라는 요청을 받고 관의 곡식을 꺼내 그 납속을 충당
해주었다가 파직되었다. 1592년 임진왜란이 일어나자 다시 기용되었으며 서울
수비를 위하여 守城大將 李陽元 휘하의 中衛大將에 임명되었고, 다시 도원수
金命元 휘하의 부원수로서 한강을 지켰다. 이때 김명원은 임진에 가 있었으므로
留都大將 이양원을 따라 양주에 가서 흩어진 군졸들을 수습하고 함경도병마사
李渾의 원군과 합세하여, 양주 蟹踰嶺에서 일본군을 크게 무찔렀다. 그 결과
적의 머리 70級을 베었는데 이것은 왜란 초기 처음 있는 승첩이었다. 그런데
이 무렵 이양원이 산골에 숨어 있어 소식이 끊겼는데, 신각이 명령을 따르지
않고 이양원을 따라 도망쳤다는 내용의 狀啓가 올라가 당시 우의정 兪泓에 의해
참형을 당하였다. 이날 오후 양주에서 다시 첩보가 도착하여 왕이 신각을 죽이지
말라고 선전관을 뒤따라 보냈으나, 이미 처형된 뒤였다.

20 李戩(이전, 1517~?): 본관은 羽溪, 자는 彦祐·彦漸, 초명은 彦哲. 李戡의 동
생, 李福男의 조부. 1587년 경기도수군절도사로 있을 때 도성을 나서자마자 바

從事官: 李公佐·鄭壽鵬·崔獻祥[21]·崔歆·李暹

京城周回

弓家[22], 興仁門[23]·惠化門[24]·肅靖門[25]·白岳堂[26], 至二千三百三
十七坐[27], 白岳堂·敦義門[28], 至一千八百十二坐, 敦義門·西小
門[29]·崇禮門[30]·木覓堂[31], 至一千二百坐, 木覓堂·水口門[32], 至一

로 교자에 올라탔다는 이유로 사헌부의 탄핵을 받고 파직되었다. 이후 포도대장,
군기시제조, 비변사당상 등을 역임하였다. 1592년 4월 임진왜란 발발 직후 수성
좌위장을 맡아 성곽을 수축했으며, 임금에게 전략 12조를 헌책하였다. 4월 말
어가의 파천이 정해지자, 피난가는 선조의 어거를 의주까지 호종한 공로로 知中
樞府事로 승진하였다.

21 崔獻祥(최헌상, 1542~1592): 본관은 開城, 자는 應和. 1572년 무과에 급제하
    였다. 그의 동생 崔憲禎(1551~?)이 1583년 무과에 급제하였다.

22 弓家(궁가): 성곽에 성가퀴와 함께 설치된 구조물로 평상시에는 군기를 보관하
    고 순찰하는 군인이 쉬는 장소로 전시에는 활을 쏘는 방어 시설.

23 興仁門(흥인문): 조선 시대에 건립된 四大門의 하나. 도성의 동쪽에 있는 성문
    으로 일명 동대문이라 일컫는다. 1397년 태조가 건립하였다.

24 惠化門(혜화문): 1397년 도성을 에워싸는 성곽을 쌓을 때 도성의 북동방에 설치
    한 문. 東小門이라고도 한다.

25 肅靖門(숙정문): 조선 시대에 건립된 四大門의 하나. 도성의 북쪽에 있는 성문으
    로 일명 북대문이라 일컫는다. 경복궁의 主山인 白岳山 동쪽 고개에 위치하였다.

26 白岳堂(백악당): 경복궁 북쪽에 솟아 그 진산을 이루어온 산을 북악산이라 하기
    도 백악산이라고 한바, 그곳에 있었던 堂.

27 坐(좌): 사물을 세는 단위.

28 敦義門(돈의문): 조선 시대에 건립된 四大門의 하나. 도성의 서쪽에 있는 성문
    으로 일명 서대문이라 일컫는다.

29 西小門(서소문): 한양 도성의 4소문 중 하나. 원래 이름은 昭德門이었으나 나중
    에 昭義門으로 바뀌었다.

30 崇禮門(숭례문): 조선 시대에 건립된 四大門의 하나. 도성의 남쪽에 있는 성문

千八百七十五坐, 都已上七千二百二十四坐。

備邊司啓曰: "賊兵, 萬一漸逼, 則當使諸軍, 據長江之險, 連勢合力, 以却豕突之變, 京城諸色軍[33], 皆以守城調度[34], 在外徵召者, 待其來會, 分統於諸將, 以爲固守之計。京畿諸將, 則上番[35] 正軍[36]外, 觀察使責以捍衛京師之任, 與防禦使・助防將等, 處處屯兵, 據守天塹[37], 與城內外挾勢, 迭爲掎角之形[38]。江水上下淺深[39], 亦令預爲掘鑿, 毋使賊衆蹂越, 其屯兵據守之處, 亦須豫定。且宜多定哨探聲息之人, 逐日迭遣, 則忠淸道及慶尙道初面[40], 相續來報, 以爲臨時榮應[41]之圖事, 下書于京畿監司・防禦

으로 일명 남대문이라 일컫는다.

31 木覓堂(목멱당): 南山을 달리 일컫는 것이 목멱산인바, 그곳에 있었던 堂.

32 水口門(수구문): 한양 도성의 4소문 중 하나. 光熙門 또는 屍軀門이라고도 하는데, 西小門과 함께 시신을 내보내던 문이다.

33 諸色軍(제색군): 여러 가지 兵種에 종사하는 군인들을 총칭하는 말.

34 調度(조도): 적절히 동원함.

35 上番(상번): 正軍들이 교대로 현역복무를 하기 위해 軍營으로 들어가는 것.

36 正軍(정군): 조선 시대의 병역 의무를 가진 良人 장정. 軍役에 종사하는 사람으로 正兵이라고도 한다.

37 天塹(천참): 天險의 구덩이라는 뜻으로, 보통 長江을 가리킴. 여기서는 한강을 비유한 말이다.

38 掎角之形(기각지형): 犄角之形. 사슴을 잡을 때 사슴의 뒷발을 잡고 뿔을 잡는다는 뜻으로, 앞뒤에서 적을 몰아침을 비유적으로 이르는 말.

39 淺深(천심): 淺灘의 오기인 듯.

40 初面(초면): 첫 지면. 그 지경으로 들어가는 초입의 땅.

41 榮應(영응): 策應의 오기인 듯. 벌어진 일이나 사태에 대하여 알맞게 헤아려서 대응함.

使·助防將, 及時措置。監司, 亦當住箚⁴²於廣州⁴³等處, 以爲策
應。此意竝下諭⁴⁴, 何如?"傳曰:"依啓."檢察使意啓曰:"都城弓
家七千二百, 而該曹抄出之軍, 只四千五百名, 雖使一名各守一
弓家, 而爲半不足。至於各項諸將, 則獨身之外, 更無他人, 至爲
悶慮。令各該掌, 速措置何如?"【該當指備邊使】傳曰:"依啓." 是
日, 痁候如前。是日, 議遆兵判【洪汝諄⁴⁵】于邊司, 及其擬望⁴⁶而命
仍之。如予者, 亦見擬, 不如仍舊之爲愈。大槩臨急易將不可, 況
本兵之長耶? 予意則不遆爲得。

---

42 住箚(주차): 주둔함. 머묾.

43 廣州(광주): 경기도의 중앙에 있는 고을. 동쪽은 여주시·이천시, 서쪽은 성남
   시, 남쪽은 용인시, 북쪽은 하남시와 접하며 한강을 사이에 두고 남양주시·양평
   군과 마주한다.

44 下諭(하유): 임금이 유지를 내리는 것. 임금의 명령.

45 洪汝諄(홍여순, 1547~1609): 본관은 南陽, 자는 士信. 1567년 생원시에 합격하
   고, 1568년 증광문과에 급제, 이듬해 황해도 도사가 되고, 1575년 聖節使의 質正
   官이 되어 명나라를 다녀왔다. 1592년 임진왜란이 일어나자 병조판서로서 선조를
   호종, 북으로 피란하는 도중에 호조판서로 전임되었다. 평양에 이르러 난민들의
   폭동으로 뼈가 부러지는 상처를 당하기도 하였다. 난이 끝난 뒤 南以恭·金盡國
   등과 함께 柳成龍 등을 몰아내고 정권을 잡았다. 1599년 그의 대사헌 임명을
   남이공이 반대하자 북인에서 다시 분당하여 대북이라 부르고, 李爾瞻 등과 함께
   남이공 등의 소북과 당쟁을 벌이다가 1600년 병조판서에서 삭탈관직 되었다.
   이듬해 곧 복관되었으나, 1608년 광해군이 즉위하자 또다시 탄핵을 받아 진도에
   유배되어 이듬해 배소에서 죽었다.

46 擬望(의망): 후보자를 천거함. 관원을 임명할 때 세 사람의 후보자를 추천하였는
   데, 임금은 추천자 명단을 참조하여 결정하였다.

4월 26일。 맑음。 훈련원에서 근무함。

기성부원군(杞城府院君) 유홍(兪泓)이 아뢰기를, "승혜(繩鞋: 미투리)도 궁궐에서 쓸 것이 아니고 은철(銀鐵)도 적을 방어하는 물건이 아닌데, 변방이 더없이 위급한 때를 당하여 주상께서 그것들을 사들이라는 명을 내리시니 도성 안의 인심이 몹시 흉흉하여 모두가 장차 도성을 떠나시는 거둥이 있을 것이라고 여기지만, 신(臣)만은 홀로 믿지 않습니다. 주상께서 지난 역사를 두루 보시면 앞 수레가 엎어진 바퀴 자국이 적확하게 보일 것인데, 어찌 나라를 망치는 이러한 일을 할 수가 있습니까? 종묘(宗廟)가 이곳에 있고 사직(社稷)이 이곳에 있으며 창름(倉廩: 창고)이 이곳에 있고 인민(人民)이 이곳에 있는데, 이곳을 떠나 어디로 가시겠습니까? 우리가 비록 능히 갈 수 있을지라도 적 또한 능히 쫓아올 수 있고, 달아나다 몸을 숨길 즈음에 변고가 안에서 일어날 수도 있는데 그것을 어떻게 막을 수 있겠습니까? 지금의 계책으로는 군신 상하가 각기 충의(忠義)로써 서로 권면하고 사직과 죽기로 마음먹어서 사기(士氣)가 저절로 장대해지고 백성들이 배반할 뜻도 없도록 한 뒤에 요충지를 지키며 적의 사기가 떨어지길 기다렸다가 성을 등지고 한번 싸운다면, 어찌 승리하지 못할 리가 있겠습니까? 장강(長江)이라는 천연의 참호를 만일 경계하여 지키고 있으면 적이 능히 날아서 건너올 수 있겠습니까? 옛 임금들은 한창 강성한 적국을 두려워하지 않고 민심이 한 번이라도 동요하는 것을 깊이 두려워하였으니, 민심의 동요가 적군의 침입보다 더 참담한 것입니다. 엎드려 바라건대 전하께서는 빨리 간곡한 분부를 내리시어 도성의 백성들을 타이르시면서 죽는 한

이 있어도 떠나지 않는다는 충심을 보이시면 종묘의 제사가 매우 다행일 것입니다."라고 하니, 답하기를, "아뢴 말이 매우 지당하다. 승혜(繩鞋: 미투리)를 사들인 것은 필시 지난번 정병(精兵)에게 나누어주려는 일이었고, 은철(銀鐵)은 지난번 도감(都監)의 공사(公事)로 호조(戶曹)가 사들인 것을 보았으나 변란이 일어난 후에 정지시켰다. 그렇지 않다면 간사한 사람이 거짓 핑계를 대고서 하는 짓일 것이다."라고 하였다.

사헌부가 아뢰기를, "이처럼 나라의 형세가 매우 위태로운 때를 당해서는 인심을 진정시키는 것이 가장 좋은 방책인데, 인심이 두려워해 술렁거려 이미 흙이 무너지고 기와가 깨지는 듯한 형세가 되었습니다. 그리하여 주상께서 친히 정벌하고 결전하겠다는 말씀도 오히려 믿고 복종하지 않을 터인데, 임금의 총애를 받는 신하에서 사대부가에 이르기까지 혹은 그들의 재산을 감추기도 하고 혹은 그들의 처자식을 피난시키기도 하니 소민(小民: 평민)들이 바람에 쏠리듯 물결에 휩쓸리듯 달아나 과반이나 텅 비었습니다. 청컨대 빨리 죽는 한이 있어도 떠나지 않겠다는 말씀을 내리시어 거의 무너지는 인심을 진정시키고, 남몰래 도피하려고 도성을 빠져나간 자들의 머리를 베어 효시하면 도망쳐 숨은 자들이 제때 멈추고 돌아오지 않을 수 없을 것입니다. 청컨대 경기(京畿)·강원(江原)·황해(黃海)의 감사(監司)에게 교서(敎書)를 내리시어 각 역(驛)에서 도로를 기찰(譏察)하고, 또한 수령(守令)이 경성(京城)에서 와 있는 자들을 색출해내어 무거운 죄에 따라 처벌하도록 하면서 가장(家長)이 적발되면 종군(從軍)하게 하소서."라고 하니, 답하기를, "모두 아뢴 대로 하라."고 하였다.

이날 병조판서(兵曹判書: 홍여순)가 교체되었다.【협주: 공(公) 또한
의망(擬望)을 보았는데, 김응남(金應南)이 낙점을 받았다.】

四月二十六日。晴。坐訓鍊院。

杞城府院君兪泓[47]啓曰: "繩鞋[48]非宮禁之用, 銀鐵非禦賊之物,
而當邊圉孔棘[49]之日, 自上下貿入之命, 都下洶洶, 皆以爲將有去
邠[50]之擧, 臣獨不信也。自上博觀往史, 的見前車[51], 豈爲是亡國
之事乎? 宗廟在此, 社稷在此, 倉廩在此, 人民在此, 去此而奚適
哉? 吾雖能往, 賊亦能往, 而奔竄之際, 變且中起, 其何以禦之?

---

47 兪泓(유홍, 1524~1594): 본관은 杞溪, 자는 止叔, 호는 松塘. 1587년 명나라에
사신으로 가서 이성계가 고려의 권신 李仁任의 아들로 잘못된 것을 바로잡았으
며, 1589년 좌찬성으로서 판의금부사를 겸해 鄭汝立의 逆獄을 다스렸다. 이러
한 공으로 1590년 宗系辨誣 1등, 討逆 2등에 策勳되어, 平難功臣 호를 하사받
고 輔國崇錄大夫·杞城府院君에 봉해졌으며, 이조판서·우의정에 올랐다.
1592년 임진왜란 때 선조를 호종했고, 평양에서 세자(뒤의 광해군)와 함께 종묘
사직의 신위를 모시고 동북방면으로 가 도체찰사를 겸임하였다. 그리고 伊川에
서 격문을 여러 도로 보내 각 도의 의병들을 격려, 지휘해 방어태세를 갖추었다.
이듬해 왜적이 서울에서 물러나자, 먼저 서울에 들어와서 불탄 도성을 정리하고
전재민을 구호하는 데 힘을 기울였다. 1594년 좌의정으로서 해주에 있는 왕비를
호종하다가 객사하였다.

48 繩鞋(승혜): 미투리. 삼이나 노 따위로 짚신처럼 삼은 신이다.

49 孔棘(공극): 매우 급함.

50 去邠(거빈): 임금이 전란을 피해 도성을 버리고 다른 곳으로 옮겨가는 것. 원래
邠은 중국 周나라의 서울이었는데, 太王이 오랑캐의 침입을 받자 이를 피하기
위해 岐山 밑으로 옮겨간 고사에서 유래한다.

51 前車(전거): 前車覆轍. 앞 수레가 엎어진 바퀴 자국. 앞사람의 실패를 거울삼아
주의하라는 뜻이다.

爲今之計, 君臣上下, 各以忠義相勉, 而以死社稷爲心, 使士氣自
壯, 民無叛意, 據守要害, 待賊人師老, 背城一戰, 則豈有不勝之
理乎? 長江天塹, 苟有把截, 敵能飛渡乎[52]? 古之人君, 不畏方張
之敵國, 而深畏民心之一撓, 民心之撓, 慘於賊兵. 伏願殿下, 亟
下丁寧之敎, 曉諭都城之民, 以示效死勿去[53]之衷, 則宗祀幸甚."
答曰: "此啓至矣. 繩鞋則必是頃日精兵俵給[54]之事也, 銀鐵則頃
見都監公事, 戶曹貿易, 而變後停之矣. 不然則奸人假托而爲之
也." 府啓曰: "黨此國勢汲汲之時, 鎭定人心, 最爲上策, 而人心
危懼, 已爲土崩瓦解之勢. 自上親征決戰之敎, 猶不信服, 自貴
近[55]至士大夫家, 或埋其財産, 或徙其妻子, 小民靡然奔波, 過半
空虛. 請亟下效死勿去之敎, 以鎭垂潰之人心, 潰[56]避出城者, 斬
頭梟示, 逃避之人, 不可不及時收還. 請下書于京畿·江原·黃海
監司, 各驛譏察道路, 且使守令, 搜出自京來接者, 從重治罪[57],

---

52 長江天塹, 苟有把截, 敵能飛渡乎(장강천참, 구유파절, 적능비도호): 南朝 陳
  의 孔範이 "장강이라는 천연의 참호가 옛날부터 남과 북을 가로막고 있으니,
  오랑캐 군사가 어떻게 날아서 건너올 수 있겠는가.(長江天塹, 古來限隔南北,
  虜軍豈能飛渡?)"라고 건의했던 고사를 활용한 표현.

53 效死勿去(효사물거): 《孟子》〈梁惠王章句 下〉의 "어떤 사람은 '대대로 지켜 내
  려온 땅이므로 혼자서 마음대로 할 수 있는 것이 아니니, 죽는 한이 있어도 떠나
  지 말라.'라고도 말할 것입니다.(或曰: '世守也, 非身之所能爲也, 效死勿去.')"
  라고 한 데서 나오는 말.

54 俵給(표급): 나누어줌.

55 貴近(귀근): 임금의 측근 중에서도 특히 총애받는 신하를 가리키는 말.

56 潰(찬): 潜의 오기인 듯.

57 從重治罪(종중치죄): 두 가지 이상의 죄가 한꺼번에 드러났을 때 그중에서 더

家長摘發從軍." 答曰: "並依啓." 是日, 兵判見遞.【公亦見擬, 金應
南[58]受點.】

4월 27일(오월절: 단오) 병진。 맑음。 훈련원에서 근무함。

전교하기를, "며칠이 안 되어서 도성 안의 민심이 날로 더욱 소란
스러워졌으니, 이는 진실로 처치할 즈음 사의(事宜)에 어긋나는 것
을 면치 못했기 때문이다. 한강(漢江) 등의 나루터에는 모두 이미
배를 침몰시켰고, 사현(沙峴) 등의 방어 요새지도 또한 행인들이 다
니기 어렵게 하였고, 도성의 사대문까지 막아서 금하였으니 출입할
때면 소요가 매우 급박해진 것이다. 게다가 대간(臺諫)이 아뢴 바에
의하여 산골짜기를 수색하던 역졸(驛卒)들이 〈피난민을〉 기찰(譏察)
하며 틈을 타서 약탈하고 부녀자를 욕보이기까지 하니, 이는 큰 환
란을 초래하는 길과 같았다. 군국(軍國: 현재 전쟁 중인 나라)의 중대
한 일은 본래 주관하는 자가 있게 마련이거늘, 근래에 모의(謀議)가

무거운 죄에 따라 처벌하는 것.

58 金應南(김응남, 1546~1598): 본관은 原州, 자는 重叔, 호는 斗巖. 1585년 우승
지로 기용되고 이어 대사헌·대사간·부제학·이조참판 등을 역임하였다. 1591년
성절사로서 명나라에 갔다. 마침 명나라에서는 일본의 국서를 받고 조선이 일본
과 내통한다고 의심하는 자가 많았는데 이를 힘써 해명해 의구심을 풀어주었다.
귀국 후 한성판윤이 되었고, 다음 해 1592년 임진왜란으로 왕이 피난길에 오르
자 柳成龍의 천거로 兵曹判書兼副體察使가 되었다. 이듬해 1593년 이조판서로
서 왕을 따라 환도, 1594년 우의정, 1595년 좌의정이 되어 영의정 유성룡과 함께
임진왜란 후의 혼란한 정국을 안정시켰다.

분분하게 뒤섞여 나와 하나로 귀결시킬 수가 없다. 방패(防牌)를 준비하여 납부하는 일도 어제 명을 내려놓고 오늘 벌써 바치라고 독촉하니, 하소연하며 우는 소리가 길에 가득하여 차마 들을 수가 없는데, 이 또한 마땅히 조처할 수가 있을 것이다. 혹 병조(兵曹)의 군수가포(軍需價布)로 백성을 모집하며 포목을 바치도록 하면 10여 일이 못 되어서 마련할 수가 있으니, 각사(各司)로 하여금 충분히 상의하여 시행하도록 병조(兵曹) 등에 전교하라."라고 하였다.

감찰사의 뜻으로 아뢰기를, "도성(都城)을 지키는 것이 매우 막중한데 군사의 수가 지극히 적습니다. 경성 안의 잡색군(雜色軍)은 모두 활을 잡을 줄도 모르니 믿는 바는 금군(禁軍) 수백 명이나, 지금 그 가운데서 선발하여 전투하는 곳으로 보내려 한다고 합니다. 오늘 이곳의 호위가 도리어 영진군(營鎭軍)만도 못하니 매우 걱정됩니다. 청컨대 경중을 헤아려서 성 밖의 딴 곳으로 보내지 않는 것이 어떠하겠습니까?"라고 하니, 전교하기를, "아뢴 대로 하라."고 하였다.

또 아뢰기를, "경성(京城)을 시위(侍衛)하는데 군사의 수가 지극히 적기 때문에 아병(牙兵: 장수 휘하의 직속 군사) 70여 명을 선발하여 거느리고 급한 일에 쓰려했습니다만, 지금 이름이 사부(射簿: 활쏘기 성적 명부)에 올려져 있다며 장차 선발하여 전투하는 곳으로 보내겠다고 합니다. 청컨대 선발하여 보내지 않는 것이 어떠하겠습니까?"라고 하니, 전교하기를, "아뢴 대로 하라."고 하였다.

四月二十七日(五月節[59]) 丙辰。晴。坐訓鍊院。

傳曰: "數日之內, 都下民情, 日益騷動, 此良由處置之際, 未免

失置[60]。漢江等處津渡[61], 皆已沈船, 沙峴[62]等處亦防塞[63], 使行旅
難通, 都城四門防禁, 出入之際, 騷擾嚴急。且因臺諫所啓, 搜
推[64]山谷, 驛卒譏察, 乘時奪掠, 劫辱婦女, 如此大亂之道。軍
國[65]重事, 自有其主, 而近者謀議雜出, 莫能歸一。防牌備納事,
昨日出令, 而今日督納, 呼泣盈路, 不可忍聞, 此亦當有以處之。
或以兵曹軍需價布[66], 募民納木, 則不十餘日而可辦, 令各司十分
商度[67]施行, 兵曹等傳敎."監察使意啓曰: "守城甚重, 軍數至
少。京中雜色之軍[68], 皆是不解操弓, 所恃者禁軍數百, 而今將抄
送戰所云。今日護衛, 反不如營鎭, 極爲悶慮。請稱量輕重, 勿送
外處, 如何?" 傳曰: "依啓." 又啓曰: "京城侍衛, 軍數至少, 故抄

---

59 五月節(오월절): 그네를 타는 명절. 鞦韆節이라고도 부르지만, 일반에서는 흔
히 단오라고 부른다.

60 失置(실치): 失宜의 오기인 듯.

61 津渡(진도): 주요한 강변의 요충지에 설치한 나루터.

62 沙峴(사현): 무악재. 서울특별시 서대문구 현저동에서 홍제동으로 넘어가는 고
개이다.

63 防塞(방새): 적군이 쳐들어오지 못하도록 막는 요새.

64 搜推(수추): 搜括의 오기인 듯.

65 軍國(군국): 현재 전쟁을 하고 있는 나라.

66 價布(가포): 일정한 身役을 치러야 할 사람이 役에 나아가지 아니하고 그 역의
대가로 바치는 포목.

67 商度(상도): 헤아려 생각함.

68 雜色之軍(잡색지군): 雜色軍. 향리·관노·無役百姓·公私賤口를 망라해 戶內
의 壯實한 인정 한 사람씩으로 편성하였다. 25인을 1隊로 하고 馬步兵으로 활약
하되 영진군과 달리 각 수령의 장악 아래 운용되었다. 각 진에 있던 정규 영진군
에 비해 제2선에 위치했기 때문에 군사적 기능을 기대할 수 없는 병종이었다.

率牙兵⁶⁹七十餘名, 以爲緩急之用, 而今以名在射籍⁷⁰, 將抄送戰
所云。請勿抄送, 何如?"傳曰:"依啓."

4월 28일(정사)。 맑음。 훈련원에서 근무함。

이날 각 위(衛)의 대장들이 군사를 나누어 진(陣)을 치도록 독려했
으나, 단지 군사의 수가 적을 뿐만 아니라 종사관(從事官)이나 군관
(軍官)이 된 자들이 모두 전쟁에 관한 일을 알지 못하는 자이었기
때문에 모양새가 말이 아니었다. 날이 저물 무렵에야 겨우 군사를
나누어 사청(射廳: 활쏘기 연습장)의 동쪽과 서쪽에 진(陣)을 치고 파
하였다.

四月二十八日(丁巳)。晴。坐訓鍊院。

是日, 督各衛大將, 分軍結陣, 而非但軍少, 爲從事軍官者,
皆不解軍事者, 故不成模樣⁷¹。向晚, 僅得分軍結陣于射廳⁷²東
西而罷。

---

69 牙兵(아병): 대장 휘하에 있는 병정 중 하나. 각 隊伍의 우두머리를 따라 다니는
　병사.
70 射籍(사적): 射簿. 활쏘기 성적 명부.
71 不成模樣(불성모양): 모양이 제대로 이루어지지 아니함.
72 射廳(사청): 궁궐 안에 군사들이 활쏘는 것을 연습하기 위하여 지은 집.

4월 29일(무오)。 맑음。 훈련원에서 근무함。

이날 시험 삼아서 성(城) 위에 배치하여 세우자, 궁가(弓家) 대여섯 개마다 겨우 한 사람씩 섰으니 그것을 보기가 마음이 편치 않았다.

그때 수구문(水口門)으로 가는 길에 말을 타고 지나가는 어떤 사람을 연행하여 자세히 물으니, 어제 순변사(巡邊使) 신립(申砬)이 충주(忠州)에서 패했다고 하였다. 여러분들이 말하기를, "이 사람이 망령되이 헛소문을 전하여 군중(軍中)을 어지럽혔으니, 목을 베는 것이 마땅하다."라고 하였다. 내 생각으로 말하기를, "이 사람이 스스로 군중에 와서 말을 퍼뜨리며 '아무개가 패했다.'라고 했다면 죽이는 것이 옳겠지만, 연행해서 자세히 물었고 그가 사실대로 대답했으니 결코 죽여서는 안 된다."라고 하자, 이로써 죽이는 것을 정지하였다.

처음 배치하여 세울 때 종사관이 와서 말하기를, "대장(大將)이 가신 곳을 알지 못합니다."라고 하였다. 종사관은 이섬(李暹)이고, 대장은 이전(李戩)이다. 매우 해괴하고 놀라워 그 까닭을 살펴보니, 이섬이 다른 곳을 드나들고 있었을 때 대장이 군사를 거느려 서쪽 성의 진소(陣所: 진영)로 달려갔는데, 대장이 간 곳을 알지 못하자 공연히 겁을 내어 와서 고(告)한 것이다. 지극히 통분하여 마땅히 군령대로 시행해야 할 듯했으나, 군중(軍中)을 놀라게 하여 동요할까 염려하여 일단 용서하였다.

이날 시험 삼아 배치하던 일을 파한 후에 도성을 떠나시는 거둥이 이미 정해졌다는 소식을 듣자마자 곧장 대궐로 달려갔으나 대궐의 문이 이미 닫혀 있었다. 대궐의 문이 열리기를 기다렸다가 들어가서 빈청(賓廳)에 나아갔지만, 다시 병법(兵法)을 논하지 않았거니와 단지 피난길 떠날 때 필요한 물건들을 준비하였을 뿐이다.

얼마 되지 않아서 전교하기를, "도성에 머물러 있는 재신(宰臣: 재상) 중에 누가 왕자를 데리고 나갈 수 있느냐?"라고 하였는데, 대신(大臣)들이 회계(回啓: 의논해 대답함)하여 말하기를, "윤탁연(尹卓然)·한준(韓準)이 감당할 만하나, 다른 대신은 주상께서 재량(裁量)하여 주시기를 청하옵니다."라고 하니, 전교하기를, "임해군(臨海君)은 김귀영(金貴榮)·윤탁연(尹卓然)이, 순화군(順和君)은 정탁(鄭琢)·한준(韓準)이 모시고 가라."고 하였다.

정탁이 아뢰기를, "신(臣)은 내의원 제조(內醫院提調)이니 청컨대 대가(大駕)를 따르도록 해주소서."라고 하였는데, 전교하기를, "정탁은 대가를 따르도록 하고, 다른 재신을 다시 정하라."라고 하니, 회계하여 말하기를, "이개(李槩: 李壁의 오기)는 나이가 들어 비록 쇠약하나 충성과 신의가 있어서 감당할 만합니다."라고 하자, 전교하기를, "아뢴 대로 하라."라고 하였다.

김귀영이 아뢰기를, "선전관(宣傳官) 조인철(趙仁徹: 趙仁徵의 오기)을 청컨대 군관(軍官)으로 데려가게 해주소서."하자, 윤탁연이 아뢰기를, "소신(小臣) 또한 청컨대 군관 1명을 데려가게 해주소서."라고 하니, 전교하기를, "모두 아뢴 대로 하라."라고 하였다. 부장(部將) 이경진(李景震)을 군관으로 데려가는 일을 병조(兵曹) 및 당사자에게 말하였다.

이날 벼슬아치의 임면(任免)이 있었으니, 예조 판서 권극지(權克智)가 갑자기 죽어 홍여순(洪汝諄)으로 대신하였다. 내가 또한 의망

(擬望)을 보니, 또 경조(京兆: 한성부) 및 금오(金吾: 의금부)에도 추천
되어 모두 낙점을 받았다.【협주: 여기서부터 아래 2장이 결락됨.】

四月二十九日(戊午). 晴. 坐訓鍊院.

是日, 試令城頭排立, 弓家五六僅立一人, 見之齟齬[73]. 其時,
適於水口門路, 有人騎馬過去, 捉致問之, 則昨日申巡邊砬[74], 見
敗於忠州[75]云. 僉位[76]以爲: "此人妄傳虛言, 以亂軍中, 當斬."
云. 愚意以爲: "此人自來軍中, 而飛語曰: '某人見敗.' 則誅之可
也, 捉致問之, 而彼以實對, 決不可誅." 以此停之. 排立之初, 從
事官來言曰: "大將不知去處." 從事則李暹, 大將則李戢也. 不勝
駭愕, 察之則暹也出入他處時, 大將領軍, 馳往西城陣所, 而不知
大將去處, 而生怯來告. 極爲痛憤, 似當行軍令, 而恐爲驚動軍
中, 姑貸之. 是日, 罷場後, 聞去闕之擧已定, 卽馳詣闕下, 則門
已閉矣. 待開門, 入詣賓廳[77], 則不復論兵, 而只料理行具. 俄而,

---

73 齟齬(저어): 이가 맞지 않는다는 뜻으로, 사물이나 일이 맞지 않고 어긋남을 이
르는 말. 또는 마음이 편하지 못한 모양이기도 하다.

74 申巡邊砬(신순변립): 巡邊使 申砬(1546~1592). 본관은 平山, 자는 立之. 1567년
무과에 급제하여 1583년 북변에 침입해온 尼湯介를 격퇴하고 두만강을 건너가
野人의 소굴을 소탕하고 개선, 함경북도 병마절도사에 올랐다. 임진왜란 때 三道
都巡邊使로 임명되어 忠州 達川江 彈琴臺에서 背水之陣를 치며 왜군과 분투하
다 패배하여 부하 金汝岉과 함께 강물에 투신 자결했다.

75 忠州(충주): 충청북도 북부에 있는 고을. 동쪽은 제천시, 서쪽은 음성군, 남쪽은
괴산군, 북쪽은 강원도 원주시·경기도 여주시와 접한다.

76 僉位(첨위): 諸位. 여러분.

77 賓廳(빈청): 조선 시대에, 궁중에서 대신이나 비변사의 당상들이 모여서 회의하
던 곳.

有教曰: "留都宰臣中, 何人可陪王子而出耶?" 大臣回啓[78]曰: "尹卓然·韓準[79]可堪, 而他大臣則, 請上裁." 傳曰: "臨海君[80]則金貴榮[81]·尹卓然, 順和君[82]則鄭琢[83]·韓準陪去." 鄭琢啓曰: "臣爲內

78 回啓(회계): 임금의 물음에 대하여 신하들이 심의하여 上奏함.

79 韓準(한준, 1542~1601): 본관은 淸州, 자는 公則, 호는 南崗. 1566년 별시문과에 급제하여 예문관에 등용되었다. 예조좌랑·장령·좌승지·전라도 관찰사·호조 참판 등을 지냈다. 1588년 우참찬이 되어 聖節使로 명나라에 다녀와 황해도 관찰사가 되었다. 이듬해 안악군수 李軸, 재령군수 韓應寅 등이 연명으로 鄭汝立의 모역 사건을 알리는 告變書를 조정에 비밀장계로 올렸다. 그 공으로 1590년 平難功臣 2등이 되고 좌참찬에 올라 淸川)에 봉하여졌다. 1592년 임진왜란 때 호조판서로 順和君을 호종, 강원도로 피난하였고, 이듬해 한성부판윤에 전임되었으며, 進賀兼奏聞使로 다시 명나라에 다녀와 이조판서가 되고, 1595년 謝恩兼奏請使로 또다시 명나라에 다녀왔다.

80 臨海君(임해군, 1574~1609): 宣祖의 맏아들 珒. 임진왜란 때 왜군의 포로가 되었다가 석방되었다. 광해군 즉위 후 유배되었다가 죽었다.

81 金貴榮(김귀영, 1520~1593): 본관은 尙州, 자는 顯卿, 호는 東園. 1555년 을묘왜변이 일어나자 이조 좌랑으로 도순찰사 李浚慶의 종사관이 되어 光州에 파견되었다가 돌아와 이조정랑이 되었다. 1556년 議政府檢詳, 1558년 弘文館典翰 등을 거쳐, 그 뒤 漢城府右尹·춘천 부사를 지냈고, 대사간·대사헌·부제학 등을 번갈아 역임하였다. 선조 즉위 후 도승지·예조판서를 역임하고, 병조판서로서 지춘추관사를 겸하였으며, 1581년 우의정에 올랐고, 1583년 좌의정이 되었다가 곧 물러나 知中樞府事가 되었다. 1589년에 平難功臣에 녹훈되고 上洛府院君에 봉해진 뒤 耆老所에 들어갔으나, 趙憲의 탄핵으로 사직했다. 1592년 임진왜란이 일어나 천도 논의가 있자, 이에 반대하면서 서울을 지켜 명나라의 원조를 기다리자고 주장하였다. 결국 천도가 결정되자 尹卓然과 함께 臨海君을 모시고 함경도로 피난했다가, 회령에서 鞠景仁의 반란으로 임해군·順和君과 함께 왜장 加藤淸正의 포로가 되었다. 이에 임해군을 보호하지 못한 책임으로 관직을 삭탈당했다. 이어 다시 加藤淸正의 강요에 의해 강화를 요구하는 글을 받기 위해 풀려나 行在所에 갔다가, 사헌부·사간원의 탄핵으로 推鞠당해 회천으로 유배 가던 중 중도에서 죽었다.

82 順和君(순화군, ?~1607): 순화군은 宣祖의 여섯째 아들 珏. 부인은 승지 黃赫의

醫院提調, 請隨駕."傳曰:"鄭琢隨駕, 他宰更定."回啓曰:"李
墍⁸⁴, 年雖衰老, 而忠信可堪."傳曰:"依啓."金貴榮啓曰:"宣傳

딸이다. 임진왜란이 일어나자 왕의 명을 받아 黃廷彧·황혁 등을 인솔하고 勤王
兵을 모병하기 위해서 강원도에 파견되었다. 같은 해 5월 왜군이 북상하자 이를
피하여 함경도로 들어가 미리 함경도에 파견되어 있던 臨海君을 만나 함께 會寧
에서 주둔하였는데, 왕자임을 내세워 행패를 부리다가 함경도민의 반감을 샀다.
마침 왜군이 함경도에 침입하자 회령에 위배되어 향리로 있던 鞠景仁과 그 친족
鞠世弼 등 일당에 의해 임해군 및 여러 호종 관리와 함께 체포되어 왜군에게
넘겨져 포로가 되었다. 이후 안변을 거쳐 이듬해 밀양으로 옮겨지고 부산 多大浦
앞바다의 배 안에 구금되어 일본으로 보내지려 할 때, 명나라의 사신 沈惟敬과
왜장 小西行長과의 사이에 화의가 성립되어 1593년 8월 풀려났다. 성격이 나빠
사람을 함부로 죽이고 재물을 약탈하는 등 불법을 저질러 兩司의 탄핵을 받았고,
1601년에는 순화군의 君號까지 박탈당하였으나 사후에 복구되었다.

83 鄭琢(정탁, 1526~1605): 본관은 淸州, 자는 子精, 호는 藥圃·栢谷. 예천 출신
이다. 1592년 임진왜란이 일어나자 좌찬성으로 왕을 의주까지 호종하였다. 經史
는 물론 천문·지리·象數·兵家 등에 이르기까지 정통하였다. 1594년에는 郭再
祐·金德齡 등의 명장을 천거하여 전란 중에 공을 세우게 했으며, 이듬해 우의정
이 되었다. 1597년 정유재란이 일어나자 72세의 노령으로 스스로 전장에 나가서
군사들의 사기를 앙양시키려고 했으나, 왕이 연로함을 들어 만류하였다. 특히,
그해 3월에는 옥중의 李舜)을 극력 伸救하여 죽음을 면하게 하였으며, 水陸倂進
挾攻策을 건의하였다. 1599년 병으로 잠시 귀향했다가 이듬해 좌의정에 승진되
고 판중추부사를 거쳐, 1603년 영중추부사에 올랐다.

84 李墍(이개): 李墍(1522~1600)의 오기. 본관은 韓山, 자는 可依, 호는 松窩.
1565년 掌令, 1567년 修撰을 역임한 뒤 典翰이 되었다. 1571년 직제학, 1572
년 좌승지에 올랐으나 노모가 원주에서 병으로 눕자 이를 봉양하기 위해 사직
을 청하였다. 그러자 노모를 봉양하도록 1573년에는 강원도관찰사에 제수되었
다. 1574년 우승지가 되었다가 1578년에 다시 양주목사로 내려갔다. 1583년에
다시 중앙으로 돌아와 부제학을 역임했다. 이어 장흥부사를 거쳐 1591년에는
대사간이 되었다. 1592년 임진왜란이 일어나자 順和君을 보필하면서 강원도에
내려가 의병을 모집하였다. 1595년 다시 부제학이 되었다. 이듬해 대사간·대사
헌·동지중추부사를 차례로 역임한 뒤 이조판서에 올랐다. 1597년에 다시 지중

官趙仁徹[85], 請以軍官帶去." 卓然啓曰: "小臣亦請軍官一人帶
去." 傳曰: "並依啓." 部將李景震帶去事, 言于兵曹及當身。是
日, 有政, 禮判權克智[86]暴逝, 洪汝諄伐之[87]。予亦見擬, 又擬京
兆及金吾, 並受點。【此下二章缺.】

4월 30일(기미)。 비。 양주의 연정에서 묵음。

이날 어명을 받들어 떠나려는데, 왕자 임해군(臨海君)이 안에서
중사(中使: 내시)와 함께 합문(閤門: 편전의 정문) 밖으로 나와 말하기
를, "누가 영부사(領府事)이시고, 누가 칠계(漆溪)이시오?"라고 하는
지라, 우리 두 사람이 앞으로 나아가 말하기를, "누가 김 아무개(협
주: 김귀영)이고, 누가 윤 아무개(협주: 윤탁연)입니다."라고 하고는 그
대로 모시고서 궁문(宮門)을 나섰다. 아무개(역주자: 윤탁연)가 합문
(閤門) 밖에서 고개를 숙이고 엎드렸지만 어찌할 바를 알지 못하고

추부사·대사헌·지돈녕부사·예조판서 등을 차례로 역임하였다. 1599년에 다시
대사헌이 되고, 이어 예조판서·이조판서를 역임했다.

85 趙仁徹(조인철):《宣祖實錄》1593년 8월 2일 4번째 기사에 의하면, 趙仁徽의
오기인 듯.

86 權克智(권극지, 1538~1592): 본관은 安東, 자는 擇中. 1558년 사마시를 거쳐,
1567년 식년문과에 급제하여 검열이 되었다. 이어 봉교·전적을 거쳐 예조·병
조·형조의 좌랑을 지내고 충청도사·직장·사예·사성·직제학·지평 등이 되었
다. 1589년 대사헌으로서 사은사가 되어 명나라에 갔다 온 뒤 1591년 형조참판
및 동지경연·예조판서가 되었다. 1592년 임진왜란이 일어나자 備邊司有司堂
上으로 과로하여 죽었다.

87 伐之(벌지): 代之의 오기.

목놓아 통곡하다가 사람들이 말려서 그치고는, 인정문(仁政門) 밖에
이르자 차마 그대로 나올 수가 없어서 북쪽을 향하여 4번 절하고
물러나 왕자를 뒤따라갔다.

돈화문(敦化門) 밖으로 나가려는데, 왕자가 말하기를, "저마다 가
속(家屬)이 있을 것이니, 바라건대 집에 돌아가 작별하고 오시오."
라고 하였다. 나 또한 마음이 본가(本家)에 향해 있었는지라 그 말에
감격하여 집으로 돌아가자, 처와 첩이 머리를 맞대고 모여 앉아서
어쩔 줄 몰라 서로 마주 보고 통곡할 뿐이어서 처자식을 이끌고 문
을 나섰다. 가마를 태워 떠나보낸 후에 임해군의 궁인이 또 와서
말하기를, "왕자님께서 출발하려 하십니다."라고 하여 내달려 나아
가니, 왕자가 나와서 보고 말하기를, "왕자는 몇 사람이나 되며, 어
디를 향해 떠나는 것이오?"라고 묻는지라, 윤탁연이 대답하기를,

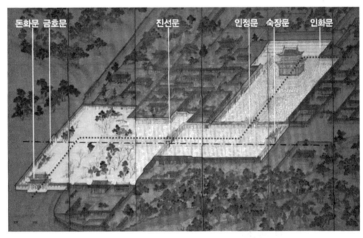

궁궐 문

"다른 사람은 알지 못하나 한준(韓準)·이개(李槩: 李墍의 오기)가 순화군을 모시고 강원도로 향하였다고 합니다."라고 하니, 왕자가 말하기를, "먼저 문을 나가서 기다리시오."라고 하였다. 즉시 내달려 흥인문(興仁門: 동대문)에 도착하니, 성문 자물쇠를 여는 사람이 오지 않아서 아직 문을 열지 못하였다. 해가 뜨자 그제야 성문이 열렸는데, 성문 밖으로부터 충주(忠州)에서 패하여 돌아온 군사들이 부지기수로 성문을 밀치고 들어왔기 때문에 간신히 틈바구니로 빠져나오니 수레가 부서지고 말이 넘어진 채로 흥인문의 길에 낭자하여 보기가 몹시 참혹하였다. 흥인문 밖에 말을 세우고서 처자식들이 나오기를 고대하고 있었는데, 노복(奴僕) 막금(莫金)이 흥인문 안으로 들어가 찾아보겠다고 하더니 도로 나오면서 말하기를, "부인은 이미 감사댁(監司宅)의 하처(下處: 임시숙소)에 도착하였고, 서방님댁의 이하는 아직 나오지 않았습니다."라고 하였으며, 또 막금(莫金)에게 들어가서 찾아보도록 하였더니 일행이 이미 다 도성을 나섰다. 나는 즉시 하처(下處)에 갔는데, 처자식들이 서로 붙잡고 울고 있으니 이때의 난처함을 이러쿵저러쿵 말하기가 어렵다.

서로 결별을 하고 말을 달려 누원(樓院)으로 나가니, 왕자 및 영부사(領府事: 김귀영)의 행차가 이미 오가시(吳加屎) 집에 들어섰다. 은계 찰방(銀溪察訪) 김영달(金穎達)·철원부사(鐵原府使) 김일(金軼: 김협의 오기)이 이곳 누원점에 도착해 있었는데, 찰방이 말하기를, "제가 역마 차사원(驛馬差使員)으로서 도성에 들어갔으나 승여(乘輿: 大駕)가 이미 떠난 뒤라 나머지 말들을 이끌고 이곳에 도착해 있었으니, 이 행차를 호송할 수 있소이다."라고 하였다. 그의 말을 들이 보니 기쁘고 다행스러웠다. 부사가 말하기를, "저는 군사를 이끌고 경성(京城)에 도착했으나, 삭녕 군수(朔寧郡守: 梁誌)가 급하게 돌아가며 길에서 본부(本府: 자기 소속 官府 곧 철원부)의 군인들을 보고 말하기를, '승여가 이미 떠났거늘 너희들은 어느 곳을 간다는 것이냐?'라고 하였기 때문에 모든 군사가 모두 퇴각해 왔소이다."라고 하는지라, 내가 대답하기를, "각 도에서 군사들을 징발하는 것은 도성을 지키기 위한 것이니, 비록 승여가 서쪽으로 떠났다 할지라도 반드시 군사들을 넘겨주어야 할 곳이 있게 마련인데 어찌 성급하게 스스로 파하여 돌아왔단 말이오?"라고 라니, 부사가 내 말을 듣자마자 곧장 일어나 말에 오르고 경성을 향하여 갔다.

왕자의 행차가 비를 무릅쓰고 출발하여 날이 저물어서야 양주(楊州)에 이르렀는데, 목사(牧使) 김복경(金福慶: 金復慶의 오기)이 객사(客舍)의 중대청(中大廳)에 있다가 서로 읍(揖)하고 말하기를, "제가 지난밤에 여주(驪州)에서 묵자니 어떤 사람이 와서 왜적이 쳐들어왔다고 전하여 여주목(驪州牧)이 놀라 동요했습니다만, 저는 동요하지 않고서 배를 타고 내려와 지금 겨우 이곳에 도착했소이다."라고 하였다. 내가 말하기를, "영공(令公)께서 거느린 군사가 어느 군대인 것이오?"라고 하니, 대답하기를, "굴탄군(掘灘軍: 여울을 파는 군대)이오이다."라고 하는지라, 재차 "여울을 모두 팠소?"라고 물으니, 대답하기를, "군사의 수가 적은데다 여울이 많아서 다 파내기가 어렵소이다."라고 하였다. 내가 말하기를, "그 일은 중도에 멈추어서는 안 되오."라고 하자, 대답하기를, "군사들이 승여가 떠났다는 소식을 듣고 모조리 흩어져 가버리니 어찌하겠소이까?"라고 하고서 이어 말하기를, "노모의 병환이 중하오이다." 하고는 관아(官衙)에 들어가더니 나오지 않았다.

왕자의 행차는 몇 명의 노비, 정덕린(鄭德麟), 영부사의 아들 김천(金闡: 김귀영의 庶子), 군관(軍官) 조인철(趙仁徹: 趙仁徵의 오기)이 수행하였으며, 내가 거느린 자는 욱동(郁仝)이었다. 군관 이경진(李景震)은 도망치고 나타나지 않으니 안타깝다.

四月三十日(己未)。雨。宿楊州[88]蓮亭[89]。

是日, 承命將出, 王子臨海君, 自內偕中史[90], 出來閤門[91]外, 曰: "誰是領府事, 誰是漆溪耶?" 吾兩人進曰: "某是金某【榮貴】某是尹某【卓然】."云, 而仍陪出官門. 某俯伏閤門之外, 不知所裁, 放聲痛哭, 爲人所止而退, 到仁政門外, 不忍出來, 北向四拜而退, 追及王子。將出敦化門外, 王子曰: "人各有家屬, 願歸家敘別而來." 吾亦向于本家爾, 感其言而歸家, 則家小[92]聚首[93]無爲, 相向痛哭而己, 率妻子出門。坐轎出送後, 臨海宮人, 又來言: "王子將發." 馳進, 則王子出見曰: "王子幾人, 出向何處?" 卓然答曰: "他則不

---

88 楊州(양주): 경기도 중북부에 있는 고을. 동쪽은 포천시, 서쪽은 파주시·고양시, 남쪽은 고양시·서울특별시, 북쪽은 연천군·동두천시와 접하고 있다.

89 蓮亭(연정): 경기도 양주시 양주1동. 과거 양주시 읍내면 연정리이다.

90 中史(중사): 中使의 오기. 궁중에서 왕의 명령을 전하던 內侍.

91 閤門(합문): 便殿의 앞문. 내전과 외전 사이에 위치하는 편전 영역에 설정되는 경우가 많으며, 의례에 따라 외부의 문이 되기도 하고, 실내의 문이 되기도 한다.

92 家小(가소): 妻와 妾만을 말함. 참고로, 家口는 父·祖·妻·妾·子·孫을 말하고, 妻小는 妻만을 말하고, 인구는 妻·妾·子·孫만을 말한다.

93 聚首(취수): 머리를 맞대고 가까이 모여 앉음.

知, 韓準·李槃, 陪順和君, 向江原道云矣." 王子曰: "先出門以
待." 卽馳到興仁門, 則以開鑰不來, 趁未開門。日出始開, 而自門
外, 忠州敗還之軍, 不知其數, 排門以入, 故艱以偸隙而出, 車摧
馬仆, 狼籍門路, 所見極爲慘酷。立馬門外, 苦待妻屬之出, 奴莫
金願入門見之, 出來言曰: "夫人[94]則已到監司宅下處, 而書房主
宅以下, 則時未出來, 又令莫金入見, 則一行已畢出城矣。余卽往
下處, 則妻兒相扶而泣, 是時之難, 難以云云。◇[95]相與訣別, 馳出
樓院[96], 則王子及領府之行, 已入吳加屎之家。銀溪察訪金穎達·
鐵原府使金軼[97], 到此店, 察訪曰: "吾以驛馬差使員入城, 而乘輿

---

94 夫人(부인): 尹卓然의 첫째 부인 礪山宋氏는 宋孟璟의 딸로 윤탁연보다 몇 년
 전에 죽은 것으로 行狀에 기록되어 있는지라, 아마도 둘째 부인 全義李氏 李念
 의 딸인 듯.

95 2005년《중호선생문헌집》의 영인 초서원고본에는 "行年五十五, 釋褐者亦已二
 十八年, 受國厚恩, 鼓舞於化育之中, 而今至於此, 不能早死, 悔恨奈何? 人間
 最稱福家者, 壽福多男, 而以今日言之, 則早死而無家眷者, 爲上福, 可爲痛哭
 痛哭.(먹은 나이가 55세이고 처음 벼슬한 것도 또한 이미 28년이나 되었는데,
 나라의 두터운 은혜를 입어 임금의 교화 속에서 고무되었으나 지금 이 지경에
 이르렀으니 일찍 죽을 수 없었음을 후회하고 한탄한들 어찌하겠는가? 사람으로
 서 가장 복 있는 집이라고 일컫는 것은 오래 살고 복을 누리며 아들 많은 것이나,
 오늘날로 말하자면 일찍 죽고서 가족이 없는 것이야말로 최상의 복이라 하겠으
 니 통곡하고 통곡할 일이다.)" 대목이 있으나, 1957년 석인본《重湖先生文集》
 에는 없음. 앞으로 누락 대목은 해당 기록만을 이와 같은 방식으로 밝힌다.

96 樓院(누원): 楊州에 속한 지명. 이곳은 경성으로 물품이 들어가는 요지이므로
 시장이 발달하여 상권이 성행하였고 특히 어물전이 밀집되어 있었다.

97 金軼(김일):《宣祖實錄》1592년 8월 1일 10번째 기사에 의하면, 金軼의 오기.
 본관은 慶州, 자는 景直. 아버지는 金九淵이다. 1567년 진사시에 합격하였으
 며, 1568년 증광시에 급제하였다. 1587년 금산군수·토산현감·경성부사·철원

已發, 餘馬到此, 可以護送此行."聞來喜幸。府使曰:"吾則領軍
到京城, 而朔寧[98]郡守[99]馳還, 而路見本府[100]軍人曰:'乘輿已發,
汝等往何處?'云, 故諸軍皆退來."云, 吾答曰:"諸道徵兵, 爲守城,
雖乘輿西行, 而必有交付之處, 何以徑自罷來?"府使聞言, 卽起
上馬向京。王子之行, 冒雨而發, 晚抵楊州, 牧吏金福慶[101], 在客
舍中大廳, 相揖而言曰:"吾去夜宿驪州[102], 有人來傳倭賊入來, 驪
牧驚動, 而吾則不動, 乘舟下來, 今纔到此."云。余曰:"令公[103]所
領, 何軍耶?"答曰:"掘灘軍也。""盡掘乎?"答曰:"軍小灘多, 難
掘."云。吾曰:"其役不可停也."答曰:"軍士聞乘輿之出, 盡爲散
去, 奈何?"仍曰:"老母病重."云, 而入衙不出。◇[104]王子行次, 數

부사·배천군수 등을 거쳐 여주목사가 되었다. 1597년 전주부윤·부평부사·삭녕
군수 등을 지냈다.

98 朔寧(삭녕): 경기도 연천과 강원도 철원 지역의 옛 지명.

99 朔寧郡守(삭녕군수): 梁誌(1553~1592)를 가리킴. 본관은 南原, 자는 彦信. 蔭
補로 관직에 나아가, 적성현감을 거쳐 1592년 삭녕군수가 되었다. 임진왜란이
일어나자 삭녕에 와 있던 경기도관찰사 沈岱의 從事官으로, 적의 야습을 만나
끝까지 항전하다가 순사하였다.

100 本府(본부): 자기가 딸리어 있는 지방의 官府.

101 金福慶(김복경): 金復慶(1544~1592)의 오기인 듯. 본관은 慶州, 자는 基善,
호는 夢允堂. 아버지는 金沵이다. 1573년 식년시에 급제하였다. 양주목사 겸
양주진 병마첨절제사로 재직하던 1592년 임진왜란이 일어나자 왜군과 분전하다
가 전사하였다. 경기도 파주읍 봉서리 산 94-1에 봉서리 충신열녀문이 있다.

102 驪州(여주): 경기도 남동단에 있는 고을. 동쪽은 양평군, 강원도 원주시, 충청북
도 충주시, 서쪽은 이천시, 남쪽은 이천시, 충청북도 음성군, 북쪽은 양평군과
접한다.

103 令公(영공): 벼슬아치들끼리 서로 높여 부르는 말.

箇子[105]·鄭德麟·領府事子金闡[106]·軍官趙仁徹隨行, 予所帶, 則
郁全也。軍官李景震, 則避而不現, 可痛。◇[107]

임진년(1592) 5월 1일(경신)。 아침엔 비 저녁엔 맑음。 포천에서 묵음。

이날 아침에 목사(牧使, 협주: 양주목사 金福慶, 金復慶의 오기)가 밖
으로 나와서 보고, 그의 모부인(母夫人)의 안부를 물었더니 지난밤
에 2번이나 기절했다가 가까스로 깨어나셨다면서 "오늘 다른 곳으
로 모친을 모시고 옮기며 저 또한 이곳을 버려두고 갈 것이오。"라고
하였다。 내가 말하기를, "성(城)을 지키는 사람이 어떻게 스스로가
하고 싶은 대로 할 수 있단 말이오?"라고 하자, 대답하기를, "노모

---

104 "是夕, 得馬後, 令世斤持載籠卜馬, 送于在後家屬處。使步來祥兒騎來, 而欲
待其到此, 更見家屬而別, 苦待不至, 不得已上馬西向, 揮涕而行.(이날 저녁
에 역말을 얻은 뒤에 세근을 시켜 말에다 농짐바리를 싣고는 뒤떨어진 가속들이
있는 곳으로 보내었다。 도보로 오는 상아가 말 타고 따라오도록 해 이곳에 도착
하기를 기다려 다시 가속들을 보고 작별하려 하였으나, 고대해도 오지 않아서
마지못하여 말을 타고 서쪽으로 향하여 눈물을 훔치며 길을 떠났다。)"
105 數箇子(수개자): 《宣祖實錄》 1593년 2월 10일 12번째 기사에 의하면, 數奴子
의 오기인 듯.
106 金闡(김천): 金貴榮의 妾子. 《宣祖實錄》 1593년 2월 10일 12번째 기사에 나온다.
107 "申時, 世斤還曰: '路見李生員兄李幼淸, 則弟則侍母在後, 此馬吾當騎去, 覓
得寓處云, 故納之而來.'云.(신시에 세근이 돌아와서 말하기를, '길에서 이생원
의 형 이유청을 뵈었더니, 아우는 어머니를 모시고 뒤떨어져 있는지라, 이 말은
내가 타고 가서 머물 곳을 찾아보겠다고 하여 바치고 왔습니다.'라고 하였다。)"

의 병환이 중하여 멀리 떠날 수 없으니 어찌해야 하겠소? 어찌해야 하겠습니까? 대체로 보아 인심이 이미 떠나서 수습하기도 어렵소이다."라고 하였다. 내가 말하기를, "인심을 진정시키는 책임은 모두 수령에게 있거늘, 어찌하여 이런 말씀을 하시는 것이오?"라고 하며 죽음으로써 성(城)을 지키라고 권면하고서 헤어졌다.

석문령(石門嶺)에 도착해서 전 남병사(前南兵使) 신할(申硈)을 보았는데, 신할이 말하기를, "저의 형님이 적을 업신여기다가 아닌 게 아니라 패하였으니 어찌하겠습니까? 어명을 듣고 말을 달려왔으나, 길이 먼데다 말이 지쳐서 이제야 이곳에 도착했는데 장차 어느 곳을 향해야 하겠습니까?"라고 하자, 영부사(領府事: 김귀영)가 대답하기를, "임금을 위하여 충성을 다하든 도성을 지키든 모두 중요한 일이나, 지금은 경성(京城)에서 적을 맞아 막고 있어 경성에 들어가면 도검찰사(都檢察使: 이양원)가 필시 지휘하고 있을 것이니, 부디 충분히 마음을 다해서 하도록 하오."라고 하였다.

오후가 되어서 포천(抱川)의 관문(官門) 밖에 이르렀지만, 남자 한 명도 찾아오는 자가 전혀 없어서 관문으로 들어가 향소(鄕所: 座首)를 부르니 향소 박문두(朴文斗)라는 자가 찾아왔는데, 고을수령이 간 곳을 물으니 현감이 군사를 이끌고서 달려갔다고만 하였다. 어떤 사람이 말하기를, "도망쳐서 촌락의 집에 숨어 있다."라고 하였다.

양주읍(楊州邑)을 출발할 때 세근(世斤)을 보내어 진답리(陳畓里)에 안부를 살피도록 보냈더니, 식솔들이 오가시(吳家屎)의 집에까지 뒤따라왔으나 우리 일행이 이미 떠나서 서로 만나지 못했다고 하였다.

지난 신유년(1561) 사이에 내가 장인 송공(宋公, 협주: 이름은 맹경으

로 첫째 부인의 아버지이다.)을 따라가 회양(淮陽) 관사(官舍)에서 책을
읽고 있었을 때, 부모님을 뵈러 가거나 과거를 보러 가는 길에 풍전
역(豊田驛)에 들러 역리(驛吏) 최구기지(崔仇其只)의 집에서 잠시이
지만 묵었으니, 그의 아들 억경(億京), 그의 족제 이금손(李金孫)과
알고 지낸 지가 오래되었다. 내일 풍전역에 도착하면 반갑게 만나
볼 것이니 위안이 되리라.

　이날 순화군(順和君)의 행차를 우연히 서로 만나 한 판서(韓判書,
협주: 韓準)에게 물으니, 원주(原州)로 가는 길에 전란의 소식을 들었
다고 하면서 일부러 가평(加平)으로 가는 길을 거쳐 이곳으로 오려
했다고 하였다. 일행이 모두 아무런 탈 없었지만, 사태에 대응하는
계책을 장계(狀啓)하는 데 미치자 그대로 본현(本縣: 鐵原縣)에 묵었
고 내일도 여기에 계속 머물려고 했는데, 경성(京城)의 소식을 알아
보더니만 왕자는 행차를 지체시키려고 하지 않았다. 나는 학질이
더욱 심하니, 근심한들 어찌하겠는가.

　壬辰五月初一日(庚申)。朝雨晚晴。宿抱川。

　是日朝, 牧使【楊州牧使金福慶】出見, 問其母夫人氣候, 則去夜
再度氣絶, 艱得甦醒, "今日陪移他處, 吾亦從此棄去."云。予曰:
"守城之人, 何能自任耶?" 答曰: "老母病重, 不可遠離, 如何如
何? 大抵, 人心已離, 難以收拾."云。予曰: "鎭定人心之責, 都在
守令, 何以發此言耶?" 勉以死守而別。到石門嶺[108], 見前南兵

---

108 石門嶺(석문령): 경기도 양주시 귀루리 아랫마을에서 포천 갈매동으로 넘어가
　　는 길에 있는 고개. 석문이고개라고도 한다. 돌문이 있던 고개라 하여 붙여진

使[109]申硈[110], 硈曰: "吾兄輕敵果敗, 奈何? 聞命馳來, 而路遠馬疲, 今乃到此, 將向何處耶?" 領府答曰: "勤王守城, 皆是重事, 而今則京城當敵, 入京城, 則都檢察使必爲節制, 須十分盡心爲之." 午後, 抵抱川[111]官門外, 絶無男人一名來見者, 入門招鄕所[112], 則鄕所朴文斗者來見, 問主倅去處, 則縣監領軍馳去云。或曰: "避在村舍."云。發楊邑時, 送世斤往候于陳畓里[113], 則家屬等, 追來于吳家屎家, 而吾行已發, 未得相値云。◇[114]往在辛酉年間, 予隨

이름이다.

109 南兵使(남병사): 조선 시대에 함경도를 南道와 北道로 나누고, 남도의 北靑에 둔 병사. 북도의 鏡城에 둔 병사를 북병사라고 하였다.

110 申硈(신할, 1548~1592): 본관은 平山. 申砬의 동생. 1589년 경상도 좌병사가 되어 활동하였다. 임진왜란이 일어나자 함경도 병사가 되어 선조의 몽진을 호위함으로써 그 공을 인정받아 좌승지 閔濬, 병조판서 金應南, 대사헌 尹斗壽 등의 추천으로 경기수어사 겸 남병사에 임명되었다. 이후 막하의 劉克良, 이빈, 李薦, 邊璣를 亞將으로 삼고 도원수 金命元과 병사를 이끌고서 임진강을 지키며 적과 대치하였다. 9일 동안 적과 대치하던 신할과 그의 병사들은 당시 도순찰사였던 韓應寅의 병력을 지원받아 작전을 세우고 심야에 적진을 기습하였으나 복병이 나타나 그 자리에서 순절하였다.

111 抱川(포천): 경기도 북동부에 있는 고을. 동쪽은 강원도 화천군·경기도 가평군, 서쪽은 연천군·동두천시·양주시, 남쪽은 의정부시·남양주시, 북쪽은 강원도 철원군과 접한다.

112 鄕所(향소): 조선 시대 각 고을 守令의 자문 기관으로서 수령을 보좌하고 풍속을 바로 잡고 鄕吏의 부정을 규찰하며, 국가의 政令을 민간에 전달하고 民情을 대표하는 자치 기구. 座首 1명과 別監 약간 명을 두었다.

113 陳畓里(진답리): 경기도 양주군 북면 진답리. 현재 경기도 양주시 隱縣面 仙岩里(일명 立石洞) 아래 新村羅이다.

114 "若未得更會, 則終天之痛也, 痛哭痛哭.(만약 다시 만나지 못한다면 이 세상이 다하도록 끝없이 비통한 것이니 봉곡하고 봉곡할 일이다.)"

外舅¹¹⁵宋公【諱孟璟¹¹⁶公之初配夫也.】, 往讀淮陽¹¹⁷官舍, 要以省
觀¹¹⁸, 或赴擧, 來過豊田驛¹¹⁹, 寓宿驛吏崔仇其只家, 其子億京·
其族弟李金孫, 相知久矣. 明到豊郵, 則蘇見可慰. ◇¹²⁰是日, 順
和君行次, 適然相値, 問韓判書【準】, 則聞原州¹²¹之路有聲息云,
故欲由加平¹²²路來此云. 一行幷無事, 及策應之事狀啓, 仍宿于
本縣, 明日欲留此, 探問京城消息, 而王子不欲滯行. 予之痁患
益篤, 悶【缺】奈何?

---

115 外舅(외구): 장인을 이르는 말.
116 孟璟(맹경): 宋孟璟(1491~1565). 본관은 礪山, 자는 伯圭. 1513년 무과에 급
   제, 선전관, 황주목사, 1528년 형조정랑을 거쳐 순천군수로 나갔다가 1533년
   숙천부사, 한성부서윤, 1537년 장흥부사를 지냈다. 1538년 길주목사에 임명되
   었다가 체직되고, 1541년 절충장군과 제포첨사, 1542년 경상좌도수군절도사,
   1543년 첨지중추부사, 1544년 회령부사, 1548년 의주목사, 1549년 동주중추부
   사, 이후 경상좌도 수군절도사를 거쳐 병조참판이 되었다가, 1551년 첨지중추부
   사, 1561년 의흥위대호군을 거쳐 회양부사를 등을 역임했다.
117 淮陽(회양): 강원도 북부 중앙에 있는 고을. 동쪽은 통천군, 서쪽은 평강군, 남
   쪽은 인제군·양구군·철원군, 북쪽은 함경남도 안변군과 접한다.
118 省觀(성근): 부모를 뵙는 일.
119 豊田驛(풍전역): 강원도 철원군 갈말읍 軍炭2리에 있었던 驛. 조선 시대에 함경
   도로 이어지는 역마 교통의 결절지로 銀溪道에 속하였다고 한다.
120 "李金孫之子金守者, 隨察訪而來, 問其崔仇其只存沒, 則仇其則已死, 其子
   則生存云.(이금손의 아들 김수라는 자가 찰방을 따라왔는데, 최구기지가 죽었
   는지 살았는지를 물으니 최구기지는 이미 죽었으나 그의 아들이 살아있다고 하
   였다.)"
121 原州(원주): 강원도 남서부에 있는 고을. 동쪽은 영월군과 횡성군, 서쪽은 경기
   도 양평군·여주시, 남쪽은 충청북도 충주시·제천시, 북쪽은 횡성군과 접한다.
122 加平(가평): 경기도 동북부에 있는 고을. 동쪽은 강원도 춘천시·홍천군, 서쪽은
   경기도 남양주시·포천시, 남쪽은 경기도 양평군, 북쪽은 강원도 화천군과 접한다.

5월 2일(신유). 맑음. 풍전역에서 묵음.

이날 낮에 양문역(梁文驛)에 도착하니, 역자(驛子: 역참에 딸린 구실아치)가 한 사람도 찾아오지 않은데다 촌락이 모두 텅 비어 있어서 간신히 한 집에 들어가 밥을 지어 시장기를 겨우 면하였다.

풍전역(豊田驛)에 가까스로 도착하니, 이 역(驛)의 역리(驛吏)도 또한 모두 도망하여 숨고 없었다. 찰방(察訪)이 역참(驛站)에 들어가 어렵사리 불러 모은 철원(鐵原) 사람들이 또한 와서 대접하는 음식을 겨우 얻어먹고 밤을 지새웠다. 최억경(崔億京)·이금손(李金孫)이 찾아와서 옛날의 일을 물으니 슬픈 감회를 가눌 수가 없었다.

이날 역참에 들어온 이후로 경성에서 왔는데, 영흥(永興)의 진전(眞殿: 御眞)을 수리할 때 주시관(奏時官)이었던 전 관상감 정(前觀象監正) 윤천형(尹踐形)이 찾아와 인사하였다. 이는 옛날 같은 동네의 사람들이 30년 지난 뒤에 천 리 밖에서 서로 만나게 된 것이니 위안이 되었다. 이 사람은 젊었을 적부터 미친 듯이 곧이곧대로였던 자로 적개심을 품은 말이 많았으나, 가상하게도 그의 말에, "험준한 요새지를 웅거하고 성(城)을 지키는 것은 쉬운 일이나 대가(大駕)가 다른 곳으로 옮겨갔다가 예전대로 회복하는 것은 어려우니, 어찌 실책이 아니겠는가? 내 생각은 이와 같을 뿐이다."라고 하였다.

五月初二日(辛酉)。晴。宿豊田驛。

是日午, 到梁文驛[123], 則驛子[124]無一人來見, 村落皆空, 艱投一

---

123 梁文驛(양문역): 경기도 포천 지역에 있었던 驛. 永平縣의 동쪽 9리 정도에 있었던 것으로 銀溪道에 속하였다.

舍, 炊飯療飢。艱到豊田驛, 此驛之吏, 亦皆竄匿。察訪入郵, 艱
得召集鐵原之人, 亦來支供, 艱得過夜。崔億京·李金孫來見, 問
其昔日之事, 悲感無任。是日, 入郵後, 京來, 永興[125]眞殿修理
時, 奏時官[126], 前觀象監正尹踐形來謁。此舊年同里之人, 三十
年後, 相値於千里之外, 可慰。此人自少狂直者, 多有敵愾之言,
可嘉, 其言曰: "據險守城易, 移蹕復舊難, ◇[127]豈非失策? 愚意如
是?"云。◇[128]

5월 3일(임술)。 맑음。 송동에서 묵음。

어제 밤에 세근(世斤)에게 쌀 1말을 가지고 진답리(陳畓里)에 가서
식솔들을 만난 뒤에는 풍전역(豊田驛)으로 뒤따라오기로 약속했으
나, 날이 저물어 지습포(池習浦) 마을의 인가에서 묵고 기고개(岐古

---

124 驛子(역자): 驛站에 소속되어 그에 관련된 각종 役을 부담하는 사람을 일컫는
말. 이들은 驛吏와 일반 驛民으로 구성되었다. 역참과 관련된 고역을 의무적으
로 져야하는 부류였기 때문에 역리와 일반 역민은 각기 郡縣의 鄕吏와 民에 비
해 낮은 계층으로 취급되었다.

125 永興(영흥): 함경남도 남부에 있는 고을. 동쪽은 동해, 동북쪽은 정평군, 서쪽은
낭림산맥으로 평안남도 맹산군·양덕군, 북쪽은 영원군, 남쪽은 고원군·문천군
과 접한다. 太祖 李成桂가 태어난 곳이어서 眞殿이 봉안된 濬源殿이 있었다.

126 奏時官(주시관): 임금에게 시각을 알리는 일을 맡은 벼슬.

127 "舍易而圖難。(쉬운 것을 버리고는 어려운 것을 도모하였다.)"

128 "新安驛吏李億孫, 族人朴彦宗, 以下番先歸, 約於新安來見。(신안역 아전 이억
손, 족인 박언종이 당번을 끝내고 먼저 돌아가며 신안으로 찾아와 만나보길 약속
하였다.)"

介: 뜰기고개) 아래에 도착해서야 서로 만났다.

가족들의 무사하다는 소식을 들었고 또한 정자(正字, 협주: 공(公)의 둘째아들, 이름은 길원(吉元), 공(公)의 상(喪)이 북관에서 나고 3일 뒤에 이어 죽었다.)의 편지를 받았다. 이 아이는 바로 지난 3월 18일에 대동강(大同江)의 배 위에서 서로 헤어졌는데, 말을 점고하기 위하여 용만(龍灣)으로 향했던 것이거늘, 무슨 연유로 이곳에서 서로 만나게 되었는지 알지 못하겠다. 그 편지를 보니, 봉산군(鳳山郡)에 도착했으나 역마(驛馬)가 사변 때문에 모두 경성(京城)으로 올라가고 없어서 가까스로 사마(私馬: 개인 소유의 말)를 구하여 기주(岐州: 坡州의 오기)에 이르러 복명(復命: 일 처리 결과 보고)을 하였으며, 마패(馬牌)도 직장(直長) 류기(柳淇)에게 바쳤다고 한다. 그리고 부모를 만나보고자 한양으로 향하던 길에 부모가 모두 북쪽으로 향했다는 소식을 듣고 말을 달려오던 즈음 모친의 행차와 서로 만났다고 한다. 전란 중에 떠돌며 지극히 궁핍하였을 때 모자가 상봉하였으니, 실로 이는 불행 중의 큰 다행이었으며, 이때의 반갑고 놀라움은 형언할 수가 없었을 것이다. 아내 및 두 딸, 이랑(李郎: 이 서방, 협주: 이름은 유심(幼深), 공(公)의 사위이다.), 희원(喜元, 협주: 공(公)의 셋째 아들)의 편지 또한 왔다.

왕성리(王城里: 土城里의 오기)를 지나 김화현(金化縣)의 5리 지점에 있는 금성(金城)의 진목역(眞木驛: 直木驛의 오기)에 이르자 공문이 도착하였다. 어제 금성 현령(金城縣令) 정사호(鄭賜湖)의 노복 중에 춘천(春川)에 있던 자가 와서 보고하기를, "왜적이 어제 춘천을 함락시키고 오늘이나 내일 사이에 이곳에 쳐들어올 것인데, 감사(監

司) 또한 달아나 피했다."라고 하였다. 왕자가 매우 놀랐고, 선전관
조인철(趙仁徹: 趙仁徵의 오기) 또한 말하기를, "여주(呂州: 驪州)의 기
음안탄(其音安灘: 亐音安灘의 오기)에서 물을 건너면 춘천(春川)이 곧
연결되는 직로(直路)입니다."라고 하였다. 영부사(領府事: 김귀영) 또
한 이 말을 듣고 김화 대로(金化大路)로 곧장 향해서는 안 되겠다고
여겼는데, 왕자가 말하기를, "그러면 앞으로 가야 할 길을 그대로
나아가기는 결코 어려우니, 마땅히 여기서부터 서쪽으로 기성(箕城:
평양)을 향해 갑시다."라고 하였다. 내가 이에 고하기를, "이미 북쪽
을 향해 가라는 어명이 있었는데, 이와 같은 길거리의 뜬소문으로
인하여 갑자기 길을 바꾸려는 것은 어려울 듯하고, 이 골짜기를 나
서면 송동(松洞)으로 가는 길이 있어 철령(鐵嶺)에 도달할 수 있으
나, 다만 길이 험하여 다니기가 어려울 따름입니다."라고 하니, 모
두가 도로 그 송동으로 가는 길을 향해 골짜기를 나서기로 의논하여
정하였다.

적빈원(赤濱院)이 있는 마을을 지나 길가의 인가에 들어가자 배가
몹시 고팠으나 단지 미음 한 그릇만 먹은 후에 기령(岐嶺)을 넘으니,
쌍령(雙嶺) 아래에 신촌(新村)이 있었고 30여 호 정도였다. 현수정
(玄守貞)의 집을 찾았으나, 땅거미가 질 무렵에야 비로소 저녁밥을
먹고 곤히 누워 밤을 지새웠다.

이날 밤에 마두(馬頭: 말잡이) 안춘희(安春希)가 도망하였으니 안
타깝다. 이날 김화(金化) 가는 길에서 변보(變報)를 듣자, 때마침 왕
자의 부인이 가마에서 내려 말을 탔다고 하는데, 이는 필시 생전
처음으로 말을 탔을 것으로 일이 급박해지자 어려워하지 않은 듯하

니 한탄스럽다. 찰방(察訪)이 말하기를, "오늘 아침에 역(驛)의 하인이 와서 말하기를, '지난 새벽에 활과 화살을 차고 말을 탄 두 사람이 역리(驛里)를 지나갔는데 종적이 매우 수상합니다.'라고 하니, 어떤 사람인지 모르겠습니다만 어쩌면 왜적의 첩자가 아니겠습니까?"라고 하였는데, 내가 큰 소리로 말하기를, "이는 피난하는 사람에 불과하거늘 어찌하여 이같이 많은 사람을 놀라게 하는 말을 한단 말이냐?"라고 하니, 찰방은 의혹을 풀었다. 그러나 하인들을 진정시키기가 어려우니 근심스럽다.

五月初三日(壬戌)。晴。宿松洞[129]。

昨夜, 使世斤持斗米, 往見家屬于陳沓里, 納[130]以追來于豊田驛, 而日昏◇[131], 宿于池習浦[132]人家, 到岐古介[133]下, 相値。得家屬平書[134], 且得正字書【公之第二子, 諱吉元[135], 公喪出於北關, 後三日繼逝】。此豚乃於去三月十八日, 大同江[136]船上相別, 以點馬【缺】,

---

129 松洞(송동): 강원도 철원군 서면 자등리에서 가장 북쪽에 있는 마을. 뜰기라고도 하는데, 웃뜰기와 아랫뜰기로 나누었다.

130 納(납): 約의 오기인 듯.

131 "迷路(미로)"

132 池習浦(지습포): 강원도 철원군 갈말읍에 있는 지명. 新鐵原里 또는 지포리라 하기도 한다.

133 岐古介(기고개): 뜰기고개를 가리키는 듯. 강원도 철원군 갈말읍 문혜리와 철원군 서면 자등리를 연결하는 통로이자 동시에 두 지역을 구분 짓는 분수령이다.

134 平書(평소): 평상시의 소식. 무사한 소식.

135 吉元(길원): 尹吉元(1562~1594). 본관은 漆原, 자는 敬勝. 1582년 식년시에 급제하여 진사가 되고, 1590년 증광시에 급제하였다. 예문관 검열을 지냈다.

136 大同江(대동강): 평안남도 대흥군과 함경남도 장진군 사이 한태령에서 발원해

向龍灣¹³⁷者也, 未知何緣而相值於此耶? 見其書, 則到鳳山¹³⁸郡,
驛馬以事變, 皆上京, 艱得私馬, 到岐州¹³⁹復命¹⁴⁰, 納馬牌于柳直
長淇。以父母相見事, 向洛路, 聞父母皆向北路, 馳來之際, 與母
行相值。流離困頓之極, 母子相逢, 實是不幸中之大幸也, 是時
藐倒, 不可形喩。妻及兩女¹⁴¹·李郎【名幼深¹⁴², 公之壻】· 喜元¹⁴³
【公之第三子】之書亦來。◇¹⁴⁴ 過王(土)城¹⁴⁵, 到金化縣¹⁴⁶五里地,

황해로 흐르는 강.

137 龍灣(용만): 평안북도 의주의 옛 이름.

138 鳳山(봉산): 황해도의 중앙에서 약간 북부에 있는 고을. 동쪽은 서흥군, 남동쪽
   은 평산군, 남서쪽은 재령군, 북쪽은 황주군과 접했으며, 북서쪽은 재령강을 건
   너 안악군과 접한다.

139 岐州(기주): 坡州의 오기인 듯.

140 復命(복명): 명령을 받은 일에 대하여 그 처리 결과를 보고함.

141 兩女(양녀): 첫째 딸은 李幼深에게, 둘째 딸은 南錫에게 시집감.

142 幼深(유심): 李幼深(생몰년 미상). 본관은 全州. 아버지가 李誠中이다. 陽川현
   령을 지냈다.

143 喜元(희원): 尹喜元(1576~1619). 본관은 漆原, 자는 公度. 尹卓然의 둘째부인
   全義李氏 소생이다. 海洲鄭氏 海城君 鄭欽의 딸과 결혼하였으나, 후사를 얻지
   못하여 종제 尹復元의 둘째 아들 尹安基를 양자로 맞아들였다.

144 "而老荊之書, 多有不忍見者, 痛泣如何? 去夜夢見一家諸人, 而有人來傳喜元
   登第, 余顧問吉元, 曰: '然乎?' 元曰: '然矣.' 喜極而覺。知是吉夢, 而今見吉
   元書, 此中興後, 策士時, 喜兒登第之兆也。凡事無非前定, 此夢必不久有應,
   良可慰也.(그런데 늙은 아내의 편지는 차마 볼 수 없는 내용이 많이 있었으니
   애통하고 운들 어떻게 하겠는가. 지난밤 꿈에 일가의 여러 사람이 보였는데,
   어떤 사람이 찾아와서 희원의 과거급제 소식을 전하는지라, 내가 돌아보며 길원
   에게 묻기를, '정말이냐?'라고 하니, 길원이 답하기를, '그렇습니다.'라고 하여
   너무나 기뻐하다가 꿈을 깨었다. 이것이 길몽인 줄 알겠고 지금 길원의 편지를
   보니, 이는 나라가 중흥한 뒤에 선비들을 뽑을 때 희원이 과거급제할 징조였

有金城¹⁴⁷眞木驛¹⁴⁸, 公文來到。昨日, 金城縣令鄭賜湖¹⁴⁹奴子在
春川¹⁵⁰者, 來報曰: "倭賊, 昨陷春川, 今明當來此, ◇¹⁵¹監司亦走
避."云。王子大驚, 趙宣傳仁徹亦曰: "自呂州其音安灘¹⁵²渡涉¹⁵³,
則春川乃直道."云。領府事亦以爲聞此而不可直向金化大路, 王

다. 무릇 일이란 미리 정해지지 않은 것이 없거늘, 이 꿈은 반드시 머지않아 응답
이 있을 것이니 진실로 위로가 되었다.)"

145 王城(왕성): 土城의 오기. 강원도 철원군 갈말읍 토성리를 가리킨다.

146 金化縣(김화현): 강원도 철원군 중부에 있는 고을.

147 金城(금성): 강원도 김화 지역의 옛 지명. 동쪽과 북쪽은 淮陽, 서쪽은 平康,
남쪽은 狼川·김화와 접한다.

148 眞木驛(진목역): 直木驛의 오기. 조선 시대 강원도 금성현 북쪽 8리에 있던 驛.
한양에서 함경도를 연결하는 간선 교통로상의 주요한 요충지의 역으로 중시되었다.

149 鄭賜湖(정사호, 1553~1616): 본관은 光州, 자는 夢興, 호는 禾谷. 1573년 사마
시에 급제하고, 1577년 별시문과에 급제하여 注書, 호조 좌랑, 안동 부사, 호조
참의 등을 지냈고 금성 현령으로 있을 때 임진왜란을 맞아 왕자 일행의 북행길을
호위하고 현민 소개에 힘썼다. 또한 정유재란 때 안동 부사로 명나라 군대와
함께 왜적을 토벌하여 큰 공을 세워 1601년 이래로 5번이나 사헌부 대사헌을
지냈다. 1602년 대사헌으로 謝恩使가 되어 명나라에 다녀온 뒤 이듬해 황해도
관찰사가 되고, 뒤이어 경상도·평안도·경기도 관찰사를 역임했다. 이어 한성판
윤을 거쳐 1615년 형조판서에 올랐고, 얼마 뒤 이조판서에 임명되었으나 나아가
지 않았다.

150 春川(춘천): 강원도 중서부에 있는 고을. 북쪽은 화천군·양구군, 동쪽은 인제군·
홍천군, 서쪽은 화천군·경기도 가평군, 남쪽은 홍천군·경기도 가평군과 접한다.

151 監司亦 → "故縣令母子單騎.(그래서 현령의 모자가 단기로)"

152 其音安灘(기음안탄): 亐音安灘의 오기인 듯.《세종실록》149권〈지리지·충청
도〉에 의하면, 亐音安浦가 경기도 驪興 동쪽 10리에 있다고 한다. 여흥은 경기
도 驪州의 옛 이름이다.

153 渡涉(도섭): 수심이 얕은 하천을 교량이나 단정 또는 뗏목 등을 이용하지 않고
걸어서 건너는 것.

子曰:"然則決難仍進前路, 當自此西向箕." 予乃告曰:"旣有向北
之命, 似難因此道頭[154], 遽易[155]改路, 出此洞, 則有松洞路, 可達
鐵嶺[156], 只路險難行爾." 僉位議定, 還出其洞◇[157]路。過赤濱里[158],
投入路邊人家, 飢甚只飮米[159]食一器後, 踰岐嶺, 則雙嶺[160]下有
新村, 三十餘戶。尋得玄守貞家, 初昏始得夕飯, 困臥度夜。◇[161]
是夜, 馬頭[162]安春希逃去, 可痛。是日, 金化路聞變, 時王子夫
人, 下轎上馬, 此必是初度騎馬, 而事迫矣[163], 不以爲難, 可歎。
察訪曰:"今朝驛下人, 來言曰:'去曉佩弓矢騎馬二人, 過去驛里,

---

154 道頭: 道聽의 오기인 듯.

155 遽易(거역): 遽爾의 오기인 듯. 遽然. 갑자기.

156 鐵嶺(철령): 강원도 淮陽郡과 함경남도 高山郡의 경계에 있는 큰 재. 鐵嶺亭(鐵
關亭)은 함경도 安邊都護府 高山驛에 딸린 13개 屬驛 가운데 하나이다.

157 "由松澗.(송간을 거침)"

158 赤濱里(적빈리): 赤濱院이 있는 마을인 듯. 平康에서 20리쯤에 있는 곳에 세운
적빈원은 길손들이 쉬었다 갈 수 있도록 하였는데, 평강과 金化 두 읍에서 함께
관할한다. 큰 시내가 둘러싸고 있는데, 시내를 넘어가면 김화 땅이다.

159 飮米(음미): 米飮.

160 雙嶺(쌍령): 강원도 금성현의 북쪽으로 70리 떨어져 있는 산. 남쪽으로 屛風山
과 응하고, 서쪽으로 淮陽의 箭川山과 응한다. 금성현은 강원도 김화군, 창도군,
철원군에 있었던 행정구역이다.

161 "守貞之妻, 蒙其夫喪, 曰:'主翁上年死矣.' 問金季文·李叔禮, 則曰:'叔禮無
後, 季文則只有一子, 移居于岐嶺抵.'云.(수정의 아내는 자기 남편의 상을 당하
여 말하기를, '주인장이 작년에 죽었습니다.'라고 하였다. 김계문과 이숙례에 관
해 물으니, 말하기를, '숙례는 후사가 없고, 계문은 아들이 하나 있는데 기령
아래로 옮겨 산다.'라고 하였다.)"

162 馬頭(마두): 驛馬에 관한 일을 맡아보는 사람. 말잡이.

163 "迫矣 → 已急矣."

而踪跡蹤迹甚殊常.'云, 未知何如人耶? 無乃賊諜耶?"余大言:
"此不過避亂之人, 何如是發駭衆之言耶?"云, 則察訪則解惑。而
下人則難以鎮定, 可慮。

5월 4일(계해)。 맑음。 회양 관사에서 묵음。

이날 아침 일찍 출발하여 쌍령(雙嶺)을 넘어 남곡현(嵐谷縣)에 도
착하니, 모두 신유년(1561) 사이에 왕래하며 심부름하던 자들이었
다. 땔나무와 꼴을 장만하는 것이나 하인들이 대접하는 데에 마음
을 다해서 하였으니, 이는 옛정을 잊지 않아서 그러한 것으로 감격
과 기쁨을 가늠할 수가 없었다.

점심을 먹은 후에 은계(銀溪)를 향하여 10리쯤 갔을 때, 왕자의
부인이 갑자기 현기증이 생겨 거의 떨어질 뻔했으나 하인들이 간신
히 부축하여 말에서 내려 말 등을 덮어주는 담요를 펼치자 길 위에
누워 아파하니, 일행이 허둥지둥 어떻게 할 줄 몰랐다. 잠시 뒤에
회양부(淮陽府)의 소리(小吏: 아전)들이 와서 부사(府使: 金鍊光)가 은
계천(銀溪川) 가에 나가 기다리고 있음을 전하며 이곳으로부터 겨우
20리라고 하였다. 왕자가 말하기를, "조금 전 시각부터 약간 진정되
고 있으니 배행관(陪行官)들은 부디 먼저 가서 기다리시오."라며 거
듭 말을 전해왔기 때문에 영부사(領府事) 이하가 먼저 냇가에 가니,
은계천의 상진(上津)으로 철령(鐵嶺)을 향하는 갈림길이었다. 의막
(依幕: 임시거처)의 하리(下吏: 하급 관리)가 말하기를, "부사(府使)가
사전에 본도(本道: 강원도) 관찰사의 관문(關文: 공문서)에서 오늘 안

으로 군사를 거느리고 감영(監營)에 달려오라고 하여 갔다가 말을 달려 본부(本府: 회양부)로 돌아올 것입니다."【협주: 운(云)이 있어야 할 듯하다.】라고 하였는데, 어제 진목역(眞木驛: 直木驛의 오기)에서 보고하며 감사(監司)가 달아나 피했다는 설은 이미 거짓으로 돌아가게 되었지만, 지극히 통탄스럽다. 해가 이미 저문 데다 고개를 넘지 못하게 되면 노숙할 수가 없었으니, 왕자가 의막(依幕)에 들어오자마자 아뢰고 의논하여 본부(本府: 회양부)로 향하였다.

은계(銀溪) 이하의 풍경들은 완연히 신임년(辛壬年: 1561~1562) 사이의 모습 그대로였으나, 장인이 부임하여 눈앞에서 심부름시키던 사람들은 태반이나 죽었다. 부(府: 회양부)의 유생(儒生)들 및 아전과 노비들이 많이 보러 왔는데, 그 가운데에 귀인(貴仁)이란 자는 곧 경원(慶元, 협주: 공(公)의 장남)이 앓아 이곳에 와서 요양했던 집의 주인이다. 경원이 나이가 두 살이었을 때 장인을 따라 이곳에 오니, 장인이 북천(北川)의 배 위에 있으면서 이 아이를 불러 배를 태웠고, 배를 타자마자 즉시 배 안에 있던 좌석을 걷어내고 보았으니, 그는 마음속으로 필시 배 안에도 또한 물이 있을 것으로 짐작한 것이다. 장인이 그것을 보고 기특하게 여겨 말하기를, "자네의 아이는 훗날 반드시 궁리가 있는 사람이 될 것이네."라고 하였다.

그해 겨울에 큰 병을 얻어 장차 구제할 수 없게 되자, 거처를 옮겨 요양하던 곳에서 관노(官奴) 근이(根耳)·관비(官婢) 강덕(姜德) 등이 시중을 들었는데, 가장 공로가 있었던 강덕은 이미 죽었다고 하였다. 지금 비록 사변이 일어나서 소란스러운 때이지만, 옛날에 정성으로 구제해주었던 사람을 30년이 지난 뒤에야 다시 만났으니 정을 표하지 않을 수 없었던 까닭에 고을 수령에게 피곡(皮穀: 겉곡식)을 빌어다가 차등 있게 나누어 주었다.

산천의 형세는 완연히 어제와 같았으나 단지 옛 관아만 다 허물어져 남아있지 않았는데, 관청을 일신하여 제대로 시행되지 않던 온갖 일들을 모두 다시 시행하니 백성들이 편안히 안정되어 모이고서 여염집이 즐비하였으니, 전 부사(前府使) 홍인걸(洪仁傑)은 양리(良吏: 백성을 잘 다스린 벼슬아치)라고 이를 만하였다. 근래에 토호(土豪)에게 잘 보이려고 관아의 일을 무너뜨려 일정한 직책을 훔치는데 이르고서 변(變)을 듣고는 도망친 자들과 견주어 보아도 또한 멀지 않겠는가.

늙은 아전·늙은 사내종·늙은 계집종 등이 모두 눈물을 흘리며 말하기를, "영감께서 과거에 급제했다는 소식을 들은 뒤로 날마다 이 길에서 임금의 명령을 받든 봉명사신(奉命使臣)으로 오시길 바랐으나, 우리는 불행하게도 한 번도 보지 못했었는데 지금 난리 속에서 뵈니 슬픈 마음을 가눌 수가 없습니다. 큰 상전(大上典: 宋孟璟, 협주: 宋公)께서 교체되어 가신 뒤에 또 선정(善政)을 베푼 관원이 허다하게 있었으나 그때처럼 마음을 놓고 밭 갈았던 적이 없었으며, 지금까지 끼치신 사랑이 부모와 같습니다. 영감의 덕으로 송 사복(宋司僕)의 취한 광기로부터 입는 해악을 면한 것이 얼마인지 알 수가 없습니다."라고 하였다. 이른바 사복이란 자는 송공(宋公: 송맹경)의 얼자(孼子: 庶子)인데, 술에 빠진 자는 아니나 자못 술로 실수한 적이 있으니, 나를 두려워하여 감히 술주정하며 성내지 못한 까닭에 이같이 말한 것이다. 웃을 만한 일이다.

이날 밤에 부사(府使) 김연광(金鍊光)이 병사를 거느리고 경성(京城)을 향하여 갔다.

五月初四日(癸亥)。晴。宿淮陽官舍。

是日早發, 踰雙嶺, 到嵐谷縣[164], ◇[165] 皆是辛酉年間往來使喚者。◇[166] 薪蒭之費, 下人之供, 盡心爲之, 此是未忘舊情而然也, 感喜無任。午餉後, 向銀溪[167]十里許, 王子夫人, 忽得眩證, 幾墜, 下人艱扶下馬, 鋪馬韀[168], 臥痛於路上, 一行遑遑, 無以爲計。俄而, 淮府小吏輩, 來傳府使出待〈於〉銀溪川邊, 自此纔距二十里云。王子曰: "自前刻稍定, 陪行〈官〉須先往以待." 再三送言, 故領府以下, 先行川邊, 則銀溪上津, 向鐵嶺岐路也。依幕[169]下吏曰: "府使於前刻, 本道使關內, 趁今日領兵馳進[170]事, 馳還本府."

---

164 嵐谷縣(남곡현): 강원도 회양군 남곡면의 옛 행정구역.

165 "縣吏金玉連生存, 年已七十餘, 其子金延壽等, 亦來謁。縣婢玄今, 則病不來, 其子來見。縣婢芿叱德·石乙德,, 縣奴芿叱達, 亦來見.(현의 아전 김옥련이 살아있으나 나이가 이미 70여 세이라서, 그의 아들 김연수 등이 또한 찾아와 만났다. 현의 여종 현금이는 병들어 오지 못하고 그의 아들이 찾아와 만났다. 현의 계집종 늦덕이, 돌덕이, 현의 사내종 늦달이 또한 찾아와서 만났다.)"

166 "縣居校生玄健已死, 玄忠傑今爲縣監官.(현에 사는 교생 현건은 이미 죽었고, 현충걸은 지금 현의 감관이 되었다.)"

167 銀溪(은계): 북한에 속한 강원도 회양군 신계리. 은계역은 회양도호부의 邑治 서쪽 5리 지점에 있었던 驛으로, 한양에서 함경도를 연결하는 간선 교통로상의 주요한 요충지에 위치하였다.

168 馬韀(마천): 말이나 소의 안장이나 길마 밑에 깔아 그 등을 덮어주는 방석이나 담요.

169 依幕(의막): 임금이나 관원이 임시로 머물 수 있도록 마련한 막사.

170 馳進(치진): 고을 원이 監營으로 달려감.

【似有云字】, 昨日眞木驛所報, 監司走避之說, 已歸於虛, 極爲痛
憤。日勢已晚, 未及踰嶺, 則不可露宿, 王子入幕, 卽時稟議, 向于
本府。銀溪以下物色, 宛然辛壬年間面目, 而娉君來莅, 眼前使喚
之人, 太半作古[171]。◇[172] 府儒生等及府吏奴輩, 多來見中[173], 貴仁
者, 乃慶元[174]【公之長子】避病[175]主人也[176]。慶元年二歲時, 隨娉君

---

171 作古(작고): 작고함. 사망함. 고인이 됨.

172 "聘父母, 則來此時, 已爲衰甚, 慶元母, 則與余同年生也。可以保至今日, 而不
幸短命, 人生可嘆。(장인과 장모가 이곳에 왔을 때는 이미 매우 노쇠하였지만,
경원의 어미는 나와 같은 해에 태어나서 오늘날까지 목숨을 유지할 수 있었을
것이나 불행히도 단명했으니 인생이 한탄스럽다.)"

173 "府儒生來見者, 玄應祥·李得仁, 府吏來見者, 宋傑·蔡允恭·高彦祥·李龍·李
虎·宋處明·宋天宙·李慶福·蔡銀福·劉彦卿·尹世文·辛福守·金世傳, 官奴
來見者, 根耳·石只·福只·千孫·從年·鍾介·順孫。而義文, 則曾所帶行京路
者, 故問之, 則以事出他云。官婢來見者, 則毛老非, 乃先君壬戌遊山時, 侍遊
者, 見之不勝悲感。世非·漢玉·保德, 曾所同遊者, 春月·業介·貴非·世今·檢
介·千非·塔耳·一今·貴仁也。(부의 유생으로 찾아와서 본 자가 현응상·이득인
이고, 부의 아전으로서 찾아와서 본 자가 송걸·채윤공·고언상·이룡·이호·송
처명·송천주·이경복·채은복·유언경·윤세문·채복수·김세전이고, 관노로 찾
아와서 본 자는 근이·석이·복이·천손·종년·종개·종손이다. 의문이는 일찍이
경성 가는 길에 데리고 간 자였으므로 물어보니 일이 있어서 다른 곳에 가고 없다고
하였다. 관비로 찾아와서 본 자는 모로비인데, 바로 선친께서 임술년에 유산할
때 모시고 유람한 자여서, 만나보니 슬픈 마음을 이길 수가 없다. 세비·한옥·
보덕은 일찍이 함께 유람한 자이고, 춘월·업개·관비·세금·검개·천비·탑이·일
금·귀인이다.)"

174 慶元(경원): 尹慶元(1560~1592). 본관은 漆原, 자는 善餘. 1582년 사마시에
합격하여 진사가 되었다. 이후 陽城縣監을 지냈으며, 1592년 임진왜란이 일어
나자 백의종군하여 경기도 관찰사 沈岱의 명령을 받고 軍糧을 豊德으로 수송하
였다. 심대가 朔寧에서 士民을 모집하여 수도를 회복하고자 할 때 그곳으로 달
려가 삭녕 군수 張志誠과 협력하였으나, 왜장 이토[伊東祐兵]의 기습을 당하여
군수 장지성은 도주하고 윤경원은 관찰사 심대 등과 같이 전사하였다.

來此, 娉君在北川船上, 招此兒登船, 則登船卽時, 捲其舟中坐
席而見之, 其心疑必其舟中亦有水也。娉君見而奇之曰: "乃兒他
日, 必作有心計者."云。其冬, 得大病, 將不救, 而官奴根耳·官婢
姜德等, 隨廳[177]於避寓之處, 最是有功勞者, 姜德則已死云。此雖
事變騷擾之時, 而舊年◇[178]情護之人, 重逢於三十年後, 不可不表
情, 故乞得皮穀[179]於主倅, 差等分給。◇[180] 山川形勢, 宛然如昨,
只舊衙毁盡無餘, 官廨則一新, 百廢俱興[181], 人民安集, 閭閻櫛比,
前府使洪仁傑[182], 可謂良吏也。視近來要悅於土豪, 以致官事潰

---

175 避病(피병): 비접. 앓는 사람이 다른 곳으로 자리를 옮겨서 요양함.

176 원고 초고본의 後頭註: "公之長子, 壬辰殉節於朔寧, 正宗辛亥, 特命建祠, 賜
額曰表節.

177 隨廳(수청): 시중을 듦.

178 "同遊.(함께 노닒)"

179 皮穀(피곡): 껍질을 벗겨내지 않은 곡식. 겉곡식.

180 "毛老非則從優, 貴仁及姜德子進香則次之.(모로비는 많이 주었고, 귀인과 강
덕의 아들 진향이는 다음으로 주었다.)"

181 百廢俱興(백폐구흥): 쇠하여 없어진 온갖 일이 다시 일어남. 范仲淹의 〈岳陽樓
記〉에 "그다음 해부터 정사가 잘 펴지고 백성들이 화합하여 제대로 시행되지
않던 종전의 많은 일이 모두 다시 시행되었다.(越明年, 政通人和, 百廢具興.)"
라고 한 데서 나온 말이다.

182 洪仁傑(홍인걸, 1541~1603): 본관은 南陽, 자는 應時. 1568년 진사가 되고,
1573년 식년문과에 급제하여 예조의 좌랑과 정랑을 거쳐 해미현감이 되었고,
곧이어 군기시부정을 지내고, 서천군수가 되어 선정을 베풀어 淮陽府使로 발탁
되었다. 뒤에 五衛將이 되어 있을 때인 1592년 임진왜란을 만나 왕의 몽진을
扈駕하여 西行하던 도중 형조참의가 되었고, 곧이어 삼척부사가 되었다. 1595
년 삼척에 쳐들어온 왜군과 싸워서 잡은 포로 가운데 우리나라 사람이 섞여 있었
으므로 이들을 관찰사에게 압송하려고 하였으나 술에 취한 그의 아우 洪仁侃이

裂, 盜得常職, 聞變率逃者, 不亦遠乎? ◇[183] 老吏·老奴·老婢等,
皆垂泣而言曰: "自聞令監登第, 日望此道別星[184], 而吾輩不幸, 一
未得見, 而今逢於亂離之中, 不勝感愴。大上典【宋公】適去之後,
又有許多善政之官, 而亦無如其時之安〈堵〉耕鑿[185], 至今遺愛如
父母矣。以令監之德, 免被宋司僕醉狂之害者, 不知其幾也。" 所
謂司僕者, 宋公之孽産[186]也, 非沈潛者而頗有酒失, 畏我不敢盡
行酗怒, 故如是云。可笑。是夜, 府吏金鍊光[187], 領兵向京。

5월 5일(갑자). 아침엔 비 저물녘엔 맑았다 저녁엔 비. 안변 고산역에서 묵음.

이날 해가 돋아 밝아올 무렵에 비를 무릅쓰고 고갯길을 향하였
다. 고갯마루에 도착하니, 안변(安邊) 사람들은 음식물 등 물품을

동족을 해친 놈들이라고 격분하고 그 포로들을 형 몰래 살해하였다. 이로 인하여
9년 동안이나 투옥되어 있다가 결국 옥사하였다.
183 "義舘嶺·德津溟所神宇及銀溪舘宇, 亦皆一新修改矣.(의관령·덕진명소의 신
우 및 은계의 관우 또한 모두 일일이 새롭게 수리하고 고쳤다.)"
184 別星(별성): 중앙 정부에서 지방에 파견하는 대소 관원을 두루 일컬음.
185 耕鑿(경착): 밭 갈고 우물 판다는 말로,
186 孽産(얼산): 첩 소생의 자손.
187 金鍊光(김연광, 1524~1592): 본관은 金海, 자는 彦精, 호는 松巖. 1549년 진사
시에 합격하고 1555년 식년 문과에 급제하여, 校理·濟用監僉正·평양판관 등을
거쳐 부여현감·평창군수가 되었다. 1592년 회양부사에 제수되었다. 이때 임진
왜란이 일어나 왜적이 강원도로 침범하게 되므로 군사와 관리들이 모두 도망치
고 말았는데, 홀로 회양성 문앞에 정좌한 채 왜적에게 참살낭하였다.

바라지하였고, 은계 찰방(銀溪察訪) 김영달(金穎達)은 인사하고 돌아갔다. 이러한 위급하고 어려운 시국에 도와주고 보호해준 사람으로, 작별하니 회포가 자못 심란하였다. 이 사람은 양친(兩親)이 호남의 임실현(任實縣)에 있으며, 사람됨이 자상하고 신중하여 매우 아낄 만하였다. 이러한 자가 요직의 임무를 감당할 만한데도 낮은 관직에 눌러 있으니 괴이하다.

고산역(高山驛)에 도착하니, 철령(鐵嶺)에서부터 하산하는 길이 36굽이라고 하나 적확한지 알 수 없다. 대개 길이 산허리를 굽이감는 듯이 나서 일행이 굽이굽이마다 서로 만났는데, 산세가 급경사를 이루었으니 만일 굽이감지 않았으면 발을 디디기도 어려웠을 것이다. 역문(驛門)까지 5리 되는 지점에 미치지 못해서 비를 만났는데, 역(驛)에 들어선 뒤에야 우레가 치며 비가 쏟아붓듯 내렸다. 일행은 겨우 옷이 젖는 것을 면했으니 다행이고 다행이었다.

오늘은 곧 단오절이다. 매년 이날은 부채를 하사받는 날이나, 지금은 산을 넘고 강을 건너 이곳에 도착하여 한 잔의 창포주(菖蒲酒)도 마실 수가 없으니 서글프다.

五月初五日(甲子)。朝雨晚晴夕雨。宿安邊高山驛。

是日平明[188], 冒雨向嶺路。◇[189] 到嶺頭, 安邊[190]人支待[191], 銀

---

188 平明(평명): 해가 돋아 밝아올 무렵.

189 "北川邊, 有人來見於馬前, 乃府吏高文鶴也。聞奇馳來云, 此吏曾在府內, 而今移鐵嶺近處云.(북천가에서 어떤 사람이 말 앞에 찾아와서 보니, 바로 부의 아전 고문학이었다. 기별을 듣고 달려왔다고 하는데, 이 아전은 일찍이 부내에 있었으나 지금은 철령 근처로 옮겼다고 하였다.)"

溪察訪金穎達辭歸。此是急難, 救護人也, 別懷頗惡。◇[192] 此人
有兩親, 在湖南任實[193]縣, 爲人慈詳謹愼, 極可愛也。如是者, 可
堪要路之任, 而沈於下僚, 可怪。到高山驛[194], 自鐵嶺下山之路,
三十六曲云, 而未見其的。大槩盤回作路, 一行之人, 曲曲相値,
山勢直下, 若不盤回, 則難以着足。未及驛門五里許, 逢雨, 入驛
後, 雷作雨注。一行僅免沾濕, 良幸良幸。◇[195] 今日乃端陽節[196]

---

190 安邊(안변): 함경남도 최남단에 있는 고을. 동쪽은 강원도 통천군, 서쪽은 강
　　원도 이천군, 남쪽은 강원도 평강군·회양군, 북쪽은 문천군·원산시·동해와
　　접한다.

191 支待(지대): 지방에 출장을 나간 관원에게 필요한 음식물·일용품 등을 지방 관
　　아에서 공급하는 일.

192 "相泣而別.(서로 울며 헤어졌다.)"

193 任實(임실): 전라북도 중남부에 있는 고을. 동쪽은 진안군·장수군·남원시, 서
　　쪽은 정읍시, 남쪽은 순창군, 북쪽은 완주군과 접한다.

194 高山驛(고산역): 함경남도 安邊에 있던 역참.

195 "是夕, 自京避患人, 孝忠者來言, 曰:'初三曉頭, 倭賊入城, 數則不至甚多, 而
　　我人則騎馬在外, 西賊則各持如指大, 數尺鋧杖, 未知何物?'云。然此人之言,
　　似不實。同知妹家, 奴莫山來謁, 問其所從來, 則往來永興云, 修簡付之。家屬
　　亦來楊州陳沓里李同來避處云, 故亦爲修簡付之。吾行所持弓矢, 亦付此
　　奴,使傳家屬在處。此驛, 乃壬戌春初送別宋卓, 而今高嶺之行同宿處也, 見之
　　依俙.(이날 저녁에 경성에서 환난을 피하여 온 효충이라는 자가 찾아와서 말하
　　기를, '3일 새벽에 왜적이 도성에 쳐들어오니, 그 숫자가 그리 많지 않은 것 같았
　　으나 우리 편은 말을 타고 도성 밖에 있고 왜적은 각각 손가락 크기의 몇 자
　　되는 쇠몽둥이를 가지고 있었는데 무슨 물건인지 모르겠습니다.'라고 하였다.
　　그러나 이 사람의 말은 사실이 아닌 듯했다. 동지 매부 집의 사내종 막산이 찾아
　　와서 만나보았는데, 어디서 왔는가 하고 물으니 영흥에 갔다 왔다고 하는지라,
　　편지를 써서 그에게 부쳤다. 가족들도 양주 진답리의 이 동지가 피난 한 곳에
　　왔다고 하였으므로 또한 편지를 써서 부쳤다. 우리 일행이 가지고 있던 활과
　　화살도 이 사내종에게 주어서 가족들이 있는 곳으로 전하도록 하였다. 이 역참은

也。每年此日, 受椒扇¹⁹⁷之賜, 而今乃跋涉到此, 不得把一觴蒲
酒, 可歎。

5월 6일(을축). 맑음.

이날 아침 일찍 출발하여 갔는데, 가족들이 평안한지 여부를 알
고 싶었다. 게다가 굶고 주리는 폐단이 있다는 소문을 듣고 경수(景
守)에게 쌀 1말을 지워서 진답리(陳畓里)에 보냈다.

낮에 남산역(南山驛)을 지나는 길에서 덕원 부사(德源府使) 이영침
(李永琛)을 만나니 병사들을 거느리고 경성(京城)을 향하였는데, 그
병사들이 자못 정예로웠으며 말 또한 살찌고 건장하였다.

부(府: 安邊府)에 들어서니, 영흥 판관(永興判官) 이인남(李仁男)·
이성 현감(利城縣監) 최호(崔湖)가 병사들을 이끌고 지나가는 길에
들어와 보고 돌아갔다. 본부사(本府使: 안변 부사) 최전(崔鈿)이 찾아
와서 보았는데, 이 사람은 곧 내가 지부(地部: 戶曹, 1589년)·추부(秋
部: 刑曹, 1587년) 판서 때의 낭료(郎僚: 낭관)이었다. 그를 보니 참으
로 위안이 되었다.

五月初六日(乙丑)。晴。

임술년 초봄에 송탁을 송별한 곳인데, 지금은 고령에서 행차가 함께 묵은 곳으로
살펴보니 기억이 아련하였다.)"

196 端陽節(단양절): 端午節. 五가 겹친 날이어서 重五節이라고도 하고, 陽數가 겹
친 날 중 가장 햇볕이 강한 날이라 하여 일컫는 말이다.

197 椒扇(초선): 부채의 일종인 듯. 구체적인 것은 알 수 없다.

是日, 早發行, 欲知家屬安否。且聞有飢餓之弊, 使景守負斗
米而送于陳沓里。午過南山驛¹⁹⁸, 路逢德源府¹⁹⁹使李永琛²⁰⁰, 領
兵向京, 其兵頗精, 馬亦肥健。入府後, 永興判官李仁男·利城²⁰¹
縣監崔湖²⁰², 領兵過, 入見而歸。本府使崔鈴²⁰³來見, 此乃地部·
秋部判書時郞僚也。見之多慰。

5월 7일(병인)。맑음。

왕자가 5일에 고개를 넘었다.

대개 민심이 놀라 동요하여 양주(楊州) 일대서부터 백성들이 어수
선하고 뒤숭숭하니, 만약 특별히 임금의 타이름을 널리 알리지 않
으면 앞으로의 일이 몹시 걱정되었다. 신(臣)들이 영외(嶺外)에 와서
고개를 숙여 엎드리고는, 임금의 기거(起居: 일상적인 생활)와 경성(京

---

198 南山驛(남산역): 함경남도 安邊에 있던 역참.

199 德源府(덕원부): 현재 함경남도 文川郡 일대.

200 李永琛(이영침, 1538~?): 본관은 慶州, 자는 景雋. 1567년 무과에 급제하였다.

201 利城(이성): 함경남도 이원 지역의 옛 지명.

202 崔湖(최호, 1536~1597): 본관은 慶州, 자는 秀夫. 1574년 무과에 급제하고,
1576년 무과중시에 장원하였다. 여러 관직을 거쳐 1592년에 함경도 병마절도사
가 되었는데 야인들의 甘坡堡 침입을 막지 못한 데 대한 견책을 받았으나, 1594
년 다시 복직하였다. 1596년 충청도 수군절도사로 李夢鶴이 반란을 일으켰을
때 洪可臣과 함께 主將이 되어 鴻山·林川 등지에서 난적을 소탕하여 공을 세웠
다. 1597년 정유재란이 일어나자 칠천량해전에서 元均과 함께 전사하였다.

203 崔鈴(최전, 1549~?): 본관은 忠州, 자는 景恢. 1570년 진사시에 급제하고,
1573년 알성시 문과에 급제하였다.

城)의 소식을 전혀 듣지 못해서 서쪽으로 구름 낀 하늘을 바라보니 안위(安危) 염려에 눈물이 절로 흐른다는 것을 장계(狀啓)하였다.

조 선전(趙宣傳, 협주: 인철(仁徹), 仁徹의 오기)이 와서 말하기를, "김 생원(金生員)의 아들로 삼촌(三寸, 협주: 영부사 김귀영)과 대대로 맺어 온 친분이 있다고 하는 자가 와서 삼촌에게 아뢰기를, '이번에 왕자를 모시고 온 일은 조정에서 알고 명한 것입니까?'라고 하였는데, 그 말이 너무나 놀라웠습니다."라고 하였다. 내가 말하기를, "상락(上洛, 협주: 부원군 김귀영)이 무엇이라 하시던가?"라고 하자, 대답하기를, "특별히 말한 것은 없고 단지 어명을 받아 모시고 왔다는 뜻만 말했습니다."라고 하였다. 이러한 사람은 마땅히 효시하여 뭇사람들을 경계시켜야 하나, 민심을 놀라게 하여 동요할까 염려되어 할 수가 없었다. 게다가 이렇게 말하는 자가 유독 이 사람만이 아니라, 이곳 부사(府使) 또한 허약하여 겁이 많은 자였기 때문에 백성들이 놀라 동요할 말을 많이 할 뿐이지 진정시키려는 계획을 세우지 않으니 염려스럽고 안타깝다.

五月初七日(丙寅)。晴。

王子, 初五日踰嶺。大槩人心驚動, 自楊州一路, 人民散亂, 若不別樣宣諭, 則前頭之事, 極爲可慮。臣等來伏嶺外, 乘輿起居, 京城消息, 不得聞知, 西望雲天, 危淚自滂事狀啓。◇[204] 趙宣傳

---

[204] "問官婢進耳存沒, 則進耳死已三年, 其姪女肅代爲養女云, 招致饋酒飯。又招奴婢吳從, 問三寸等內事, 則瞭然如昨。三寸乃尹公諱儝也。往在辛丑年間, 爲府使。先君, 以子弟到此時, 以進耳爲房直, 故前日每爲稱念, 先君爲金化縣監時, 進耳來謁而歸, 故問之, 而其人已死云, 可嘆。吳從, 又曰: '其令公子

【仁徹】來言曰: "有金生員子, 與三寸【金領府事貴榮】, 有世分云者,

弟, 尹宜諫氏, 乃小的陪侍者也.' 如龜壽·鸞壽·鳳壽·龍壽·鶴壽之名, 無不言之, 五十年間, 不知其幾府使等內, 而獨不忘三寸等內之事, 以其三寸慈祥淸白, 遺愛在民, 故至今未忘也。其人曰: '其時, 進耳所陪尹生員, 最慈祥, 有罪者, 乞救於尹生員, 則皆從末減, 至今未忘.'云, 所謂尹生員, 卽先君也。余在淮陽時, 府人之免被宋崧之杖者, 皆余之力, 故頃日過淮, 淮之人, 待之極厚, 是亦先人所賜, 思之不勝感泣。又有老吏金繼齡來見, 言三寸等內事, 歷歷不遺, 至於尹政丞仁鏡家事, 亦不遺盡說。繼齡妻娚金允傑亦來見, 家在東門外, 至近處, 地平水淸, 最是佳勝地云。房守則金應□·李億希, 馬頭則南山驛子朴斤玉·者金福也。(관비 진이가 살았는지 죽었는지를 물으니, 진이는 죽은 지 이미 3년이 되었고 그의 질녀 숙대가 양녀가 되었다고 하였는데, 불러들여서 술과 밥을 먹였다. 또 노비 오종을 불러 삼촌이 재임했을 때의 일을 물으니 어제 일처럼 밝게 알았다. 삼촌은 곧 윤린이다. 지난 신축년(1541)에 부사를 하였다. 선친이 衙子弟로 이곳에 도착했을 때 진이를 방지기로 삼았으므로 지난날을 잊지 않고 생각한 것이고, 선친이 김화 현감을 지낼 때 진이가 찾아와 인사하고 돌아갔으므로 물어본 것인데, 그 사람이 이미 죽었다고 하니 한탄스럽다. 오종이 또 말하기를, '그 영공 자제 중에 윤의간 씨는 바로 제가 모시던 분입니다.'라고 하였다. 구수·난수·봉수·용수·학수 같은 이름을 말하지 않은 것이 없었으니 50년간 몇 명인지도 모를 부사가 재임했으련만, 유독 삼촌이 재임했을 때의 일을 잊지 않은 것은 삼촌이 자상하고 청백하여 백성들에게 사랑을 남겼기 때문에 지금까지 잊지 않은 것이다. 그 사람이 말하기를, '그때 진이가 모신 윤 생원은 가장 자상하였으니, 죄가 있는 사람이 윤 생원에게 구제해주기를 애걸하면 모두 죄보다도 형량을 줄여주었는지라 지금까지도 잊지 못합니다.'라고 하였는데, 소위 윤 생원이라고 한 분은 바로 돌아가신 아버님이다. 내가 회양에 있을 때 부의 사람들 가운데 송숭의 곤장을 면한 자는 모두 나의 힘 때문이었으므로 지난날 회양을 지날 때 회양 사람들이 매우 후하게 대해주었는데, 이 역시 선친이 내리신 것임을 생각하니 감격하여 울기를 마지못했다. 또 늙은 아전 김계령이 찾아와서 만나보았는데, 삼촌이 재임했을 때의 일을 낱낱이 남김없이 말하였고, 정승 윤인경 집안일도 또한 남김없이 죄다 말하였다. 김계령의 처남 김윤걸도 또한 찾아와서 만나보았는데, 집이 동문 밖에 있어서 가까운 곳에는 땅이 평평하고 물이 맑아 풍광이 제일 좋은 곳이라고 하였다. 방수는 김응□·이억희이고, 마두는 남산 역자인 박근옥·자금복이다.)"

來稟於三寸曰: '此王子陪來之事, 朝廷所知所令者耶?'云, 其言極爲駭愕."云. 余曰: "上洛【府院君金貴榮】云何?"答曰: "三寸別無所言, 只言受命陪來之意."云. 如此之人, 所當梟示警衆, 而恐人心驚動, 未果. 且如是爲言者, 非獨此人, 此府吏亦是虛劫者, 故多爲驚動之言, 不爲鎭定之計, 可慮可痛.

5월 8일(정묘). 맑음.

이날 왜적이 도성에 들어갔다고 하니, 신하 된 자의 의리로는 달려가는 것이 당연한 바이나 상의하여 처치하기 위해 즉시 달려오라는 일로 감사(監司)·병사(兵使)에게 관문(關文: 공문)으로 통고하였다.

또 신하 된 자의 의리로 편안히 앉아만 있을 수 없었으니, 어명을 받들어 떠나오던 날에 의병을 불러 모으는 일로 왕명이 내려졌던지라, 선후군(先後軍) 200여 명이 장수를 정하여 급히 가나 길을 가며 먹을 양식과 머물며 먹을 양식을 마련할 길이 없어 각기 그 부근 고을의 식량을 정성껏 마련하도록 하되 각 고을의 수령(守令)과 감관(監官)이 각기 창고에 쌓아둔 곡식을 수를 헤아려 나누어주도록 하는 일로 경기(京畿)·강원(江原)·충청도(忠淸道)의 감사(監司)와 회양(淮陽) 일대의 수령에게 관문(關文)으로 통고하였다.

감사(監司)가 각 행차를 모실 아전을 정하여 보냈는데, 왕자를 따르는 이는 고원(高原)의 송춘경(宋春慶)이고, 상락(上洛: 김귀영)을 따르는 이는 문천(文川)의 김세룡(金世龍)이고, 판윤(判尹, 협주: 곧 공(公)이다.)을 따르는 이는 덕원(德源)의 김기린(金麒麟)이라고 한다.

경성(京城)으로부터 온 자가 말하기를, "왜구가 도성에 들어온 이
후로는 밤낮으로 곤하게 자니, 만일 이때를 틈타 병사들을 쓴다면
섬멸할 수 있을 것입니다."라고 하였다. 28일 충주(忠州)에서 접전
한 이후에 밤낮으로 멀리 달려온 자들이었는데, 이들은 단지 백리
밖에서 이익을 쟁취하려는 자들이 아닌데도 우리 병사들은 먼저 달
아나니 어찌해야겠는가? 안타깝고 안타깝다.

五月初八日(丁卯)。晴。

是日, 以賊入都城, 臣子之義, 所當奔赴, 相議處置次, 劃卽馳來
事, 關通于監司·兵使。又以臣子之義, 不可安坐, 承命出來之日,
以號召義旅事, 傳敎, 先後軍二百餘名, 定將奔赴, 路粮留粮, 措置
無路, 各其【缺】附近官粮餉, 盡心措置, 各官守令監官, 各其倉穀,
量數分給事, 關通于京畿·江原·忠淸道監司, 淮陽一路 守令。監
司, 定送各行陪吏, 王子道則高原[205]宋春慶, 上洛道則文川[206]金世
龍, 判尹【卽公也】道則德源金麒麟云。有自京來者言:"倭寇, 於入
城之後, 晝夜困睡, 若乘此時用兵, 則可以勦滅。"云。二十八日, 忠
州接戰後, 晝夜長驅, 此非但百里趨利者, 而我兵先走, 如何? 可
痛可痛。

205 高原(고원): 함경남도 남부에 있는 고을. 군수를 두었다.
206 文川(문천): 함경남도 남부에 있는 고을. 군수를 두었다.

5월 9일(무진)。 비。 덕원부에서 묵음。

이날 비를 무릅쓰고 덕원부(德源府)를 향하였는데, 큰비가 종일
쏟아져 저물어서야 덕원부에 들어갔다.【협주: 이하 원문 빠짐.】

五月初九日(戊辰)。 雨。 宿德源府。

是日, 冒雨向德源, 大雨終日, 晚入德源府。【此下缺】

만력 20년 임진년(1592) 10월 1일(정해)。 맑음。 별해보(협주: 삼수 지역이다.)에서 묵음。

이날 제용 첨정(濟用僉正) 이곤(李坤)·판□(判□) 이몽현(李夢見)이
성지(聖旨: 임금의 뜻)를 받들어 왔는데, 왕자를 탈출시키려는 일이
었다.【협주: 임해군과 순화군 두 왕자의 일행이 회령(會寧)으로 들어갔는데,
반란을 일으킨 국경인(鞠景仁)이 이들을 붙잡아 왜적에게 넘겼다. 공(公)이
행재소에 보고하러 달려갔던 까닭에 이런 하교를 내렸고, 은과 금 및 면주로
사람을 모아 몰래 적진 중으로 들어가 기회를 틈타 온갖 방도를 써서 탈출해
돌아오는 일이었다. 훗날 끝내 국경인은 참수되어 머리가 바쳐졌다.】공경히
받은 후에 서로 통곡하였다. 이곤 등이 면주(綿紬) 60필, 백금 30냥,
□단(□段) □필을 가지고 왔으며, 성지(聖旨) 가운데에 "듣건대 경
(卿)의 막하에 있는 백응상(白應祥)이라는 자가 마음속에 계책이 많
이 있다고 하니, 또한 그와 일을 함께하라."라고 하였다. 그러나 왕
자는 지난달에 이미 이 부(府)를 지나갔고, 백응상도 이미 진소(陣
所)로 나갔으므로 이 사실을 장계(狀啓)에 갖추어 써서 도로 올려보
냈다.

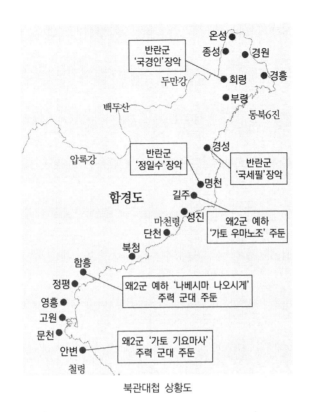

북관대첩 상황도

　이때 하원군(河原君: 宣祖의 형 李鋥)이 바로 북청(北靑)에 있어서 이 면주(綿紬)의 몇 필(匹)을 빼서 하원군에게 보내려고 했으나, 이 곤이 말하기를, "이몽현이 면주를 훔쳐 썼습니다."라고 하였다. 만일 그 수를 헤아려보게 하면 난처한 일이 생길까 염려하여 미처 실행하지 못했다. 몽현이란 자는 곧 경성에 사는 서얼로 도리에 맞지 않은 것이 심한 자였는데도 외람되이 과거에 급제하였거늘, 그의 마음 씀이 이러하였다고 한다.

오후에 김충량(金忠良)이 좌랑(佐郎, 협주: 漆坪君, 윤탁연의 장남 윤경원)의 평서(平書: 무사하다는 소식을 알리는 편지)를 받아왔다.

萬曆二十年壬辰 十月初一日(丁亥)[207]。晴。留別害堡[208](三水[209]地也)。

是日, ◇[210] 濟用僉正李坤·判【缺】李夢見, 陪聖旨來, 王子圖出事也。【臨海·順和, 兩王子行入會寧[211], 叛民鞠景仁[212], 執附於賊。公馳

---

207 그 사이에 윤탁연은 7월 10일 함경도 관찰사, 7월 12일 함경도 도순찰사가 되었다.

208 別害堡(별해보): 조선 시대 함경남도 삼수군에 속한 僉節制使의 鎭堡. 현재는 함경남도 장진군에 해당하며 풍산군, 삼수군, 함주군, 영원군, 후창군, 강계군 등과 접한다.

209 三水(삼수): 함경남도 북서단에 있는 고을. 세종 연간에 설치된 四郡이 폐지된 이후, 여진족과 경계를 하는 지역으로 서쪽으로는 강계와 동쪽으로는 함흥과 각각 4백여 리의 거리를 두고 있었다.

210 "黃從事, 遞察訪爲典籍, 官敎下來, 故肅拜于公庭.(황 종사관이 찰방에서 교체되어 전적이 된다는 임명장이 내려왔으므로 관아의 뜰에서 숙배하였다.)"

211 會寧(회령): 함경북도 북부 중앙에 있던 고을. 동쪽은 종성군, 서쪽은 무산군, 남쪽은 부령군, 북쪽은 중국 만주 지방의 길림성과 접한다.

212 鞠景仁(국경인, ?~1592): 반란자. 본시 全州에 살다가 죄를 지어 會寧으로 유배되었다. 뒤에 회령부의 아전으로 들어가 재산을 모았으나, 조정에 대해서 원한이 많았다. 1592년 임진왜란 때 왜장 가토[加藤淸正]가 함경도로 침입하여 회령 가까이에 이르자 경성부의 아전으로 있던 작은아버지 鞠世弼, 명천 아전 鄭末守 등과 함께 부민을 선동, 반란을 일으켰다. 이때 근왕병(勤王兵: 왕을 측근에서 호위하는 병사) 모집차 이곳에 머무르고 있던 선조의 두 왕자 臨海君과 順和君 및 그들을 호종하였던 대신 金貴榮과 黃廷彧·黃赫 부자, 南兵使 李瑛, 회령부사 文夢軒, 온성부사 李銖 등을 그 가족과 함께 잡아 적진에 넘겼다. 이에 가토에 의하여 判刑使制北路에 임명되어 회령을 통치하면서 李彦祐·田彦國 등과 함께 횡포를 자행하다가 北評事 鄭文孚의 격문을 받은 회령유생 申世俊과 吳允迪의 유인에 떨어져 붙잡혀 참살되었다.

함경남도 [정평군]

출처 : doopedia.co.kr

聞行在, 故有此下敎, 而齊銀金綿紬, 募人潛入賊中, 乘隙百計, 脫還事
也。後竟斬景仁以獻頭。】祇受後, 相與痛哭。坤等持綿紬六十疋·白
金三十兩【缺】叚【缺】匹來, 聖旨內, "聞卿幕下有白應祥[213]者, 多
有心計, 亦令與之同事."云。而王子於前月, 已過此府, 白應祥已
出陣所, 故具由狀啓, 還上送。是時, 河原君[214]方在北靑[215], 欲除

---

213 白應祥(백응상, 생몰년 미상):《燃藜室記述》별집 4권〈祀典典故·書院〉에 의
    하면, 1592년 임진왜란 때 廟坡堡 權官으로 本府 판관에 승진되고 義士와 더불
    어 창의하였다.
214 河原君(하원군): 조선 시대 제14대 宣祖의 형으로 하원군에 봉해진 李鋥

此綿紬若干匹, 送于河原, 而李坤曰: "李夢見儉用綿紬."云。若
計數, 則恐有難處之事, 未果。夢見者, 乃京居庶孼, 悖戾²¹⁶之甚
者, 而濫竊科第, 其用心如此云。◇²¹⁷ 午後, 金忠良, 得佐郎【漆坪
君】平書。 ◇²¹⁸

10월 2일(무자). 맑음. 밤새도록 눈 내림.

이날 보중(堡中: 別害堡)의 군사들에게 음식을 주어 위로하였는
데, 하나의 진(陣)이 모두 취하며 실컷 먹으니 기뻤다.

종사관의 군관(軍官)이 하루 내내 활쏘기를 겨루었는데, 남도 별
시(南道別試)의 무과 초시(武科初試)에서 특별 등용된 100명이었다.

개좌(開坐: 업무 개시)하고 계본(啓本: 국왕에게 올리는 문서)에 대한

(1545~1597).

215 北靑(북청): 함경남도 중동부에 있는 고을. 동쪽은 이원군·단천군, 서쪽은 신흥
군·홍원군, 남쪽은 동해, 북쪽은 풍산군과 접한다.

216 悖戾(패려): 도리에 어그러짐.

217 "又曰: '前月十二日 開文武場, 取人, 文則鄭宗溟爲魁.' 寅城之子也.'李自海
亦中.'云, 海乃元慶之孼産 而曾募入北道, 許通者也。聘家切屬, 而廣陵同壟,
聞之可喜.(또 말하기를, '지난달 12일에 문무의 과장을 열어 사람을 뽑았는데
문과는 정종명이 장원급제했다.'라고 하니 정인성의 아들이었다. '이자해 또한
급제했다.'라고 하니, 자해는 바로 이원경의 서얼 소생으로 일찍이 모집하여 북
도에 들인 허통된 자이다. 장인 집안의 가까운 족속으로 광릉과 같은 집안인데,
그 소식을 들으니 기뻤다.)"

218 "爲圻伯從事, 向圻營云 付答曰: '國賊未討, 國恥未雪.(경기 감사의 종사관이
되어 경기감으로 간다고 하는지라, 답장을 써서 주며 말하기를, '나라의 적을
아직 토벌하지 못한 만큼 나라의 수치를 아직 씻지 못했다.'라고 하였다.)"

비밀 서장(秘密書狀)이 내려와 공경히 받았는데, 비밀 서장은 2통이었다. 쌍청보(雙靑堡)에서 벤 왜적 1명의 머리를 올려보내는 일 및 난리를 피하여 북관에 들어온 감사(監司) 이성임(李聖任)이 의병을 불러 모아 왜적을 토벌한 일을 공문을 보내어 통지하는 일, 단천 군수(端川郡守) 강찬(姜燦)이 벤 왜적 1명의 머리와 이응복(李應福)·이원(李瑗) 등이 벤 왜적 5명의 머리를 올려보내어 논상(論賞)하도록 하는 일, 정평 부사(定平府使) 신석계(申石溪)·운룡(雲龍: 雲寵의 오기) 만호(萬戶) 송안정(宋安廷)의 죄상을 조정에서 처치하는 일, 천병(天兵: 명나라 군사)을 들어오는 일, 특별히 중신(重臣)을 보내는 일 등을 계청(啓請: 임금에게 아뢰어 청함)하는 서장(書狀)을 봉하여 올렸었다.

十月初二日(戊子)。晴。終夜雪。

是日, 餉堡中軍士, 一陣皆爲醉飽, 可喜。從事軍官, 終日較射, 南道別試, 武科初試, 試取²¹⁹一百人。開坐²²⁰, 啓本²²¹秘密下書祗受, 秘密書狀二道。雙靑堡²²²斬賊一級上送事及避亂入北監司李聖任²²³召募義旅討賊事, 移文²²⁴知委²²⁵事, 端川²²⁶郡守姜

---

219 試取(시취): 조선 시대 때 과거를 통하지 않고 인재를 등용하는 일종의 특별 채용 시험. 주로 음자제나 녹사, 서리, 역승 등 일정한 신분을 가진 자에게 제한된 한도 내에서 관직을 주기 위하여 제정되었다

220 開坐(개좌): 관사에 출근하여 업무를 보는 것.

221 啓本(계본): 조선 시대 국왕에게 중대한 일로 올리던 문서 양식.

222 雙靑堡(쌍청보): 함경남도 단천군 서쪽 106리에 있었던 鎭堡.

223 李聖任(이성임, 1555~?): 본관은 全州, 자는 君重, 호는 月村. 太祖의 7대손이

燦²²⁷斬賊一級, 李應福·李瑗等斬賊五級, 上送論賞事, 定平²²⁸府
使申石溪·雲龍²²⁹萬戶宋安廷罪狀, 朝廷處置事, 天兵入送事, 別
遣重臣事, 啓請²³⁰書狀封進。◇²³¹

며, 아버지는 李洞이다. 1583년 聖節使의 書狀官으로 명나라에 다녀왔고, 이듬
해 암행어사로 파견되어 안산 군수 洪可臣과 삭녕 군수 曺大乾이 선치가 있음을
아뢰어 승진하도록 하였다. 1590년 담양 부사가 되었으며, 1592년 임진왜란이
일어나자 자청하여 경상도 관찰사가 되어, 몸소 군사를 모집하여 왜적을 토벌하
려 하였으나 전선이 막혀 뜻을 이루지 못하고 돌아왔다. 곧 순찰부사가 되어
민병 800여 명을 거느리고 전선으로 나아가 참찬 韓應寅의 군무를 도왔으나,
임진강의 방어선이 무너져 사태가 급박하여지자 패주하였다. 패주한 죄로 사헌
부의 탄핵을 받아 한때 파직당하였으나, 1594년 강원 감사·길주 목사·황해도
관찰사가 되었다.

224 移文(이문): 관아 사이에 주고받던 공문.

225 知委(지위): 통지나 고시 따위의 형식으로 명령을 내려 알려줌.

226 端川(단천): 함경남도의 동남부에 있는 고을. 동쪽은 함경북도 학성군, 서쪽은
풍산군·북청군, 남쪽은 동해, 북쪽은 갑산군, 함경북도 길주군과 접한다.

227 姜燦(강찬, 1557~1603): 본관은 始興, 자는 德輝, 호는 東郭. 1582년 사마시를
거쳐 이듬해 알성 문과에 급제하여 승문원 정자·검열·이조 좌랑을 지냈다.
1592년 단천 군수로 있을 때 임진왜란으로 두 왕자가 회령에서 적의 포로가 되자
의병을 모아 싸우는 한편, 行在所에 결사대를 파견하여 회령사태를 보고하였다.
동부승지·우승지·황해도 관찰사를 지냈고, 황해도 병마절도사·강계 부사를 거
쳐 1600년 병조참의, 이어 여주 목사로 있다가 延安에서 병사하였다.

228 定平(정평): 함경남도 남부에 있는 고을. 북동쪽은 함주군, 남동쪽은 금야군과
접하고, 북서쪽은 낭림산맥을 사이에 두고 평안남도 영원군과 이어지고, 동쪽은
東韓灣에 면한다.

229 雲龍(운룡): 雲寵의 오기. 雲寵堡. 함경북도 갑산도호부에 속한 萬戶鎭.

230 啓請(계청): 신하가 임금에게 어떤 사항의 처리나 허락 여부를 아뢰어 청함.

231 "李怦等還, 問其所向, 則向安邊等處云.(이압 등이 돌아왔는데, 향하는 곳을 물
으니 안변 등지로 간다고 하였다.)"

10월 3일(기축). 맑음.

이날 이전처럼 근무하였다.

진중의 군교(軍校: 軍官)들을 불러 타이르며 말하기를, "어제는 병
으로 군사들에게 음식을 주어 위로하는 것을 직접 살피지 못하였으
나, 조정에서 군사들을 돌보아주라는 명이 있었기 때문에 명령대로
한 것인데, 너희들은 이러한 뜻을 아는가?"라고 하니, 모두 말하기
를, "어제 사람들이 모두 취하며 실컷 먹었으니, 누군들 그 덕에 감
격하지 않겠습니까? 새로 급제한 사람들은 더욱 감격하여 말할 바
를 몰랐을 것입니다."라고 하였다. 이들은 초시(初試)에 등용되어서
이같이 말한 것이니 덕담이었다. 우스꽝스러웠다.

十月初三日(己丑)。晴。

是日, 如前坐起[232]。招諭陣中軍校, 曰:"昨日病未親監饋餉,
而自朝廷有撫恤軍士之命, 故依命令爲之, 汝等其知此意耶?"咸
曰:"昨日人皆醉飽, 孰不感德? 新及第之人, 則尤爲感激, 不知
所言."云。此乃初試, 而如是言之者, 乃德談也。可笑。

10월 4일(경인). 맑았는데 간혹 흐림.

이날 이전처럼 근무하였다.

十月初四日(庚寅)。晴或陰。

---

232 坐起(좌기): 관청의 으뜸 벼슬에 있는 이가 출근하여 政務를 처리함을 뜻함.

是日, 如前坐起。

10월 5일(신묘).

이날 이전처럼 근무하였다.

　왕자가 있는 곳을 탐지해 서면으로 보고하라는 일을 영흥(永興)

이남의 각 관아에 관문으로 통고하였다.

　十月初五日(辛卯)。

출처 : doopedia.co.kr

是日, 如前坐起。王子所在探審牒報[233]事, 關通永興以南各官。

10월 6일(임진)。

이날 이전처럼 근무하였다.

정평(定平)의 김득홍(金得泓)이 왜적 1명의 머리를 베자 소모 군관
(召募軍官) 김수준(金壽俊) 등과 논공행상하여 다른 사람들을 진작하
고 권면하는 일, 각 고을의 수령으로 달아나 숨은 자를 치죄하고
임지로 돌아가게 하는 일, 북평사(北評事) 정문부(鄭文孚)가 육진(六
鎭)의 장사(將士)들과 경성(鏡城)에 와서 모였다가 길주(吉州)의 왜적
을 쏘아 죽이거나 목 베었던 사연과 이성 현감(利城縣監) 오정방(吳
定邦)의 본직을 체차(遞差)하는 일, 김수준 등을 만호(萬戶)로 제수하
는 일, 북도로 피난한 이성임(李聖任)의 장계(狀啓)를 전달하는 일
등의 서장(書狀)을 봉하여 올렸다.

十月初六日(壬辰)。

是日, 如前坐起。定平金得泓斬賊一級, 召募軍官金壽俊等論
賞, 聳勸他人事, 各邑守令逃遁者, 治罪還任事, 北評事鄭文
孚[234], 與六鎭將士, 來會于鏡城[235], 而吉州[236]之賊射斬辭緣, 利城

---

233 牒報(첩보): 조선 시대 하급 관청·관원이 상급 관청·관원에게 문서로 보고함.
  이때의 문서 양식을 牒로이라 이름하는데, 첩정하는 사유로는 첩보 외에도 馳
  報·望報·相考·上送·陳省 등이 있다.
234 鄭文孚(정문부, 1565~1624): 본관은 海州, 자는 子虛, 호는 農圃. 1585년 생원
  이 되고, 1588년 식년 문과에 급제해 한성부 참군이 되었다. 이듬해 홍문관 수찬

縣監吳定邦本差事, 金壽俊等萬戶除授事, 北道避亂李聖任狀啓
轉達事, 書狀封進。◇²³⁷

10월 7일(계사)。 맑았는데 간혹 흐림。 별해보에 있음。

이날 아침 일찍 김당(金鐺)이 이끄는 군사(軍士) 및 관속(官屬: 지
방 관청의 아전과 하인)을 점고하였는데, 모두 건장한 군사들이라서
기뻤다.

함흥(咸興)에 사는 이득(李得)이 찾아왔는데, 그 사람됨을 보니 용

을 거쳐 사간원정언 겸 中學敎授를 역임하고 1590년 사헌부 지평으로 지제교를
겸했으며, 이듬해 함경북도 병마평사가 되어 북변의 여러 鎭을 순찰하였다.
1592년 行營에서 임진왜란을 당했는데, 회령의 叛民 鞠景仁이 臨海君·順和君
두 왕자와 이들을 호종한 金貴榮·黃廷彧·黃赫 등을 잡아 왜장 가토(加藤淸正)
에게 넘기고 항복하자, 이에 격분해 崔配天·李鵬壽와 의병을 일으킬 것을 의논
하였다. 먼저 국경인·鞠世弼을 참수하고, 이어 명천·길주에 주둔한 왜적과 長
德山에서 싸워 대승하고, 雙浦 전투와 이듬해 白塔郊 전투에서 대승해 관북 지
방을 완전히 수복하였다. 1594년 영흥 부사에 이어 온성 부사·길주 목사·안변
부사·공주 목사를 거쳐 1599년 장례원 판결사·호조참의가 되었고, 그해 증시
문과에 장원 급제하였다. 1601년 예조참판, 이어서 장단 부사·안주 목사가 되었
다. 1623년 반정으로 인조가 즉위하자 전주 부윤이 되고, 다음 해 다시 부총관에
임명되었으나 병으로 부임하지 않다가 李适의 난에 연루되어 고문을 받다가 죽
었다.

235 鏡城(경성): 함경북도 중앙부 동해안에 있는 고을. 동쪽은 동해와 면하여 있고,
   서쪽은 무산군, 남쪽은 길주군과 명천군, 북쪽은 부령군과 접한다.

236 吉州(길주): 함경북도 남부에 있는 고을. 동쪽은 명천군과 동해, 서쪽은 함경남
   도 단천군·혜산군, 남쪽은 학성군, 북쪽은 무산군·경성군과 접한다.

237 "營奴樹蘭陪去.(감영의 사내종 수란이 모시고 갔다.)"

감하고 건장하였을 뿐만 아니라 그의 말을 들어보니 지혜와 사려가
있는 듯하였으며, 또 허황하고 망령되거나 겁을 집어먹는 병통이
없었다. 그의 말에, "저는 단신으로도 또한 왜적 수십 명을 죽일 수
있으나 다만 우리 편 사람이 적진에 고소(告訴)할까 염려하는 까닭
으로 실행할 수가 없지만, 대군(大軍)이 싸움터로 나가면 왜적을 무
찔러 없애는데 무슨 어려움이 있겠습니까? 저의 뜻으로는 여러 고
을의 군사를 합해서 대규모로 한번 소탕하면 될 것입니다."라고 하
였다. 내가 말하기를, "대군은 모으기에 쉽지 않은데다 날씨가 점차
추워지니, 왜적이 적은 곳부터 먼저 소탕하도록 군사를 일으키면
병력을 적게 쓰고도 공을 이루는 것이 쉬울 것이네."라고 하자, 이
득이 말하기를, "영공(令公)의 명령 또한 지당합니다. 들건대 함흥
왜적의 이른바 대장(大將)이 이미 초가을에 크게 목책(木柵)을 쳐서
스스로 방위하였고, 이른바 판관(判官)이란 자도 또한 근래에 군사
400명을 동원해 나무를 베어서 목책을 만든다고 합니다. 만약 목책
안에 들어가게 되면 무찔러 없애기가 어려울까 염려됩니다."라고
하였다. 내가 말하기를, "비록 목책 안에 들어간다 해도 만일 성 밖
에서 진(陣)을 치게 된다면 땔감과 양식이 끊어질 것이네만, 어찌
계책을 써서 할 만한 일이 없겠는가?"라고 하니, 이득이 말하기를,
"쌀을 받아놓은 것이 이미 많아서 겨울을 지내는 것은 걱정이 없습
니다."라고 하였다. 내가 말하기를, "겨울을 지낼 양식은 그 수가
적잖으니 어떻게 조달할 수 있을 것이며, 또한 한 횃불의 잿더미가
될 수도 있네."라고 하니, 이득이 말하기를, "그것은 옳은 말입니다.
우리 이웃에 서막세(徐莫世)라는 자가 있는데, 그의 사내종을 적진

구비보(자성)

에 투항시켜서 때로 간혹 주인집을 드나들게 하면 큰일을 해낼 수가 있을 것이라고 합니다. 바야흐로 성안에 머무르고 있는 왜적은 500명에서 600명에 불과한데다 병약한 자가 3분의 1이고, 총통(銃筒)을 가진 자도 10명 중에 서너 명입니다."라고 하였다.

비장(裨將) 최찬(崔瓚)이 함흥(咸興)으로 떠나가서 성안의 왜적 형세를 직접 알아보고 돌아왔다.

함흥 판관(咸興判官) 백응상(白應祥)이 천비보(天飛堡)·구비보(仇非堡)【협주: 두 개는 堡의 이름으로, 삼수 지역에 있다.】에서 돌아와 교서(敎書)를 받고 숙배(肅拜)하였다. 함흥 판관의 말에, "근래에 여러 곳에서 오는 비보(飛報: 급보)가 모두 부실합니다. 대개 모든 장수 가운데 한 사람이라도 황초령(黃草嶺)을 넘은 연후에는 군사를 모을 수가 있을 것이니, 제가 고개를 넘어 군민(軍民)을 불러 모으겠습니다."라고 하는지라, 내가 말하기를, "내가 그대를 보려고 한 것이 바로 이 때문이었네. 그대가 이처럼 말하니 기쁘네."라고 하였다.

함흥 판관의 말에 의하면, 의병을 모으기에 마땅한 곳으로 그 첫째는 황초령을 넘어 원(院) 동쪽의 숙석파동(熟石坡洞), 그 둘째는 부(府)의 서쪽인 서조양(西朝陽)의 두난행동(杜蘭行洞), 그 셋째는 덕안릉동(德安陵洞)이라고 한다.

이날 성윤문(成允文)을 북병사(北兵使)로 비관(批關: 비답한 관문) 및 관교(官敎: 관원의 임명 교지)가 내려와서 즉시 숙배하였다.

十月初七日(癸巳)。晴或陰。在別害堡。

是日朝, 金鐺[238]所領軍士及官屬點考, 皆是壯軍, 可喜。咸興[239]居李得來詣, 見其爲人, 則非但勇健, 聞其言, 則似有智慮, 且無虛誕恇怯之病。其言曰: "吾以單身亦可斬賊倭數十, 第恐我人告訴於賊中, 故未果, 大軍出陣, 則何難勦殺耶? 吾意則合諸色[240]之軍, 大擧一掃, 可也。" 余曰: "大軍未易聚, 而日氣漸寒, 自賊小處先擧, 則用力少而成功易也。" 得曰: "令敎亦當。聞咸賊所謂大將, 則已於秋初, 大作木柵以自衛, 所謂判官者, 亦於近日, 發軍四百, 伐木作柵云。若入柵內, 則恐難勦殺也。" 余曰: "雖入柵內, 若結陣城外, 樵採粮餉絶矣。亦豈無行謀可爲之事乎?" 得

---

238 金鐺(김당, 1556~?): 본관은 淸風, 자는 調元. 1583년 무과에 급제하였다.

239 咸興(함흥): 함경남도 함흥만 연안에 있는 고을. 동쪽은 낙원군, 서쪽은 영광군·함주군, 북쪽은 신흥군·홍원군, 남쪽은 동해에 면한다.

240 諸色(제색): 문맥상 諸邑의 오기인 듯.

曰: "捧米已多, 過冬無憂." 余曰: "過冬之粮, 厥數不少, 何以接濟[241], 亦可一炬作爐." 得曰: "此則然也. 吾隣有徐莫世者, 其奴投入賊中, 而時或出入主家, 可以有爲云. 方留城內者, 不過五六百名, 而病弱三分之一, 持銃筒者, 什居三四."云. 裨將崔瓚, 出去咸興, 爲體探城中賊勢而還來也. 咸興判官白應祥, 自天飛·仇非[242]【兩堡名, 三水地.】還, 敎書肅拜[243]. 咸判之言曰: "近日諸處飛報, 皆不實. 大抵大小將中, 一人踰黃草嶺[244], 然後可得聚軍, 吾欲踰嶺召募軍民."云. 余曰: "吾欲見君者, 此也. 君言如此, 可喜." 咸判言內, 募兵宜當處, 其一, 踰黃草嶺, 院東邊熟石坡洞, 其二, 府西西朝陽杜蘭行洞, 其三, 德安陵洞云. 是日, 成允文[245]

---

241 接濟(접제): 살아갈 방도를 세움. 살림살이에 필요한 물건을 차림.

242 仇非(구비): 仇非堡. 평안도 강계부 북쪽의 압록강 변에 있었던 鎭堡. 廢四郡 중 하나인 慈城郡에 소속되었지만, 사군이 폐지되면서 강계부에서 관리하였다. 외적의 방어와 감시가 주요한 기능이었다.

243 肅拜(숙배): 임금의 은혜에 감사하며 공손하고 경건하게 절을 올리던 일.

244 黃草嶺(황초령): 함경남도 長津郡과 咸州郡 사이에 있는 재. 동성강과 장진강의 분수령이 되며, 황초령비가 있다.

245 成允文(성윤문, 생몰년 미상): 본관은 昌寧, 자는 廷老, 호는 晩休. 1591년 갑산 부사로 부임하여 재직 중, 이듬해 임진왜란을 당하여 함경남도병마절도사 李瑛이 臨海君·順和君 두 왕자와 함께 왜적에게 잡혀가자 그 후임이 되었다. 함흥을 점령한 왜적의 북상을 저지하기 위하여 黃草嶺戰鬪를 지휘하였다. 그러나 부하 장수의 전공을 시기한 나머지 과감한 공격을 제지하여 큰 전과를 올리지 못하였다. 함경북도 병마절도사를 거쳐 1594년 경상우도 병마절도사가 되었다. 그 뒤 진주목사를 거쳐 정유재란 때는 다시 경상좌도 병마절도사가 되어 경상도 해안의 여러 전투에서 공을 세웠다. 특히, 1598년 8월 생포한 왜적을 심문한 결과 토요토미[豊臣秀吉]의 병이 중하며, 부산·동래·西生浦의 왜적이 장차 철수할 계획임을 조정에 알려 이에 대비하게 하였다.

北兵使批關²⁴⁶及官教²⁴⁷下來, 卽爲肅拜。

10월 8일(갑오)。 맑음。

이날 이전처럼 근무하였다.

어사(御史) 이 교리(李校理) 행차의 선문(先文: 도착 통지문)이 도착했는데, 6일 입석(立石)을 떠나 별해(別害)로 향해 간다고 하였다. 이 교리는 이수광(李睟光)일 것인데, 그의 모친이 이곳으로 피난했다는 소식을 듣고 어머니를 찾겠다며 상소를 올려 특별히 원대로 하도록 허락하고 이어 선유어사(宣諭御史)로 삼도록 명하였다고 하니, 이것은 분수에 넘치는 천은(天恩: 임금의 은덕)으로 효가 자모(慈母)를 찾게 한 것이다.

검율(檢律) 황언수(黃彦秀)가 찾아와서 만났다.

아침 일찍 종사관 황회원(黃會元: 黃汝一), 병사(兵使) 성윤문(成允文), 갑산 부사(甲山府使) 전봉(田鳳), 아사(亞使) 이응호(李應虎), 삼수(三水) 아무개(협주: 몇 자 결락, 류응수인 듯) 등이 서로 모여 지도를 펼쳐 놓고 도로를 짚으며 가리켰는데, 이득(李得)·주응무(朱應武) 등도 또한 동참하였다.

十月初八日(甲午)。晴。

---

246 批關(비관): 批敎關文의 직첩. 批敎는 신하가 올린 상소에 대하여 임금이 답으로 내리는 지시이다.
247 官敎(관교): 조선 시대 임금이 관원에게 내리는 임명 敎旨.

是日, 如前坐起。御史李校理行次先文²⁴⁸來到, 初六離立石²⁴⁹, 指向別害云。李是晬光²⁵⁰, 而聞其母夫人避亂此地, 陳疏尋母, 而特許從願, 仍命爲宣諭御史云, 此是分外天恩, 可謂孝得慈母也。檢律黃彦秀來現。早朝, 從事黃會元²⁵¹·兵使成允文·甲山²⁵²府使田鳳·亞使²⁵³李應虎²⁵⁴·三水【缺數字²⁵⁵】相會, 展地圖, 指示

---

248 先文(선문): 도착하는 날짜를 미리 통지하는 공문.

249 立石(입석): 평안남도 영원군 대흥면에 있는 마을 지명인 듯.

250 晬光(수광): 李晬光(1563~1628)의 오기. 본관은 全州, 자는 潤卿, 호는 芝峯. 1578년 초시에 합격하고, 1582년 진사가 되었다. 1585년 승문원부정자가 되었으며, 1589년 성균관전적을 거쳐 이듬해 호조좌랑·병조좌랑을 지냈고, 聖節使의 서장관으로 명나라를 다녀왔다. 1592년 임진왜란이 일어나자 경상도방어사 趙儆의 종사관이 되어 종군하였으나, 아군의 패배 소식을 듣고 의주로 돌아가 北道宣諭御史가 되어 함경도 지방의 선무 활동에 공을 세웠다. 1597년 성균관 대사성이 되었으며, 정유재란이 일어나고 명나라 서울에서 中極殿과 建極殿 등 궁전이 불타게 되자 陳慰使로서 명나라를 다녀왔다. 1605년 조정 관료들과 뜻이 맞지 않아 안변 부사로 나갔다가 이듬해 병으로 사직하고 돌아왔으며, 1607년 겨울 홍주목사로 부임하였다가 1609년 돌아왔다. 1616년 순천부사가 되어 지방관으로 나가 지방행정에 전념하였다. 1623년 인조반정이 일어나자 도승지 겸 홍문관 제학으로 임명되고, 대사간·이조참판·공조참판을 역임하였다.

251 會元(회원): 黃汝一(1556~1622)의 字. 본관은 平海, 호는 海月軒·梅月軒. 1576년 진사시에 급제하고, 1585년 별시문과에 급제하여 승문원부정, 회룡전사관 등을 거쳐 왕립도서관인 湖堂에서 근무하였다. 1592년 임진왜란이 일어나자 종사관으로 종군하여 왜군의 포로가 되었다가 풀려났으며, 이후 여러 전투에서 공을 세웠다. 1598년 명나라에 書狀官으로 다녀왔다. 이후 사서·장령·예천군수·길주목사 등을 역임하였고 1617년 동래진병마첨절제사에 이르렀다.

252 甲山(갑산): 함경남도 갑산군에 있는 지명.

253 亞使(아리): 조선 시대 각 도의 관찰사를 보좌하면서 행정 업무를 총괄한 經歷 또는 都事를 가리키는 말.

254 李應虎(이응호, 1532~?): 본관은 星州, 자는 夢吉. 정평 출신이다. 1573년 식

道路, 李得·朱應武等, 亦同參。◇[256]

10월 9일(을미)。 맑았다가 저녁엔 눈。

이날 아침에 대장(大將) 북병사 성윤문(成允文), 좌위장(左衛將) 갑
산 부사 전봉(田鳳), 중위장(中衛將) 경성 판관 손수헌(孫守憲), 우위
장(右衛將) 전 첨사 이응원(李應元)이 출병하여 나는 남문(南門) 누각
에 올라 전송하였는데, 병사는 정예한 것을 귀하게 여기지 수가 많
은 것을 귀하게 여기지 않는다는 것, 명령을 잘 따르는 자는 상을
내릴 것이지만 명령을 따르지 않고 어기는 자는 죽임을 당할 것이라
는 두 가지 점을 늘 하는 말이기는 하나 서약하고 보냈다. 대개 사람
들의 마음이 분발하기를 생각하고 있는 데다 왜적의 해악이 꽉 찼으
니, 사리를 미루어 살펴보면 일을 성공시킬 수 있을 것이다.

이어 종사관(從事官: 황여일)·아사(亞使: 이응호)와 함께 두 순배 술
을 마시고는 파하고 그대로 대청(大廳)에 있었다.

十月初九日(乙未)。 晴夕雪。

是日朝, 大將北兵使成允文·左衛將甲山府使田鳳·中衛將鏡城
判官孫守憲·右衛將前僉使李應元出師[257], 余登南門樓送之, 以

년시에 급제하였다.

255 缺數字(결수자): 郡守 柳應秀인 듯.《선조실록》1596년 2월 22일 2번째 기사에
  그와 관련된 내용이 나온다.

256 "咸判房直, 出城.(함흥 판관의 방지기가 성을 나섰다.)"

257 出師(출사): 군대를 싸움터에 내보냄.

兵貴精不貴多, 用命賞不用命戮, 兩件常談, 約誓而送。大槪人
心思奮, 賊惡貫盈, 以理推之, 則可以成事。仍與從事·亞使, 酌
二巡而罷, 仍坐于大廳。

10월 10일(병신)。맑았다가 저녁엔 눈。

이날 이전처럼 근무하였다.

류응춘(柳應春)·이봉(李鳳)·정천수(鄭千守)·조언수(趙彦守)가 와
서 왜적 2명을 벤 머리를 바쳤는데, 왜적을 잡은 경위를 물으니 한
놈은 조언수와 이봉이 돌덩이로 타살했고, 다른 한 놈은 승려 보윤
(寶允)과 조언수가 몽둥이로 타살했다고 하였다.

十月初十日(丙申)。晴夕雪。

是日, 如前坐起。柳應春·李鳳·鄭千守·趙彦守, 來獻賊頭二
級, 問其捕賊之由, 則一賊則彦守與李鳳以石塊打殺, 一賊則僧
寶允·彦守以木槌打殺云。◇258

10월 11일(정유)。맑았다가 오후에 눈이 많이 내림。

이날 이전처럼 근무하였다.

---

258 "高大復, 以所殺賊人之馬, 來納, 殺賊則未的, 而奪馬則似實 故卽還給其馬.
(고대복이 사살한 왜적의 말을 가지고 와서 바쳤는데, 적을 죽인 것은 적실하지
않으나 말을 빼앗은 것은 사실인 듯했으므로 바로 그 말을 도로 주었다.)"

북청부(北靑府)에서 왜적 6명을 벤 머리·총통(銃筒) 1자루를 올려
보내는 일, 이제가(李悌可)를 논공행상하는 일, 북병사 성윤문(成允
文) 등이 함흥(咸興)으로 출동한 일, 류응춘(柳應春) 등이 왜적 2명의
머리를 벤 일, 공명고신(空名告身)·공명첩(空名帖)·면역면천첩(免役
免賤帖)을 내려보내는 일 등을 장계(狀啓)하였다.

十月十一日(丁酉)。晴午後大雪。

是日, 如前坐起。北靑府斬馘六級·銃筒一柄上送事, 李悌可²⁵⁹
論賞事, 北兵使成允文等出陣咸興事, 柳應春等斬賊二級事, 空名
告身²⁶⁰·空名帖²⁶¹·免役免賤帖²⁶²下送事, ◇²⁶³狀啓。◇²⁶⁴

---

259 李悌可(이제가, 1555~1592): 본관은 全義, 자는 淳元. 양주목사 李慶禧의 아
들이다. 무과에 급제하여 북청 판관 재임 중에 임진왜란이 일어나 加藤淸正의
왜적과 격전을 벌이다가 전사하였다.
260 空名告身(공명고신): 임명되는 자의 이름을 비워둔 채 발행하는 임명장.
261 空名帖(공명첩): 실직은 주지 않고 명목상으로만 벼슬을 주던 임명장.
262 免役免賤帖(면역면천첩): 免役帖과 免賤帖. 면역첩은 병역이나 부역을 면제하
여 주는 사람에게 내어 주는 증서이고, 면천첩은 노비의 신분을 벗어나 평민
신분으로 행세할 수 있는 증서이다.
263 "永興·定平·咸興·鏡城·利城等官, 印信下送事.(영흥·정평·함흥·경성·이성
등 관아의 인신을 내려보내는 일)"
264 "神寺土兵, 朴傑陪去, 世奴·以石, 爲往來事隨之.(신사동의 토병인 박걸이 모
시고 갔는데, 세노·이석이 왕래하는 일로 따라갔다.)"

10월 16일(임인). 맑았지만 간혹 흐리고 간혹 눈 내림. 【협주: 앞 4일간의 기록이 없음】

이날 이전처럼 근무하였다.

함흥 지인(咸興知印) 한백(韓栢)·최언수(崔彦守) 등이 획득한 왜적 25명의 머리를 올려보내는 일, 군량(軍粮)과 군기(軍器)를 주청(奏請)하는 일, 신석계(申石溪) 등을 죄줄 것을 청하는 일, 공명고신(空名告身)을 주청하는 일 등을 쓴 서장(書狀)을 보냈다.

이날 어사(御史) 이 교리(李校理: 이수광)가 보(堡, 협주: 별해)에 들어왔을 때 사복(司僕) 김진위(金震緯)가 따라왔는데, 아내 일행의 안부 편지를 받아 보았다.

강계 부사(江界府使) 또한 안부를 물으며 음식을 보내왔다. 신석계가 붙잡은 왜적 3명을 송 순찰사(宋巡察使, 협주: 이름은 언신(言愼), 호는 호봉(壺峯), 문과에 급제하고 이조판서를 지냈으며, 본관은 여산(礪山)이다.)에게 보냈다.

十月十六日(壬寅)。晴或陰或雪。【以上四日無錄】

是日, 如前坐起。咸興知印[265]韓栢·崔彦守等所獲賊馘二十五級上送事, 軍粮軍器啓請事, 申石溪等請罪(事), 空名告身啓請事書狀。◇[266]是日, 御史李校理入堡【別害】, 金司僕震緯隨來, 得內行[267]平書。江界[268]府使, 亦有問饋。申石溪捕賊倭三名, 送于宋

---

265 知印(지인): 조선 시대 함경도와 평안도의 큰 고을에 둔 향리. 지방관의 官印을 맡아 보았다.

266 "營屬李德允, 陪去.(감영의 구실인 이덕윤이 모시고 갔다.)"

巡察。【名言愼²⁶⁹, 號壺峯, 文科, 吏曹判書, 礪山人.】

10월 17일(계묘)。 맑음。

이날 이전처럼 근무하였다.

장계(狀啓)를 호위해 갔던 사람인 이원(李元)이 의주(義州)의 행재소로부터 돌아왔는데, 행재소가 아주 평안하다고 하였다. 또 좌랑(佐郎, 협주: 漆坪君)의 편지를 받으니, 지난달 27일에 기영(圻營: 경기 감영)으로 향한다고 하였다.【협주: 칠평군은 임진년에 특별히 호조 좌랑으로 임명되었는데, 양성 현감을 지내다가 경기도 관찰사 심대(沈岱)의 주청(奏請)으로 종사관이 된 까닭에 경기 감영으로 향한 것이다.】

十月十七日(癸卯)。 晴。

是日, 坐起如前。 狀啓陪去人, 李元還自義州行在, 行在萬

---

267 內行(내행): 아내의 일행.

268 江界(강계): 평안북도 북동부에 있는 고을. 동쪽은 낭림산맥을 경계로 함경남도의 장진군, 서쪽은 위원군과 초산군, 남쪽은 희천군, 북쪽은 자성군과 후창군, 그리고 압록강을 사이에 두고 중국의 만주 지방과 접한다.

269 言愼(언신): 宋言愼(1542~1612). 본관은 礪山, 초명은 宋承誨, 자는 寡尤, 호는 壺峰. 1567년 사마시에 합격하고, 1577년 알성문과에 급제, 예문관 검열과 사간원정언 등을 지냈다. 1586년 호남에 巡撫御史로 파견된 뒤 부수찬을 역임하였다. 언관으로 서인을 공격하는 데에 앞장섰다가 1589년 기축옥사 때 鄭汝立과 연루되어 부교리에서 면직되었다. 1592년 사마시에 합격하고, 그 뒤 평안도 관찰사가 되었으나 임진왜란으로 공조참판이 되어 평안도 순찰사를 겸하다가 다시 함경도 순찰사를 겸하면서 軍兵 모집에 힘썼다. 1592년에 삭직되었고, 1596년 東面巡檢使로 다시 등용된 뒤 대사간·병조판서·이조판서를 역임하였다.

安²⁷⁰。又得佐郎【漆坪君】書，前月二十七日，向圻營²⁷¹云。【漆坪
君，壬辰以戶曹佐郎特拜，陽城²⁷²縣監，畿伯沈公岱²⁷³，啓請爲從事官，故
向圻營.】

10월 18일(갑진)。맑음。

이날 전 북청 판관(前北靑判官) 이제가(李悌可)가 찾아와서 만났는
데, 형을 집행하여 위엄을 보인 후에 교수(敎授)를 임명하였다.

十月十八日(甲辰)。晴。

是日，前北靑判官李悌可來現，行刑施威，後敎授。

---

270 萬安(만안): 아주 편안함.

271 圻營(기영): 京畿監營의 다른 이름.

272 陽城(양성): 경기도 안성 지역의 옛 지명. 조선 시대에는 治所가 진산인 天德山
과 남쪽의 白雲山 사이에 자리 잡고 있어 외부와는 禪院川을 건너 안성과 연결
되었다. 서해안에 월경처인 槐台吉串이 있어 양성의 稅穀은 이곳을 통하여 京
倉으로 운송되었다.

273 沈公岱(심공대): 沈岱(1546~1592). 본관은 靑松, 자는 公望, 호는 西墩. 1572
년 춘당대 문과에 급제, 홍문관에 들어가 正字·박사·修撰을 지내고, 1584년
持平에 이르렀다. 이때 동서의 붕당이 생기려 하자, 언관으로서 붕당의 폐단을
논하였으며, 이어서 舍人·사간을 역임하였다. 1592년 임진왜란이 일어나자 輔
德으로서 근왕병 모집에 힘썼다. 그 공로로 왕의 신임을 받아 우부승지·좌부승
지를 지내며 승정원에서 왕을 가까이에서 호종하였다. 왜군의 기세가 심해지면
서 宣祖를 호종하여, 평양에서 다시 의주로 수행하였다. 같은 해 9월 權徵의
후임으로 경기도 관찰사가 되어 서울 수복 작전을 계획하였다. 도성과 내응하며
朔寧에서 때를 기다리던 중, 왜군의 야습을 받아 전사하였다.

10월 19일(을사). 맑았는데 밤에 눈이 많이 내림.

【협주: 이날은 기록이 없음】

十月十九日(乙巳)。晴夜大雪。【此日無錄】

10월 20일(병오). 맑음.

이날 어사(御史) 이 교리(李校理: 이수광)가 북쪽으로 향하였는데,
묘파(廟坡) 가는 길을 경유한다고 하였다.

十月二十日(丙午)。晴。

是日, 御史李校理, 向北, 由廟坡[274]路云。

10월 21일(정미). 흐렸는데 간혹 눈이 내림.

이날 오응례(吳應禮)가 왜적의 머리를 바치는 서장(書狀)을 가지
고 의주(義州)로 향하였는데, 류응수(柳應秀) 등이 포획한 함흥(咸興)
왜적 18명과 또 3명, 임순(林垧: 林恂의 오기) 등이 포획한 단천(端川)
왜적 9명과 정평(定平) 왜적 2명 본부(本府) 왜적 5명 등의 일이다.

홍원(洪原)의 전 현감 곽잠(郭岑)이 영문(營門: 관찰사가 있는 관아)
에 달려와서 왜적 5명의 머리를 바쳤는데 지난날에 포획한 것이 또
한 왜적 10명이었다고 하며, 이날 왜적의 머리를 바친 것이 32명이

---

274 廟坡(묘파): 함경남도 장진군에 있는 마을 지명. 廟坡堡가 있다.

었다.

이날 저녁에 덕산사(德山社) 장수 이유일(李惟一)이 홍원(洪原)의
왜적·함흥(咸興)의 왜적과 접전하여 30명의 머리를 베어서 왔는데,
말 33필·총통(銃筒) 12자루·왜적의 옷 143벌·소 4두를 바쳤다고
하였다.

十月二十一日(丁未)。陰或雪。

◇[275] 是日, 吳應禮陪獻馘書狀, ◇[276]向義州, 柳應秀[277]等所捕
咸賊十八名, 又三名, 林坰[278]等所捕端川倭賊九名, 定平倭賊二
名, 本府賊五名事也。◇[279] 洪原[280]前縣監郭岑, 來赴營門, 納五
馘, 前日所捕亦有十馘云, 是日, 獻馘三十二也。是夕, 德山社[281]

---

275 "是日, 從事初度也。是日, 洪原前縣監郭豈, 來赴營門, 納五馘 前日所捕, 亦
有十馘云。是日, 獻馘三十二也.(이날은 종사관(황여일)의 생일이다. 이날 홍
원 전 현감 곽기가 감영에 달려와서 왜적 5명의 머리를 베어 바쳤는데, 이전에
포획한 것 또한 10명이었다고 하였다. 이날 왜적의 머리를 바친 것이 모두 32급
이다.)"

276 "帶營奴鳳了.(감영의 노비 봉료를 대동함.)"

277 柳應秀(류응수, 생몰년 미상):《燃藜室記述》별집 4권〈祀典典故·書院〉에 의
하면, 三水 군수를 지냈으며, 1592년 임진왜란 때 아버지가 적에게 살해됨을
통분히 여겨 中衛將으로서 창의하여 원수를 갚았다. 別將이 되어 영남에서 왜를
토벌하다가 전사하였다.

278 林坰(임순): 朴東亮의《寄齋史草 下》〈壬辰日錄 4〉에 의하면, 林恂의 오기
인 듯.

279 "生員崔安仁陳疏.(생원 최안인이 상소를 올렸다.)"

280 洪原(홍원): 함경남도 중남부에 있는 고을. 동북쪽은 북청군, 서쪽은 함주군,
서북쪽은 신흥군, 남쪽은 동해에 면한다.

281 德山社(덕산사): 조선 시대 함경남도 함흥에 있던 지명. 德山驛이 있었다. 덕산

將李惟一[282], 與洪原倭·咸興倭接戰, 斬三十級來, 納馬三十三
匹·銃筒十二柄·倭衣一百四十三領·牛四頭云。

10월 22일(무진)。 아침엔 맑았다가 오후엔 흐림。

이날 곽잠(郭岑)이 포획한 왜적 2명의 머리를 가지고 와서 바쳤
다. 정평(定平) 가관(假官: 임시 벼슬아치)의 보고에 의하면, 부인(府
人)이 왜적 5명의 머리를 베어서 순찰사(巡察使)에게 보냈다고 하
였다.

十月二十二日(戊辰)。朝晴午陰。

是日, 郭岑所捕倭馘二來納。定平假官報, 府人斬賊五馘而送
于巡察使云。

10월 23일(기사)。 맑음。

十月二十三日(己巳)。晴。

역과 그 주변 지역이 덕산사로 편성되었다. 남쪽으로는 함흥·정평 방면, 북쪽으
로는 홍원·북청 방면과 연결되는 한양~경흥 간 간선 교통로상에 있었다.

282 李惟一(이유일, 생몰년 미상):《燃藜室記述》별집 4권〈祀典典故·書院〉에 의
하면, 府使로서 東衛將이 되어 창의하였다.

10월 24일(경오). 맑음。

이날 감영 지인(監營知印) 박은천(朴銀千)이 서장(書狀)을 가지고 의주(義州)로 향하였다. 이유일(李惟一)이 획득한 귀 39개와 전두(全頭: 온전한 머리 전체) 1개, 이유일이 이전에 획득한 왜적 2명의 머리, 곽잠(郭岑)이 이전에 획득한 왜적 4명의 머리, 류응수(柳應秀)가 획득한 왜적 2명의 머리를 올려보내는 일, 도순찰사(都巡察使)·순찰사(巡察使)의 사목(事目: 규정)을 내려보내는 일, 정평 가관(定平假官) 강덕남(姜德男)이 벤 왜적 6명의 머리를 올려보내는 일, 전봉(田鳳: 갑산 부사)·온성(穩城) 한희길(韓希吉)을 남우후(南虞候)로 삼아 임시로 파견하는 일 등의 서장(書狀)을 또한 올리고 비밀 서장(秘密書狀)을 또한 보냈다.

이날 올족(乭足) 등의 보(堡)에서 치보(馳報: 급히 보고함)한 것에 의하면, 북도(北道)의 군사 및 기지개(其知介) 등이 와서 길주(吉州)의 왜적을 공격하여 남김없이 섬멸하였고 이어 임명(臨溟: 임명천)으로 향했다고 하였다.

十月二十四日(庚午)。晴。

是日, 營知印朴銀千, 陪書狀, 向義州。李惟一所獲割耳三十九, 全頭一, 李惟一前所獲二馘, 郭岑前所獲四馘, 柳應秀所獲二馘上送事, 都巡察使·巡察使事目[283]下送事, 定平假官姜德男所斬六級上送事, 田鳳·穩城韓希吉[284]·南虞候[285]假差事, 書狀亦

---

283 事目(사목): 行政 혹은 軍政, 법률의 적용 등에 관한 규정.
284 韓希吉(한희길, ?~1623): 1587년 곽산군수, 1594년 온성부사, 1603년 창성부

進，秘密書狀亦去。是日，甕足等堡馳報內，北道軍士及其知介
等來討吉州倭賊，無類[286]剿殺，仍向臨溟[287]云。◇[288]

10월 25일(신미)。맑음。천비보와 구비보의 군량의 집에서 묵음。

十月二十五日(辛未)。晴。宿天飛仇非君良家。

사 등 주로 외직을 전전하였다. 광해군 즉위년에는 경상병사로 있다가 사헌부의
탄핵으로 파직되었다. 1613년 좌변포도대장으로 있을 당시 서얼인 徐羊甲·朴應
犀 등 소위 江邊七友의 강도살인사건이 발생하자, 맨 먼저 체포된 박응서에게
李爾瞻의 사주를 받은 그는 이 사건을 역모로 꾸며 고변하도록 유인하고 서양갑
등을 무고함으로써 마침내 계축옥사를 일으켰다. 이에 따라 金悌男을 죽이고
永昌大君을 또한 유폐 사사케 하였다. 그 뒤 1615년에 경기수사가 되었으며,
이듬해에 계축년의 공으로 지중추부사와 水使에 제수되었다. 이후 지사, 비변사
당상을 거쳐 1619년 7월에 형조판윤에 이르렀으니, 박응서의 옥사를 일으킨 공
으로 승진한 것이다. 1622년에는 다시 좌변포도대장을 맡았으며, 공홍병사와
군기시제조를 역임하였다. 인조반정이 성공하자마자 평안병사로 있던 그는 이
듬해 1월에 박응서와 함께 주살을 당하였다.

285 南虞候(남우후): 함경도는 여진족에 대비하여 북쪽(경성)과 남쪽(북청)에 병마
절도사를 각 1명씩 두었고, 병마절도사 바로 아래 副將으로 종3품 벼슬에 해당
하는 것이 虞候 또는 兵馬虞候인데, 남병사 아래에 둔 부장임.

286 無類(무류): 無遺의 오기. 남김이 없음.

287 臨溟(임명): 臨溟川. 함경북도 학성군 학서면의 산간에서 발원하여 서쪽에서
동쪽으로 관류하여 동해로 흘러드는 하천.

288 "是日, 李聖任貽書, 請柳應祿長由.(이날 이성임이 편지를 보냈는데, 유응록에
게 긴 말미의 휴가를 주도록 청하였다.)"

10월 26일(임신)。맑음。천비촌에서 머묾。

이날 함흥(咸興) 적당(賊黨) 진대유(陳大猷, 협주: 우리나라의 배반 역
적) 및 그의 아들 진계수(陳界壽: 陳桂壽의 오기)를 잡아 왔다.

十月二十六日(壬申)。晴。留天飛村。

是日, 咸興賊黨陳大猷[289]【我國反賊】及子界壽[290]捉來。

10월 27일(계유)。맑음。

이날 비밀 계본(秘密啓本) 1통, 홍원 현감(洪原縣監)이 붙잡은 왜
적의 봉서(封書) 14장, 왜적의 안장(鞍裝) 등을 올려보냈고, 함흥(咸
興) 죄인 진대유(陳大猷) 부자(父子) 등을 차꼬로 채워 압송하였다.

十月二十七日(癸酉)。晴。

是日, 秘密啓本一道, 洪原縣監所捉賊倭封書十四張, 倭鞍上
送事, 咸興罪人陳大猷父子等械送。

10월 28일(갑술)。맑음。

十月二十八日(甲戌)。晴。

---

289 陳大猷(진대유, 1541~?): 본관은 江陵, 자는 獻可. 1576년 식년시에 급제하였
　다. 함흥의 생원. 자신의 딸을 일본군에게 바친 뒤 앞잡이가 되어 저항을 꾀하는
　조선인들을 신고하여 처단하도록 하였다.
290 界壽(계수):《宣祖實錄》1592년 11월 19일 4번째 기사에 의하면, 陳桂壽의 오기.

10월 29일(을해), 맑음,

이날 군관(軍官) 송현(宋賢)이 진대유(陳大猷) 등을 압령(押領)하여
의주(義州)로 향하였다.

十月二十九日(乙亥). 晴.

是日, 軍官宋賢, 押大猷等, 向義州.

10월 30일(병자), 맑음,

十月三十日(丙子). 晴.

임진년(1592) 11월 1일(정축), 맑음,

壬辰十一月初一日丁丑晴

11월 2일, 맑음,

이날 조방장(助防將) 이지례(李之禮)를 통솔하여 들여보내고 영흥
부사(永興府使) 안세희(安世熙)를 파직하여 내치는 일, 순찰사 두 명
을 차출하면 감사를 별도로 설치하는 일, 정평(定平)에서 벤 왜적
5명의 머리를 올려보내는 일 등의 장계(狀啓)를 신몽인(申夢仁)이 가
지고 갔다.

十一月初二日. 晴.

是日, 助防將李之禮291節制入送·永興府使安世熙罷黜事, 兩巡察差出則監司別設事, 定平斬馘五級上送事, 申夢仁陪狀啓去。

11월 3일。 맑음。

이날 장계를 가지고 갔던 사람 수란(樹蘭: 柳蘭의 오기인 듯)이 돌아
왔는데, 행재소는 아주 평안하다고 하였다。 별시(別試)의 초시인(初
試人) 100명 모두에게 급제(及第)를 내리는 홍패(紅牌)가 왔다。

十一月初三日。 晴。

是日, 狀啓陪去人樹蘭還, 行在萬安。別試初試人一百, 幷賜
及第紅牌來。

11월 4일。 맑음。

이날 상산(象山)의 집을 떠나서 범박구비(凡朴仇非)의 연신(燕申)
의 집으로 향하였는데, 아침 무렵 마수리(麻水里)에 도착하여 홍패
(紅牌)를 나누어 주었다。

十一月初四日。 晴。

是日, 發象山家, 向凡朴仇非²⁹²燕申家, 朝時到麻水里, 頒給紅牌。

---

291 李之禮(이지례, ?~1592): 본관은 丹陽, 자는 漫兮。 아버지는 李文虎이고, 李之
詩의 아우이다。 1592년 임진왜란이 일어나자 함경도 길주 목사로 평양에서 李元
翼을 따라 종군하였다。

292 凡朴仇非(범박구비):《世宗實錄》155권〈지리지·함길도 함흥부〉에 의하면, 함
흥부 서북쪽으로 甲山에 있는 지명。

11월 5일. 맑았다가 낮부터 눈.

이날 첨지(僉知) 한희길(韓希吉)이 교서(敎書)를 가지고 와서 행재소는 아주 평안하다고 했다. 도(道)의 온 백성들에게 널리 고하는 교서 및 시체를 흙으로 가릴 정도라도 묻고 처자식들을 따뜻하게 돌보아주라는 유지(有旨) 등의 서장(書狀)을 공경히 받았다.

전백옥(全伯玉)이 왜적 10명의 머리를 벤 일, 곽잠(郭岑)이 획득한 왜적 4명의 머리를 올려보내는 일 등의 계문(啓聞: 啓稟)을 봉하여 올렸다.

十一月初五日。晴午小雪。

是日, 韓僉知希吉, 陪敎書來, 行在萬安。播告一道民人敎書及掩理[293]僵屍·撫恤妻子事有旨, 祗受書狀。全伯玉[294]斬十馘事, 郭岑所獲四馘上送事, 啓聞封進[295]。

11월 6일. 맑음.

十一月初六日。晴。

---

293 掩理(엄리): 掩埋의 오기. 시체를 흙으로 겨우 가릴 정도로 묻음.

294 全伯玉(전백옥, 1558~1605): 본관은 安東, 자는 可獻. 1583년 무과에 급제하였다.

295 啓聞封進:"江界判官金大畜, 所率兵, 還逃嶺上, 把截官等處, 行移事.(강계판관 김대축이 이끌었던 군사가 고갯마루에서 도망쳐 돌아온 것을 파절관 등에게 문서로 보내도록 하였다.)"

11월 7일. 맑음.

十一月初七日。晴。

11월 8일. 맑음.

十一月初八日。晴。

11월 9일. 맑음.

이날 밤의 꿈에 종남서사(終南書舍) 남쪽 뜰의 작은 연못에서 흰 연꽃이 물로부터 1자 남짓 솟아났다. 매번 작은 연못에서 연꽃이 봉우리를 맺을 때마다 각기 두 송이씩인데, 서쪽 창을 열고 보면 또 두 송이가 피었고, 동쪽의 작은 연못에서 또 한 봉우리가 피었으니, 모두 9개 봉우리이다. 하루 사이에 연꽃이 봉우리를 맺어 구수(九數)에 이르니 매우 기이한 일로 승리할 조짐이라 할 것이다. 꿈에서 깨어나자마자 기록한 것은 기쁨을 나타낸 것이다.

十一月初九日。晴。

是日夜夢, 終南書舍南庭盆池[296], 白蓮出水尺餘。每盆蓮花作英各兩孕[297], 開西牕視之, 則又作兩孕[298], 東邊盆池, 又作一英,

---

296 盆池(분지): 작은 연못.
297 孕(잉): 朶의 오기.
298 孕(잉): 朶의 오기.

幷九英也。一日之內, 蓮花作英, 至於九數, 甚是奇事, 勝兆云。
覺來卽記者, 志喜也。

11월 10일。맑음。

이날 비밀 서장(秘密書狀) 1통, 반적(叛賊) 국경인(鞠景仁) 등 15명
을 잡아서 목을 베어 죽이는 일, 정평부(定平府) 류충(柳忠)이 벤 왜
적 7명의 머리와 명천(明川) 김덕룡(金德龍)이 벤 왜적 2명의 머리를
바치는 일, 북도(北道)의 장사(將士: 장수와 병졸)가 경성(鏡城)의 북쪽
지역에 와서 모인 일, 난리 속에 답답하고 염려스러운 일, 경성(鏡
城)의 정예병 등이 여진 오랑캐 5명의 머리를 벤 일.

十一月初十日。晴。

是日, 秘密書狀一道, 叛賊鞠景仁等十五名捕斬事, 定平府柳
忠進斬馘七級·明川[299]金德龍斬二級,   北道將士來會鏡城北地
事, 板蕩[300]悶慮事, 鏡城精兵等斬胡五馘事

11월 11일。맑음。

이날 돌장(乭場) 등지에 왜적을 방비하기 위하여 요새를 구축하는

---

299 明川(명천): 함경북도 남동부 동해 연안에 있는 고을. 동쪽과 남쪽은 동해, 서쪽
   은 길주군, 북쪽은 경성군과 접한다.
300 板蕩(판탕): 나라가 어지러워 흔들림. 세상이 어지러움. 난세.

일로 군관(軍官) 이언희(李彦禧)가 나아갔다.

十一月十一日。晴。

是日, 以乮場等處防截設險事, 軍官李彦禧出去。

11월 12일。 맑음。【협주: 이후 5일은 본디 모두 기록해야 하나 할 일이 적었던 까닭에 기록하지 않는다.】

이날 고산 찰방(高山察訪)이 함흥(咸興)을 향해 갔다.

十一月十二日。晴。【此下五日, 本皆有記, 而事小故不錄.】

是日, 高山察訪, 向咸興。

11월 13일。 맑음。

이날 전 볼하 첨사(前乮下僉使) 류령(柳泠)이 찾아와서 만나고 추궁하여 캐물은 뒤 돌려보냈다.

十一月十三日。晴。

是日, 前乮下僉事柳泠來現, 推問還送。

11월 14일。 맑음。

이날 오응례(吳應禮)가 의주(義州)에서 되돌아왔는데, 행재소가 아주 평안하다고 하였다.

十一月十四日。晴。

是日, 吳應禮回自義州, 行在萬安。

11월 15일。맑음。

이날 전 운총 만호(前雲寵萬戶) 송안정(宋安廷)이 찾아와서 만났고, 교수(敎授)를 도로 돌려보냈다.

十一月十五日。晴。

是日, 前雲寵萬戶宋安廷來現, 敎授還送。

11월 16일。맑음。

이날 김 종사(金從事)가 함흥(咸興)의 큰 진영(陣營)으로 향하였다.

十一月十六日。晴。

是日, 金從事, 向咸興大陣。

11월 17일。맑음。

十一月十七日。晴。

11월 18일。맑음。

十一月十八日。晴。

◇301

11월 19일.

十一月十九日。

11월 20일. 맑음.

이날 대장(大將: 북병사 성윤문)의 첩보(牒報)에 의하면, "18일 진(陣)을 고천창(高遷倉) 근처로 옮겼다."라고 하였다. 용수(龍藪) 근처에 매복(埋伏, 협주: 병(兵)자가 있어야 할 듯하다.)을 설치하였다가 다시 덕안릉(德安陵) 중앙의 근처로 옮기겠다고 회송(回送)하였다.

十一月二十日。晴。

是日, 大將牒報內, 十八日移陣高遷倉[302]近處云。以龍藪近處設伏【似有兵字】, 還移中央德安陵[303]近處事, 回送。

11월 21일. 맑음.

이날 새벽에 한필(漢弼)이 3명을 포박해 와서 고(告)하기를, "이

---

301 "是日, 淡孫·問孫, 向石州.(이날 담손·문손이 석주로 향하였다.)"

302 高遷倉(고천창): 함경남도 함흥시 북쪽 90리 지점의 兎兒洞에 있었던 社倉.

303 德安陵(덕안릉): 고려 穆祖(?~1274)와 그의 비 孝恭王后 李氏의 능. 애초 경흥 지역에 德陵과 安陵으로 능호를 달리하며 별도로 있었으나, 1410년 태종이 북쪽 야인들의 침략을 걱정하여 두 능을 함흥으로 옮겼다. 東原異塋으로 조성되어, 목조 덕릉이 오른쪽에 있고 왕후 이씨의 덕릉이 왼쪽에 있으며, 능소의 위치가 함흥부에 서북쪽으로 60리 떨어진 加平社에 있다.

사람들이 병풍파(屛風坡)에서 나온 까닭에 잡아 바칩니다."라고 하였으며, 또 말하기를, "북평사(北評事: 정문부)가 길주(吉州)의 왜적을 매우 많이 붙잡았습니다."라고 하였다. 기쁘고 기뻤다.

이날 낮에 북평사의 치보(馳報: 급보)가 도착했는데, "지난달 그믐날에 길주 왜적 600여 명이 나와 해정(海汀: 海汀倉)을 약탈하였는데, 고경민(高敬民) 등이 왜적 125명을 붙잡아 머리를 베었으며, 말 130필, 왜기(倭旗), 환도(環刀) 등의 물건을 다수 탈취하였고, 약탈당했던 가축들 또한 도로 빼앗았다."라고 하였다. 정문부(鄭文孚)가 정현룡(鄭見龍)을 대동하고 길주(吉州)의 병사 수천여 명을 거느리고서 명천현(明川縣)으로 물러나 움츠렸기 때문에 모조리 붙잡지 못했다고 하였다. 안타깝다.

十一月二十一日。晴。

是日曉, 漢弸縛三人, 來告曰: "此人等, 自屛風坡[304]出來, 故捉納。"云, 且曰: "北評事捕得吉州之賊, 甚多。"云。可喜可喜。是午, 北評事馳報到付, "前月晦日, 吉州倭賊六百餘名, 出掠海汀[305], 高敬民等捕斬一百二十五級, 馬一百三十匹·倭旗·環刀等物, 多數奪取, 所掠人畜, 亦爲還奪。"云, 鄭文孚帶鄭見龍[306], 領吉州兵千餘名, 退縮明川縣, 故未得盡捕云。可痛。

---

304 屛風坡(병풍파): 함경남도 함흥부 북쪽 265리 지점에 있는 社倉.

305 海汀(해정): 海汀倉. 함경북도 城津郡에 있었던 미곡창.

306 鄭見龍(정현룡, 1547~1600): 본관은 東萊, 자는 雲卿. 1577년 무과 급제 후 선전관이 되었고, 申砬의 천거로 등용되어 회령 부사, 종성부사, 북병사를 역임하였으며, 임진왜란 때 전장에서 여러 번 공을 세웠다.

11월 22일. 맑음.

이날 삼경(三更: 밤 12시 전후)에 임금께서 내려주신 양가죽 옷을 받았으니, 사전(謝箋: 임금에 올리는 감사의 글)을 봉하여 올렸다. 길주 (吉州)의 승전 소식, 단천(端川)에서 붙잡은 왜적의 편지 33장, 전백 옥(全伯玉)·원지(元墀) 등이 바친 왜적 19명의 머리, 함흥(咸興)의 왜 적이 남쪽 고을로 향했다는 일 등의 서장(書狀)을 봉하여 올린 것이 다.【협주: 누차 승전 소식을 아뢰었는데 여러 도(道) 가운데 으뜸이었다. 때 는 깊은 겨울인데도 비바람에 노출된 것이 오래되었음을 주상께서 걱정하여 특별히 양가죽 옷 1벌을 하사해서 위로하였다. 이에 대한 감사의 글은 상전조 (上箋條)에 보인다.】

十一月二十二日。晴。

是日三更, 受恩賜[307]羊裘, 謝箋[308]封進。◇[309] 吉州捷報, 端川 所捉倭書三十三張, 全伯玉·元墀[310]等獻馘十九, 咸賊向南官事, 書狀封進。【屢奏捷報, 爲諸道之最。時冬深, 自上軫念[311]其暴露[312]之久, 特賜羊裘一襲以勞之。其謝箋見上箋條.】

---

307 恩賜(은사): 임금이 내려줌.

308 謝箋(사전): 임금에게 올리는 감사의 글.

309 "咸興生員崔安仁, 陪進.(함흥 생원 최안인이 모시고 나아갔다.)"

310 元墀(원지, 생몰년 미상): 본관은 原州. 元均의 넷째 동생이다. 북도 군관, 고부 군수, 삭주 부사.

311 軫念(진념): 임금이 마음을 써서 근심함.

312 暴露(폭로): 비바람에 직접 노출됨.

11월 23일。맑음。

이날 새벽에 백응상(白應祥)이 보내온 치보(馳報: 급보)에 의하면,
"임만천(林萬千)이 18일 보고한 고목(告目: 문서)에 전후로 병졸을 지
원해 달라고 청했으나 모두 이미 돌아가 버린 다음이었으며, 함흥
(咸興) 감영(監營)의 왜장은 마을 소 15마리와 역자(驛子: 역참에 딸린
구실아치) 15명을 모아 장차 은(銀)을 채굴하려고 나가버렸습니다."
라고 하였으며, 또 "왜놈 3명을 정평(定平)·홍원(弘原: 洪原의 오기)
에 나누어 보냈다고 하니 그 심정을 헤아릴 수 없으나, 남쪽으로
나가려는 계책에 불과하여 남북의 군사를 다시 만나지 않을 수 없을
것입니다. 대개 12일의 전투 때 왜놈들이 강물을 건느느라 얼어 쓰
러져서 모두 앓아누웠다고 하니, 이유일(李惟一)·류응수(柳應秀)가
모두 성(城)을 도륙하고자 하고 군사들의 뜻도 또한 이와 같습니다."
라고 하였다.

20일에 대장(大將, 협주: 북병사 성윤문)이 능(陵: 덕안릉) 근처에 있
는 진(陣)으로 돌아왔다.

十一月二十三日。晴。

是曉, 白應祥馳報內, 林萬千十八日告目[313]內, 前後請兵, 皆已
還去, 咸上衙[314]倭將, 聚村牛十五·驛子十五, 將以採銀事出去
云, 又"令倭奴三名, 分送定平·弘原云, 其情叵測[315], 不過爲南出

---

313 告目(고목): 조선 시대에 各司의 서리 및 지방 관아의 향리가 상관에게 공적인
　　일을 알리는 간단한 양식의 문서.

314 上衙(상아): 監營이나 留守營.

之計, 或不無更會南北之軍也。大槩十二日之戰, 倭奴涉水凍僵,
皆臥痛云, 李惟一·柳應秀, 皆欲屠城, 軍情亦如此."云。廿日大
將【北兵使成允文】, 還陣于陵近處。

11월 24일。눈。

이날 새벽에 한 종사관(從事官)이 대장이 있는 곳으로 향하였는데,
용(龍)과 호(虎)로 위(衛)를 나누는 일 및 성(城)을 도륙할 것인지 그
여부를 논의하여 처리하는 일 때문이었다. 이날 판관(判官, 협주: 함흥
판관)이 보고하기를, "왜적의 판관(判官, 협주: 왜적에게도 판관이라는
칭호가 있다.)이 화살에 상처를 입었다가 죽었습니다."라고 하였다.

이날 밤 꿈에 큰 놈[長豚, 협주: 칠평군]이 나타났는데 모습이 매우
파리해서 그 까닭을 물었더니 학질을 앓는다고 하였으며, 손에 몇
통의 서찰을 가지고 서로 울고 있을 즈음에 꿈에서 깼다. 꿈조차도
흡족하지 못하여 안타깝다.【협주: 칠평군(漆坪君)은 이미 10월 18일에 삭
녕(朔寧)에서 순절했으나, 공(公)이 아직 알지 못했다. 그러므로 지극한 정리
가 서로 감통(感通)되어 유명(幽明)이 다름이 없이 천 리 밖에서 꿈에라도
나타나 이같이 간곡하였으니, 오호라 기이하다.】

十一月二十四日。雪。

是日曉, 一從事向大將所, 以龍虎分衛及屠城便否議處事也。

---

315 叵測(파측): 헤아릴 수 없음. 추측할 수 없음.

是日, 判官【咸興】報, 倭判【倭亦有判官之稱】箭傷而斃云。是夜夢見
長豚【漆坪君】, 形容甚瘦[316], 問之則患瘧云, 手持數道書札, 相泣
之際, 夢罷。夢亦未洽, 可痛。【漆坪君, 已於十月十八日, 殉節於朔
寧, 而公尙不得聞知。故至情相感, 無異幽明, 現夢於千里之外, 如是丁寧,
嗚呼異哉!】

11월 25일。맑음。

이날 세근(世斤)이 석주(石州)에서 돌아왔는데, 각처의 안부 편지
를 받으니 기뻤다. 정자(正字, 협주: 한림공)의 편지에는 찾아와서 만
나고 싶다는 뜻이 있었다.

대장의 치보(馳報: 급보)에 의하면, 18일 고천(高遷)으로 진(陣)을
옮긴 것은 진을 옮기려는 것이 아니라 적간(摘奸: 부정의 유무를 밝힘)
하는 일을 겸하고자 고천에 진을 옮겼으며, 하룻밤에 또 영천(永川:
永川社)을 왕래하고서 돌아왔다고 하였다.

十一月二十五日。晴。

是日, 世斤回自石州[317], 得各處平書, 可喜。正字【翰林公[318]】書
有欲來見之意。◇[319] 大將馳報內, 十八日移陣于高遷者, 非移陣

---

316 甚瘦(심유): 甚瘦의 오기.

317 石州(석주): 평안북도 강계 지역의 옛 지명.

318 翰林公(한림공): 尹卓然의 둘째 아들 尹吉元을 가리킴.

319 "是日, 韓承咸報, 二十三日, 得四鹹, 可喜。是曉, 夢見鄭泓仁, 頭戴石榴數朶
而來曰: '吾洞有放賣之家, 可惠七同之木?' 余答曰: '何處得此木耶?', '令公何

也, 以兼摘奸事, 移陣高遷, 一夜而又往來永川[320]還云。◇[321]

11월 26일。 맑음。

이날 남병사(南兵使)의 종사관 거산 찰방(居山察訪) 이춘기(李春祺)·군관(軍官) 조정민(曹貞敏)이 와서 말하기를, "남병사께서는 이성(利城)·북청(北靑) 등의 거사가 임박한 때에 인심이 함흥(咸興)으로 달려가는 것을 어려워하여 장차 뿔뿔이 흩어지고 도망할 염려가 있는 까닭에 달려갈 수가 없습니다."라고 하니, 지극히 통분하였다. 그러나 그 사정은 또한 그렇게 해야 했던 이치가 전혀 없는 것도 아니었다. 대개 이성(利城) 북쪽의 군사는 오늘내일 거사할 것으로

如前迂甚耶?' 仁也亦笑。又夢見男一母及成介等婢輩。去夜魯傑漢來, 有南兵使先聲云: '定平營吏金口咸·六房金夢弼·金大守來.' 是曉, 屛風坡人宋金者, 來言曰: '去十九日, 邑中烟氣漲天, 如是邑中有火災?'云.(이날 한승함이 23일에 왜적 4명의 머리를 획득했다고 보고하니 기뻤다. 이날 새벽에 꿈에서 정홍인을 보았는데, 머리에 석류 몇 송이를 이고 와서 말하기를, '우리 동네에 팔려고 내놓은 집이 있으니, 7동의 무명을 주실 수 있습니까?' 하여, 내가 답하기를, '어디서 그러한 무명을 구하겠는가?' 하니, '영공은 왜 여전히 세상 물정 모르는 것이 심하십니까?'라고 하며 정홍인도 웃었다. 또 꿈에 남일의 어미 및 성개 등의 여종들을 보았다. 지난밤에 노걸한이 찾아와서 남병사가 미리 보내는 기별을 전하였는데, '정평의 영리 김口함·육방 김몽필·김대수가 찾아왔다.'라고 하였다. 이날 새벽에 병풍파 사람 송금이 와서 말하기를, '지난 19일에 고을에 연기가 하늘 높이 올라갔는데, 고을에 이와 같은 화재가 있었습니까?'라고 하였다.)"

320 永川(영천): 조선 시대 함경남도 함흥군에 있던 社倉인 永川社.

321 "是日, 鳳鸞隨漢傑, 還洪原, 持毛皮,【중간 결】片而去。莫德等, 在波婢輩 分救背寒次【이하 결】(이날 봉란이 한걸을 따라서 홍원으로 돌아갔는데, 모피를 가지고 …(중간 결)… 편으로 갔다. 막덕 등이 …(이하 결)"

여겨서 대장이 군사를 거느리고 달려왔다면 단지 왜적을 토벌하지 못했을 뿐만 아니라, 왜적이 만약 기미를 알아차린다면 독기를 부려 분탕질할 염려가 없지 않으니, 이는 과연 염려되었다. 그래서 부득이하게 군사를 거느릴 수 없다면 단지 군관(軍官) 및 영속(營屬)을 이끌고 달려가라는 뜻으로 회송하였다. 또한 실제로 만약 오늘 내일 거사한다면 지난 뒤에라야 달려갈 수 있다는 뜻을 종사관에게 말하고 보냈다.

왕자 및 재신(宰臣)들이 모두 본부(本府)에 그대로 머물러 있는데, 이곳에 주둔하고 있는 왜적이 6천 명이나 2천 명은 식량을 마련하는 일로 강원도의 영동(嶺東)으로 향했다고 하였다.

十一月二十六日。晴。

◇[322] 是日, 南兵使從事, 居山[323]察訪李春祺[324]·軍官曹貞敏, 來言: "南兵使, 以利城·北靑等擧事臨時, 而人心以赴咸爲難, 將有潰散之患, 故不得馳赴."云, 極爲痛憤。而其事情, 則亦不無是

---

322 "是日, 江界府甲士姜孫·保人張莫同持書去, 同府立石里居奴春成, 亦持書去.(이날 강계부의 갑사 강손·보인 장막동이 편지를 가지고 갔으며, 같은 강계부의 입석리에 사는 사내종 춘성이도 편지를 가지고 갔다.)"

323 居山(거산): 居山道. 조선 시대 함경도 北靑의 居山驛을 중심으로 한 驛道. 거산도의 관할범위는 咸興–洪原–北靑–利原–端川–吉州–明川에 이어지는 驛路와 북청에서 甲山–三水로 이어지는 驛路이다.

324 李春祺(이춘기, 1547~1616): 본관은 全州, 자는 應綏. 1576년 식년시에 급제하였고, 1584년 별시 문과에 급제하였다. 1601년 영광군수, 1606년 담양 부사 등을 지냈다. 《光海君日記(중초본)》1617년 5월 11일 1번째 기사에 그가 사형된 연유가 자세히 기록되어 있다.

理。大槩利北之軍, 以爲今明擧事, 而大將領軍馳來, 則非但不
得討賦, 而賊若知幾, 則不無肆毒焚蕩之患, 此果可慮。故不得
已以若不得領軍, 則只率軍官及營屬馳赴之意, 回送。且以實若
今明擧事, 則過後馳赴之意, 言于從事而送。◇[325]王子及諸宰, 皆
仍留本府, 留賊可六千名, 而二千名, 以得粮事, 向江原嶺東云。

11월 27일。 맑음。

이날 두 종사관 및 이원립(李元立)이 진영(陣營)에서 돌아왔다. 종
사관의 말을 들으니 진중(陣中)에 별다른 소식은 없으나, 대개 군수
물자·군량을 계속 대기가 어렵다는 것이었다. 또한 성안의 적들이
일찌감치 돌아가지 않은 것을 후회하고 심지어 같은 편끼리 서로
힐난하는 말을 한다고 하나 어찌 믿을 수 있겠는가? 이원립의 말을
들으니 온성(穩城: 한희길)이 당초에 진격하지 않고 머뭇거린 자취가
꽤 있었으나 나중에 힘써 싸웠는데, 한덕구(韓德久)가 가볍게 움직
여 염려스러웠다고 하였다. 그러나 이려(李膂)의 말로는 한덕구가
머뭇거림이 가장 심했다고 하였다. 두 사람의 말이 각기 다르니 이
상하였다. 또 이원립의 말에, "함흥(咸興)의 군사로는 거사하기가
어려울 듯하니, 비록 수십 일을 미루더라도 영북(嶺北: 함경북도)의
병사들을 거두어 오려고 합니다."라고 하였는데, 이는 지극히 사리

---

325 "咸婢眞珠·德蘭·延春·乃終來見。是日, 全壽湧, 自安邊還。(함흥 여종 진주·
　　덕란·연춘·내종이 찾아와서 만나보았다. 이날 전수용이 안변에서 돌아왔다.)"

에 맞지 않았으니 안타깝고 안타까웠다.

十一月二十七日。晴。

是日, 二從事及李元立, 回自陣所。聞從事之言, 則陣中別無
他奇, 大槩軍物[326]·軍粮難繼。且城中賊, 以不早還爲悔, 至有自
中相詰之語云, 然何可信也? 聞元立之言, 則穩城當初, 則頗有
逗遛之迹, 而後則力戰, 韓德久輕動, 可慮云。而李薺[327]之言, 則
韓也逗遛最甚云。而二人之言, 各異可怪。且元立之言曰: "以咸
興之兵, 似難擧事, 雖延退數旬, 欲收嶺北[328]兵以來。"云, 此則極
爲無理, 可痛可痛。

11월 28일。맑음。

이날 북병사(北兵使)의 사내종이 석주(石州)에서 돌아왔는데, 가
속(家屬: 가족)이 20일에 보낸 안부 편지를 받았다.

남병사(南兵使)가 보고한 바에 의하면, 이성(利城)에서 패하여 달
아난 왜적 가운데 2명은 도중에 죽었고, 열대여섯 명은 성에 들어와
죽었으며, 화살에 상처를 입어 장차 죽은 자가 또 20여 명이라고
하였다. 또 단천 군수(端川郡守: 姜燦)가 보고한 바에 의하면, 영동역

(嶺東驛)에 드나들던 왜적 가운데 60여 명이 주살되었다고 하니 기뻤다. 또 이원립(李元立)의 말을 들으니 이지례(李之禮)·한희길(韓希吉)이 병사(兵使)의 지휘를 받지 않았다고 하니 안타깝다.

이날 류배(柳裵: 柳斐의 오기, 이하 동일)의 사내종이 와서 소장(訴狀)을 올리며 말하기를, "주경희(朱慶禧)의 처소에 상전(上典)이 맡겨둔 물건이 있었으나, 주경희가 감사(監司)·판관(判官)·좌수(座首)를 핑계하고 모조리 써버렸다면서 주지 않으니, 청하건대 관아에 속하게 해주소서."라고 하였는데, 지난날의 수본(手本: 자필 문서)과 대조해 살펴보니 수본 이외의 물건 또한 많았지만 소위 감사·판관에게 썼다고 한 것은 필시 감사를 격노하게 하려 한 모양이었다. 주경희란 자는 대개 수본을 만들지도 않았고 되돌려주지도 않았으니, 안타깝고 안타까웠다. 류배란 자는 비록 허다한 물건을 잃었을지라도 그 아비의 장물(贓物)을 정해진 수보다 많이 기록하여 소장을 올렸으니, 주경희도 가증스러웠으나 류배도 형편없었다. 주경희가 만약 심문하여 죄안(罪案)이 이루어진다면 류희택(柳希澤: 柳希津의 오기) 또한 응당 장리안(贓吏案: 뇌물 수수 관리 명부)에 기록되어야 하리니, 류관(柳寬, 협주: 국초의 이름난 재상)의 후손으로서 장리안에 기록된다면 조상의 가풍을 더럽히는 것이라 할 수 있으니 안타깝다.

十一月二十八日。晴。

是日, 北兵使奴回自石州, 得家屬卄日平書。南兵使所報, 利城敗走之賊, 二賊中路見斃, 十五六名入城見斃, 箭傷將死者又卄餘云。且端川所報, 嶺東驛出入之賊, 六十餘名, 見誅云, 可喜。且聞元立言, 則李之禮·韓希吉, 不受節制於兵使云, 可痛。

是日, 柳裴[329]奴來呈狀曰: "朱慶禧[330]處, 上典有寄置之物, 而慶禧托以監司·判官·座首, 盡用而不給, 請屬公[331]."云, 考其前日手本[332], 則手本外物件亦多, 其所謂監司·判官用下者, 必是使監司激怒. 而慶禧者, 大槩不爲手本, 不爲推給, 可痛可痛. 爲柳裴者, 則雖失許多物件, 而厥父之贓物[333], 濫數錄呈, 慶禧則可憎, 而裴也亦爲無狀. 慶禧若推閱[334]而成罪, 則柳希澤[335]亦應錄案[336], 柳寬[337]之【國初名相】孫錄贓, 則可謂忝祖之風, 可痛.

---

329 柳裴(류배): 柳斐의 오기. 金義淳의 《山木軒集》 권13 〈諡狀·全羅道觀察使贈領議政唐城府院君洪公諡狀〉에 나온다.

330 朱慶禧(주경희): 黃汝一의 〈銀槎日錄〉에는 判官 朱景禧로 나옴.

331 屬公(속공): 임자가 없는 물건이나 장물 따위를 官府의 소유로 넘기던 일.

332 手本(수본): 조선 시대 공사에 관해 상급 기관이나 관계 관청에 보고하는 자필 문서.

333 贓物(장물): 범죄 행위로 부당하게 얻은 타인 소유의 물건.

334 推閱(추열): 범인을 심문함.

335 柳希澤(류희택): 柳希津(?~1592)의 오기. 본관은 文化. 柳寬의 4대손이자 柳塢의 아들. 1592년 임진왜란 당시 함흥 판관으로 재임하던 중 왜적에게 포로가 되었다. 왜적은 유희진에게 당시 의주로 피난해 있던 선조의 거처를 대라며 갖은 고문을 했으나 끝내 굽히지 않다가 혀를 깨물고 자결하였다.

336 錄案(녹안): 錄贓吏案의 줄임말. 국가의 錢穀을 횡령하거나 뇌물을 받은 관리의 범죄 사실을 상세히 기록하여 비치하는 文簿. 일단 錄案에 이름이 오르게 되면 본인은 물론 그 후손까지도 과거시험이나 관직 임명에 제한을 받았다.

337 柳寬(류관, 1346~1433): 본관은 文化, 초명은 柳觀, 자는 夢思·敬夫, 호는 夏亭. 1392년 조선이 건국되자 개국 원종 공신이 되었다. 1397년 左散騎常侍·대사성을 거쳐 이듬해 형조전서를 지냈다. 1401년 대사헌으로서 상소해 불교를 적극적으로 배척했고, 이어 간관을 탄핵했다는 이유로 파직되었다가 곧 다시 서용되어 鷄林府尹이 되었다. 그러나 다시 무고를 받아서 문화에 유배되었다. 그 뒤 풀려나와 1405년 전라도 관찰사를 지내고, 이듬해 예문관대제학을 거쳐

11월 29일. 맑음.

이날 이성(利城)에서 벤 왜적 5명의 머리·북청(北靑)에서 벤 왜적 2명의 머리·왜적의 편지 7장을 올려보내는 서장(書狀)과 길주(吉州)에서 벤 왜적 16명의 머리·함흥(咸興)과 한승위(韓承威: 韓承咸의 오기)가 각기 1명씩 벤 왜적의 머리·4명의 적당(賊黨)이 벤 왜적 3명의 머리·정평(定平)의 류냉(柳冷: 柳洽의 오기)이 벤 왜적 3명의 머리·문천(文川)과 고원(高原)에서 각기 1명씩 벤 왜적의 머리·길주에서 적당 60명의 머리를 벤 일이며 과갑(科甲: 斜亇洞堡의 오기인 듯) 권관(權管: 堡의 수장) 고경민(高敬民)의 군공(軍功)에 관한 일을 쓴 서장(書狀) 등 7통을 봉하여 올렸다.

홍원(洪原)의 근세(根世)가 왜적 1명의 머리를 가지고 와서 만났는데, 이는 바로 희원(喜元, 협주: 공의 셋째 아들)의 처가(妻家: 鄭欽) 사내종이었다. 아내의 일행이 들어왔을 때, 말을 가지고 가 회양(淮陽)에서 맞이하여 홍원에 도착하자 물러나 머물렀던 자인데, 지금 다시 와서 보니 가상하였다.

최 첨지(崔僉知)가 말하기를, "석가(石加)가 철령(鐵嶺)을 넘었습니다."라고 하였다. 시권(詩卷)을 어디에 두었는지 알지 못하니 서글펐다.

정평 좌위장(定平左衛將, 협주: 갑산 부사 田鳳)이 보고한 바에 의하

判恭安府事로 정조사가 되어 명나라에 다녀왔다. 이어 世子左賓客을 거쳐 형조 판서가 되어 兵書習讀提調를 겸했다. 그 뒤 참찬·찬성 등을 역임하고 1418년 다시 대제학으로 知經筵事를 겸하고, 이어 判中軍都摠制府事 등을 거쳐 1421년 다시 대제학이 되었다.

면, 남쪽에 온 왜적 70여 명이 함흥(咸興)으로 향했다고 하였다. 12
일에 접전한 이후로 지금까지 이미 10여 일이 지난 까닭에 왜적은
아군이 거사할 것으로 의심하고 다른 고을에 군사를 청하러 간 것이
니, 안타깝고 안타깝다. 즉시 문서를 대장에게 보내어 분발하고 힘
쓰도록 했으나 마음을 쓸지 않을지 모르겠다.

十一月二十九日。晴。

是日, 利城五級·北靑二級·倭書七張上送書狀, 吉州斬馘十
六·咸興韓承威[338]斬賊馘各一, 四賊黨馘三, 定平柳冷斬馘三, 文
川·高原斬馘各一, 吉州賊六十馘斬得事, 科甲(斜ケ)權管[339]高敬
民軍功事等書狀七道封進。洪原根世持一馘來見, 此乃喜元【公之
第三子】氷家[340]奴也。內行入來時, 持馬往迎于淮陽, 到洪原退留
者, 今復來現, 可嘉。◇[341]崔僉知(言): "石加(家)踰鐵嶺。"云。未知
詩卷置之何處, 可歎。定平左衛將【甲山府使田鳳】所報, 南來之賊
七十餘名, 向于咸興云。十二日接戰之後, 今已十餘日, 故賊也
疑我軍擧事, 而請兵于他邑也, 可痛可痛。卽文移于大將, 使之
奮勵而未知動心否也。

---

338 韓承威(한승위):《선조실록》1596년 6월 21일과 22일, 1597년 7월 11일 기사에
　　의하면, 韓承誠의 오기인 듯. 본관은 淸州. 아버지는 韓彭祖이고, 韓繼誠의 동
　　생이다.

339 權管(권관): 조선 시대 함경도·평안도·경상도의 변경 鎭堡에 두었던 수장.

340 氷家(빙가): 妻家.

341 "孟麟壽言: '慶州吏李慶福, 謫所慶源, 而趙德隨來于此。'云.(맹인수가 말하기
　　를, '경주 아전 이경복의 적소가 경원인데 조덕이 이곳까지 따라왔다.'라고 하였다.)"

11월 30일。맑음。

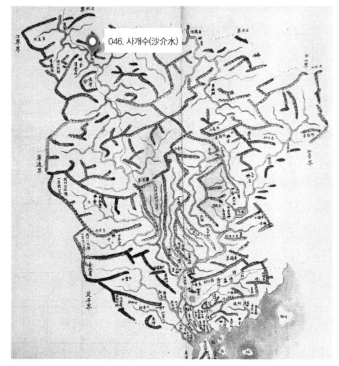

046. 사개수(沙介水)

함흥·사개수
출처 : 고려대학교 고지도 컬렉션

이날 밤의 꿈에 옥좌(玉座)를 시위하였는데, 옥좌 앞에 단자(段子)
를 봉하여 싼 봉지 몇 개가 있어서 제신(諸臣)에게 나누어 하사하였
으니, 내가 받은 것은 검은색이었다. 꿈에서 깨어나니 감격스러움
을 가눌 수가 없었다.

十一月三十日。晴。

是日夜夢, 侍衛玉座, 座前封裹段子略干封, 分賜諸臣, 余所受者黑色也。覺來感激無任。◇[342]

12월 1일。맑음。사수촌【협주: 함흥 땅】에 머묾。

이날 새벽꿈에 옥좌(玉座)를 시위하였는데, 조용히 그간의 왜적 형편을 하문하여 내가 또한 상세히 거론하며 나아가 대답하니, 주상의 마음이 좋아하고 대견해하여 미간에 기쁜 기색이 있었다. 곁에 있던 재신(宰臣)들도 또한 경쟁하듯 상세히 물으면서 기뻐하고 다행스러워하는 기색이 많았다. 꿈에서 깨어나자 깨달은 바가 있는 듯하여 즉시 일어나 기록하였다.

十二月初一日。晴。留沙水村【咸興地】。

是日曉夢, 侍衛玉座, 從容下問賊倭終始形止, 余亦詳擧進對, 上意嘉悅[343], 八彩[344]有喜色。在傍諸宰, 亦爭詳問, 多有喜幸之色。覺來, 如有所得, 卽起記之。◇[345]

---

342 "是日戌時, 一從事, 回自陣所.(이날 술시에 종사관 1명이 진소에서 돌아왔다.)"
343 嘉悅(가열): (손아랫사람의 좋은 일이나 착한 일에 대하여) 좋아하고 기뻐함.
344 八彩(팔채): 堯임금의 눈썹에 여덟 가지 채색이 있었다는 전설에서, 임금의 偉容을 이르는 말.
345 "是朝, 蓬臺驛吏尹弘, 持納華虫一首。是日午, 餉軍, 別害新及第申守仁, 來納牛脚云, 故餉。是日, 吳定邦所報內, 所聚之軍, 三千餘名 與山社, 約日擧事云.(이날 아침에 봉대 역참의 아전 윤홍이 꿩 1마리를 가지고 와서 바쳤다. 이날 낮에 군사들을 먹였는데, 별해의 신급제인 신수인이 찾아와서 소 다리를 바쳤다고 한 까닭에 먹인 것이다. 이날 오정방이 보고한 바에 의하면, 모인 군사

12월 2일. 흐렸는데 간혹 눈.

十二月初二日。陰或雪。

◇³⁴⁶

12월 3일. 맑음.

부속(府屬: 함흥부 소속) 신몽인(申夢仁)·영 나장(營羅將: 감영 나장)
최담(崔倓)이 의주(義州)에서 돌아왔는데, 행재소는 아주 평안하다
고 하였다.

十二月初三日。晴。

府屬申夢仁·營羅將³⁴⁷崔倓, 回自義州, 行在萬安云。

12월 4일. 맑음.

이날 오응례(吳應禮)가 진(陣)의 소속 장수와 병졸들이 세운 군공
(軍功)을 표창한 관교(官敎: 관원의 임명 교지)를 가지고 진소(陣所)로

가 3천여 명으로 산사와 날을 잡아서 거사한다고 하였다.)"

346 "是日早朝, 本宮別差高應參來見。是日, 李舜佐持軍器出去, 書者朴龍·南應
龍, 受由出去。崔安仁告目內, 去卄六, 到立石云.(이날 아침 일찍 본궁별차 고
응삼이 찾아와서 만나보았다. 이날 이순좌가 군기를 가지고 떠나갔는데, 서자
박룡·남응룡이 말미를 받아서 떠나갔다. 최안인의 안부 편지에 의하면, 지난
26일 입석에 도착했다고 하였다.)"

347 羅將(나장): 죄인을 잡아들이거나 죄인을 문초할 때 매를 때리는 일과 귀양가는
죄인을 압송하는 일을 맡아본 하급 관원.

향하였다.

十二月初四日。晴。

是日, 吳應禮陪陣所將士軍功官教, 向陣所。

12월 7일。 맑음。【협주: 이상 2일간 기록 결락】

十二月初七日。晴。【已上兩日缺】

12월 8일。 맑음。

이날 영노(營奴: 감영 노복) 가응이(加應耳)가 장계(狀啓)를 가지고 의주(義州)로 갔는데, 공무로 차출된다는 소식을 들은 김대적(金大商: 金大畜의 오기, 이하 동일)이 곧장 강계(江界)로 달아나서 분통스러움을 이기지 못하고 즉시 이구(李球)를 보내어 붙잡아 오게 하였다.

수령(守令)·변장(邊將)을 임시로 임명하여 파견하고 등제(等第: 사정하여 등급을 매김)는 다른 날로 미루어 시행하는 일, 김대적이 진(陣)을 버린 일, 단천(端川) 등의 관(官)에서 벤 왜적 46명의 머리를 바치는 일, 대장의 허물을 추궁하고 심문하는 일, 김대적이 군량(軍粮)·군기(軍器)를 가지고 간 일, 김대적을 붙잡아 오는 일, 정평(定平)에서 벤 왜적 8명의 머리·북청(北青)에서 벤 왜적 5명의 머리를 올려보내는 일 등의 서장(書狀)을 봉하여 올렸다.

十二月初八日。晴。

是日, 營奴加應耳, 陪狀啓, 向義州, 因公差[348], 聞金大商[349]直

走江界, 不勝痛憤, 卽差李球捉還。◇[350] 守令·邊將假差[351]等第[352]
退行事, 金大商棄陣事, 端川等官斬馘◇[353]四十六, 大將推考[354]
事, 金大商軍粮·軍器持去事, 金大商捉還事, 定平斬馘八·北靑
斬馘五上送事, 書狀封進。

12월 9일。

十二月初九日。

12월 10일。 맑음。

이날 고원 군수(高原郡守)가 보고한 바에 의하면, "우리 고을에
머물러 있는 왜적 800여 명에 덕원(德源)에서 온 왜적까지 더하면
그 수가 천여 명에 이른다."라고 하였다.

---

348 公差(공차): 공무로 파견된 하급 관리.
349 金大商(김대적):《宣祖實錄》1592년 6월 12일 1번째 기사에 의하면, 江界判官
　　金大畜(1544~?)인 듯. 본관은 安東, 자는 景蘊. 1567년 식년시 무과에 급제하
　　였다.
350 "是日曉, 莫世率根世及使令仁國, 向石州.(이날 새벽에 막세가 근세 및 사령
　　인국을 데리고 석주로 향하였다.)"
351 假差(가차): 중요한 임무를 수행하도록 임시로 벼슬아치를 임명하거나 파견함.
352 等第(등제): 조선 시대에 관리들의 근무성적을 사정하여 등급을 매기던 일.
353 "十一, 同郡賊馘.(11명, 단천군에서 적의 머리를 벰.)"
354 推考(추고): 벼슬아치의 허물을 추궁하고 심문하여 살피던 일.

전탄(전탄강)

또 이르기를, "문천(文川)의 왜적 800여 명이 11월 27일 같은 고
을 지경인 전탄(箭灘)에 진(陣)을 쳤다가 곧바로 돌아갔다,"라고 하
였으며, 또 이르기를, "어제 경성(鏡城) 사람 말응토리(末應土里)·단
천(端川) 신남(申男)이 정문부(鄭文孚)의 장계(狀啓)를 가지고 의주(義
州)에 이르렀다가 되돌아와서 말하기를, '심 유격(沈游擊: 沈惟敬)이
5천여 명을 인솔하여 평양(平壤)으로 향하였는데 군사들을 돌려 남
쪽으로 돌아가자고 잘 타일렀다.'라며 평양성을 나온 뒤로 아군과
합세하여 무찔러 없앨 것이다."라고 하였다. 성을 나온 뒤로 당병(唐
兵: 명나라 군대)이 진작 따라오지 못하거나, 혹여 약속대로 성을 나
갔다가 당병이 북쪽으로 돌아갈 날을 헤아리고 군대를 돌려 서쪽으
로 향해야 한다면 어떻게 한단 말인가? 조정은 반드시 생각이 이에

미쳤겠으나, 대체로 의심날 만한 것이니 누가 이러한 계책을 세웠는지 모르겠다.

十二月初十日。晴。

是日, 高原郡守所報內, "本縣留賊八百餘名, 而添德源來賊, 數至千餘名."云, 又云: "文川賊八百餘名, 十一月卄七日, 同郡地境箭灘[355]結陣, 而卽爲還去."云, 又云: ◇[356] "昨日, 鏡城人末應土里·端川申男, 持鄭文孚狀啓, 到義州, 回來言:'沈游擊[357]帶五千餘名, 向平壤, 以回兵南還事開諭.'出城之後, 與我軍合勢剿滅."云。出城之後, 唐兵趁未追及, 或依約出城, 量其唐兵還北之日, 回軍向西, 則何以爲之? 朝廷必念及于此, 而大槩可疑, 未知誰爲此策也?

---

355 箭灘(전탄): 箭灘江. 함경남도 고원군의 남쪽으로 문천군과 경계를 흐르는 강.
356 "郡婢丁梅, 自賊中出, 來言內, 咸興相戰後, 無遺還來, 十五餘名, 傷足臥病, 日本來關內, 京城叱分作賊事, 而外方至作賊不當, 還上京云云。或云十二月, 或云正月間, 還日本云, 前日則一日兩時, 今則不定時加炊云。使牒人, 官奴梁虎也.(문천군의 여종 정매가 적중에서 탈출해 와서 말한 것에 의하면, 함흥에서 서로 전투한 뒤에 남김없이 돌아왔지만 15여 명이 다리를 다쳐 드러누워 앓고 있으며, 일본에서 온 공문서에도 경성만 도둑질할 것이나 외방에서 도둑질하는 것은 부당하니 도로 상경하라고 했다 한다. 혹자는 12월에, 혹자는 정월 사이에 일본으로 돌아갈 것이라고 했는데, 지난날에는 하루에 2번이었으나 지금은 시기를 정하지 않고 밥을 짓는다고 하였다. 첩자로 부린 것은 관노 양호이다.)"
357 沈游擊(심유격): 沈惟敬을 가리킴. 1592년 임진왜란 때 祖承訓이 이끄는 명나라 군대를 따라 조선에 들어온 명나라 장수. 평양성 전투에서 명나라군이 일본군에게 대패하자 일본과의 화평을 꾀하는 데 역할을 하였고, 1596년 일본에 건너가 도요토미 히데요시를 만나 협상을 진행하였으나 매국노로 몰려 처형되었다.

12월 11일. 맑음.

十二月十一日。晴。

12월 12일. 맑음.

十二月十二日。晴。

12월 13일. 맑음.

이날 어사(御史) 이 교리(李校理: 이수광, 협주: 지봉)가 강계(江界)의 입석리(立石里)에 도착했는데, 절구시를 보내왔으니 위안이 되었다.

남도 병사(南道兵使: 함경도 병마절도사) 최호(崔湖)가 마운령(磨雲嶺)으로 향했다는 치보(馳報: 급보)가 와서 안타까웠다. 정문부(鄭文孚)가 육진(六鎭)을 향했다는 치보가 또 왔다.

十二月十三日。晴。

是日, 御史李校理【芝峰】, 到江界立石里, 寄贈絶句, 可慰。南道兵使崔湖, 向磨雲[358]馳報來, 可痛。鄭文孚, 向六鎭馳報又來。

---

358 磨雲(마운): 磨雲嶺. 함경남도 利原郡 곡구리의 동쪽 기암리와 端川郡 富貴面의 경계에 있는 고개.

12월 24일。 맑음。【협주: 이상 10일간의 기록 없음】

새벽꿈에 한양의 옛집으로 돌아갔는데, 국화 떨기 길이가 1자 반 정도에 가지와 잎도 아주 무성하였다. 내가 친구들과 마주하고서 말하기를, "적이 모조리 꺾었으나, 이 꽃도 근본이 여전히 남아있으니 서리가 내린 뒤에라도 즐겨 구경할 수 있을 것이다."라고 하였다.

이날 아침에 두 종사관과 상의하여 한인제(韓仁濟)를 북우후(北虞候)로 삼고, 김범(金範)을 부령 부사(富寧府使)로 삼는다는 가첩(假帖: 임시 증명서)을 만들어 보냈다.

이날 저녁에 막세(莫世)가 강계(江界)에서 돌아왔고 춘비(春婢)도 돌아왔는데, 정자(正字: 둘째 아들 吉元)가 나를 위로한다며 강계에서 하룻길까지 왔다가 오는 것을 멈추고 가라는 나의 분부를 듣고서 마지못해 돌아갔다고 하였다. 석주(石州)의 일은 근심거리가 많았던 까닭에 거듭거듭 경계하고서 그대로 머무르도록 하여 일행을 간호하게 하였다. 그리고 편지(협주: 한림공의 편지)를 보자 저도 모르게 눈물이 흘러내리니, 영화를 누린 지 50년에 어찌 오늘날 같은 일이 있으리라고 생각이나 했겠는가?

들건대 김대적(金大商: 金大畜의 오기)이 화피촌(樺皮村)에 물러나 드러누워 있으면서 그가 거느린 군사들에게 매일 사냥을 일삼도록 하고 또한 패하여 도망친 군사들의 이름을 쫓아 매를 징발하자, 이때 매를 구하기가 어려웠던 까닭에 모두 산양 가죽과 담비 가죽을 바쳤으므로 이미 흩어진 자들이 모이지 않는다고 하니, 안타깝다.

十二月二十四日。 晴。【已上十日無錄】

曉夢, 還漢洛舊舍, 叢菊長可尺半, 枝葉頗茂。余與友生, 相對曰:"賊也折盡, 而此花根本猶在, 可作霜後之玩也."是朝, 與兩從事相議, 以韓仁濟[359]爲北虞候, 以金範爲富寧府使, 成送可帖[360]。是夕, 莫世還自江界, 春婢亦來, 正字以慰我事, 來到江界一日程, 見余停行之戒, 黽勉回程云。◇[361] 石州之事, 多有可慮者, 故申申戒之, 使之仍留, 看護一行。◇[362]而見書【翰林公書】, 不覺涕迸, 榮享五十年, 豈料有今日耶? ◇[363]聞金大商, 退臥樺皮村[364], 使其所領之軍, 日事畋獵[365], 而潰散之軍, 逐名徵鷹, 而此時得鷹爲難, 故皆納山羊皮·獤鼠皮, 故已散者不聚云, 可痛。

---

359 韓仁濟(한인제, 생몰년 미상):《燃藜室記述》별집 4권〈祀典典故·書院〉에 의하면, 虞候를 지냈다. 防垣萬戶로서 中衛將이 되어 의병을 일으켜 北鎭에 주둔하고 있는 왜적을 6번이 격파하였다.《宣祖實錄》1593년 6월 6일 기사에 그의 군공이 소개되어 있다.

360 可帖(가첩): 假帖의 오기. 임시 帖文. 곧 임시 증명서를 일컫는다.

361 "旣失長豚, 得見次豚則幸也.(이미 큰아들을 잃었지만 둘째 아들을 볼 수 있다는 것은 다행이었다.)"

362 "而情則罔極罔極.(그러나 정이 망극하고 망극하였다.)"

363 "聞石州事, 則奴輩橫恣, 廣大則退臥各處, 一不顧見, 景守·劉香, 皆占各家只玉只·吉年·世文, 直宿下處云, 世文乃平康軍士雇工, 隨丘部將來者, 借送石州, 而如此仍留, 至於日日直宿, 而奴子退宿, 安有如此痛憤事耶? 人生可憐, 國綱可痛.(석주의 일을 듣자니 종들이 횡포를 자행하고 광대들은 각처로 물러나 쉬면서 한 번도 돌아보지 않으며, 경수·유향은 모두 각각 집을 차지하고 있고 단지 옥지·길년·세문만은 임시거처에서 숙직한다고 하는데, 세문은 평강 군사의 고공으로 丘부장을 따라온 자였지만 빌려서 석주에 보냈는데도 이처럼 그대로 머물면서 날마다 숙직하기까지 하거늘, 종들은 물러나 잔다고 하니 어찌 이처럼 통분할 일이 있겠는가? 인생이 가련하고 국가의 기강이 애통하였다.)"

364 樺皮村(화피촌): 함경남도 長津郡에 있는 樺皮山 주변의 마을인 듯.

365 畋獵(전렵): 산이나 들의 짐승을 잡는 일.

12월 25일. 맑음. 【협주: 기록 없고, 이하 5일간 결락】

대장위(大將衛)		6,008명
좌위(左衛)	전봉(田鳳)	623명
우위(右衛)	최대양(崔大洋)	591명
좌척후(左斥堠)	백응상(白應祥)	619명
우척후(右斥堠)	정언룡(鄭彦龍)	358명
유격장	이염(李琰)	81명
유격장(遊擊將)	김대적(金大商: 金大畜의 오기)	60명
소모장(召募將)	이유일(李惟一)	2,006명
소모장(召募將)	류응수(柳應秀)	780명
소모장(召募將)	박길남(朴吉男)	460명
소모장(召募將)	한승위(韓承威: 韓承咸의 오기)	380명

十二月二十五日。晴。【無錄，此下五日缺】

大將衛六千八名，左衛田鳳六百二十三名，右衛崔大洋五百九十一名，左斥堠白應祥六百十九名，右斥堠鄭彦龍三百五十八名，游擊將李琰八十一名，游擊將金大商六十名，召募將李惟一二千六名，召募將柳應秀七百八十名，召募將朴吉男[366]四百六十名，召募將韓承威三百八十名[367]。

---

366 朴吉男(박길남, 생몰년 미상):《燃藜室記述》별집 4권〈祀典典故·書院〉에 의하면, 萬戶로서 의분심과 智略과 훌륭한 활 솜씨로 의병을 일으켰다.

367 12월 25일은 초서 원고본에 없는 내용임.

만력 21년 계사년
(1593)

1월 1일(병진). 아침엔 맑았다가 오후엔 흐림. 사수촌에 있음.

이전처럼 근무하였다.

이날 새벽에 전패(殿牌: 왕을 상징하는 나무패)가 없어서 미처 망궐례(望闕禮)를 거행하지 못했으나 평소처럼 북쪽을 향해 4번 절하였다.

이날 아침에 외간(外間: 外門의 오기)에서 떠들썩한 소리가 나서 무슨 연유인지 물었더니 일변(日變: 해의 변고)이 있다고 하였다. 나가서 보니 햇무리가 졌는데 두 개의 테두리가 있었으며 위쪽에 관(冠)이 있고 좌우에 극(戟)이 있었다. 보자면 놀랄 만하나 해를 꿰뚫은 변고는 아니었다. 그러나 새해 첫날이었던 까닭에 사람들이 많이 놀라 어찌할 바를 몰랐는데, 내가 분명하게 그 의혹을 풀어주었다.

조금 지나서 대장의 치보(馳報: 급보)가 온 것에 의하면, 지난 12월 28일 류응수(柳應秀)·정해택(鄭海澤)·이언량(李彦亮) 등이 벤 왜적 5명의 머리, 포로로 잡혀갔던 우리나라 사람 1명, 상사(上使)의 말 7필·소 1두·옷 6벌·검 6자루 등이 진중(陣中)에 있다고 하였다.

신년의 경사스러움을 이제부터 엿볼 수 있을 것이나, 아침 일변(日變) 때문에 떠들썩하게 놀라며 어찌할 바를 몰랐던 사람들이 모두 말하기를, "순사(巡使: 순찰사)의 말씀이 정말 옳습니다."라고 하니 우스웠다.

萬曆二十一年癸巳正月初一日(丙辰)。朝晴晚陰。在沙水村。

坐起如前。是曉, 無殿牌[1], 未行望闕禮[2], 如前向北四拜。是朝, 外間[3]有誼譁聲, 問之則有日變[4]云。出視則日暈兩珥, 有冠有戟。見之可駭, 然非貫日變也。而以元日故, 人多驚惑, 余明以解之。俄而, 大將馳報內, 去十二月二十八日, 柳應秀·鄭海澤[5]·李彦亮等斬賊倭五馘, 我國被虜人一名, 上使馬七·牛一·衣六·釖六, 則在陣云。新年之慶, 自此可占, 而朝日誼譁驚惑之輩, 皆曰:"巡使之言, 政是.", 可笑。

1월 2일(정사)。 맑음。 사수촌에 있음。

이전처럼 근무하였다.

문천 군수(文川郡守) 정곤(鄭鵾)이 치보(馳報: 급보)한 것에 의하면, 임시 군관[假軍官] 교생(校生) 박인선(朴仁善)이 벤 왜적 1명의 머리,

---

1 殿牌(전패): 조선 시대 지방관청의 객사에 왕의 초상을 대신하여 봉안하던 나무패.

2 望闕禮(망궐례): 궁궐이 멀리 있어서 직접 궁궐에 나아가서 왕을 배알하지 못할 때 멀리서 궁궐을 바라보고 행하는 유교 의례.

3 外間(외간): 外門의 오기인 듯.

4 日變(일변): 해에 변고가 생기는 것. 日蝕, 햇무리, 흑점[黑子], 흰 무지개가 해를 관통하는 일[陰虹貫日] 등을 이른다.

5 鄭海澤(정해택, 1550~1638): 본관은 東萊. 아버지는 鄭瓚이다. 《燃藜室記述》 별집 4권 〈祀典典故·書院〉에 의하면, 萬戶였는데 右衛將으로서 의병을 일으켰다.

관노(官奴) 말허미(　虛未)가 벤 왜적 1명의 머리, 임시 군관 정원국
(鄭元國)이 벤 왜적 1명의 머리 및 획득한 환도(環刀) 3자루 등을 올
려보냈다고 하였는데, 환도는 영흥 부사(永興府使)가 남겨두었다고
하고, 또 군수가 왜적이 거둔 양전미(粮田米) 15석을 빼앗았다고 하
니 기뻤다.

인산(釼山) 등 네 곳의 복병군(伏兵軍)이 함정(咸定, 협주: 함흥과 정
평)에서 전투를 도와주는 일, 포수 400명 내지 500명을 들여보내는
일 등의 장계를 올려보냈다.

正月初二日(丁巳)。晴。在沙水村。

坐起如前。文川郡守鄭鷗[6]馳報內，假軍官校生朴仁善斬一馘，
官奴　虛未斬一馘，假軍官鄭元國斬一馘及環刀三柄上使[7]云，刀
則永興府使留上云，又郡守奪倭所收粮田米十五石云，可喜。釼
山等四處伏兵軍，咸定【咸興·定平】助戰事，炮手四五百名入送事，
【缺】狀啓。

1월 3일(무오)。맑음。사수촌에 있음。

이전처럼 근무하였다.

---

6 鄭鷗(정곤, 생몰년 미상): 본관은 迎日. 鄭斗亨의 셋째 아들이다. 洪世恭
(1541~1598)의 《鳳溪逸稿》〈請罷奸濫守宰啓〉에 陳荒과 水災로 餓死 지경에
빠지고 安邊에는 전염병과 홍역으로 사망자가 속출하는데도 백성들을 볼보지
않고 조세 징수에만 힘쓰니 마땅히 벌을 주어야 한다고 하였다.

7 上使(상사): 하급 관청에서 상급 관청으로 올려보내는 일.

장계(狀啓)를 가지고 갔던 영노(營奴: 감영 노복) 가응이(加應耳)가
의주(義州)에서 되돌아왔는데, 행재소는 아주 평안하다고 하였다.

正月初三日(戊午)。晴。在沙水村。

坐起如前。狀啓陪持[8]人營奴加應耳, 回自義州, 行在萬安。

1월 4일(기미)。맑음。사수촌에 있음。

이전처럼 근무하였다.

최동망(崔東望, 협주: 최립의 아들)이 올린 첩문(牒文)에 의거하여 평
사(評事) 정문부(鄭文孚)를 추궁하고 심문하는 일, 장응양(張應樣: 張
應祥의 오기) 명천 현감(明川縣監)이 올린 첩문에 의거하여 정문부(鄭
文孚)·정희적(鄭熙績)을 추궁하고 심문하는 일, 덕원(德源)·문천(文
川)·고원(高原) 등의 관(官)에서 왜적 8명의 머리를 올려보내는 일,
안변 부사(安邊府使) 최전(崔銓)을 파면하여 쫓아내는 일, 길주 목사
(吉州牧使) 정희적(鄭熙績)이 올린 첩문에 의거하여 영동(嶺東)의 전
투에서 사상자 수, 활과 화살을 만드는 어교(魚膠)·우각(牛角)·우근
(牛筋)을 내려보내는 일, 김대적(金大商: 金大畜의 오기)이 다시 진소
(陣所)로 돌아갔으나 이전의 성지(聖旨: 왕명)대로 시행하는 일 등의
장계(狀啓)를 올렸다.

正月初四日(己未)。晴。在沙水村。

8　陪持(배지): 지방 관청에서 장계를 가지고 한양에 가던 사람.

坐起如前。崔東望⁹【岦¹⁰之子也】牒呈據, 評事鄭文孚推考事, 張
應樣¹¹明川縣監牒呈據, 鄭文孚·鄭熙績¹²推考事, 德源·文川·高
原等官賊倭八級上送事, 安邊府使崔鈇罷黜事, 吉州牧使鄭熙績
牒呈據, 嶺東之戰死傷數, 弓箭造作魚膠·牛角·牛筋下送事, 金
大商還赴陣所依前聖旨施行事狀啓。◇¹³

---

9 崔東望(최동망, 1557~?): 본관은 通川, 자는 魯瞻, 호는 在澗. 아버지는 형조
   참판 崔岦이다. 1588년 생원시에 합격하였으며, 이듬해 증광문과에 급제하였
   다. 1595년 호조정랑, 1597년 林川郡守, 형조정랑, 熙天郡守, 1598년 경기도
   도사, 1599년 해주 판관, 1606년 陝川郡守 등을 차례로 역임하였다.

10 岦(립): 崔岦(1539~1612). 본관은 通川, 자는 立之, 호는 簡易·東皐. 1555년
   진사가 되었고 1559년 식년문과에 장원으로 급제했다. 여러 외직을 지낸 뒤에
   1577년 奏請使의 質正官으로 명나라에 다녀왔다. 1581년 재령군수가 되었다가
   그 해에 다시 주청사의 질정관이 되어 명나라에 다녀왔다. 1584년 護軍으로 吏
   文庭試에 장원을 했다. 1592년 공주목사가 되었으며 이듬해에 전주부윤을 거쳐
   승문원 제조를 지냈다. 그 해에 주청사의 질정관이 되었다. 1594년 奏請副使가
   되어 명나라에 다녀왔다. 그 뒤에 判決事가 되었고 1606년 동지중추부사가 되었
   다. 이듬해에 강릉 부사를 지내고 형조참판에 이르러 사직했다. 그리고 평양에
   은거했다.

11 張應樣(장응양): 張應祥(1539~?)의 오기. 본관은 蔚珍, 자는 景休. 1583년 무
   과에 급제하였다.

12 鄭熙績(정희적, 1541~?): 본관은 河東, 자는 士勳. 1567년 진사가 되고, 이듬
   해 별시 문과에 급제하고, 1573년 사헌부 지평을 거쳐 사간원 헌납에 서임되었
   다. 그 뒤 1579년 다시 서인의 등용을 막으려 하자 李潑 등으로부터 심한 반발을
   불러일으켰다. 1592년 안동 부사로 재임 중 임진왜란이 일어났는데, 勤王을 빙
   자하고 처자를 거느리고 길주로 달려가 길주부사가 되어 鄭文孚와 호응하여 왜
   적과 싸웠다. 그러나 비변사로부터 안동 부사로 있을 때 왜적을 막지 않고 도망
   한 忘君負國의 죄를 지었다는 탄핵을 받았다.

13 "營奴彦弘陪去.(감영의 사내종 언홍이 모시고 갔다.)"

1월 5일(경신). 맑음.

이전처럼 근무하였다.

正月初五日(庚申)。晴。

坐起如前。

1월 6일(신유). 맑음. 사수촌에 있음.

이전처럼 근무하였다.

삼수 군수(三水郡守)가 올린 치보(馳報: 급보)에 의하면, 우두머리
흉적(凶賊) 기춘년(奇春年)이 그물망에서 빠져나가 경성으로 피난하
려 하자, 권여(權輿)가 사리를 알아듣도록 잘 타이르고 갑산(甲山)
품관(品官) 박연필(朴延弼)·김윤국(金潤國) 등이 계책을 세워 사로잡
았지만 대가리에 상처를 입어 절명하기 전에 목을 베어서 효시했다
고 하였으며, 어충우(魚忠祐)가 그의 아들 어진급(魚進級)에게 성심
으로 나라를 위하도록 하여 반적(叛賊) 민희원(閔希元) 등도 또한 잡
아서 목을 베어 죽여서 지극히 가상한 일이라고 첩보한 것이다.

권여(權輿)·어진급(魚進級)·구덕인(具德仁) 등을 논공행상하는
일의 장계(狀啓)를 올렸다.

正月初六日(辛酉)。晴。在沙水村。

坐起如前。三水郡守馳報內, 首匈奇春年[14], 網漏[15]京中避亂,

---

14 奇春年(기춘년):《宣祖實錄》1593년 2월 22일 3번째 기사에 그와 관련된 내용
   이 자세하다.

權興開諭, 甲山品官朴延弼·金潤國等, 設策生擒, 而頭顱[16]見傷, 絶命之前, 處斬[17]梟示, 魚忠佑, 使其子進級, 誠心爲國, 叛賊閔希元等, 亦爲捕斬, 至爲可嘉事, 牒報。權興·魚進級·具德仁等論賞事狀啓。

1월 7일(임술)。 맑음。 사수촌에 있음。

이전처럼 근무하였다.

날씨가 쾌청하였는데, 이는 길한 조짐이라 기뻤다. 좌랑(佐郎: 병조 좌랑) 서성(徐渻, 협주: 藥峯)이 서간을 통해 전해준 소식으로 인하여 안황(安滉, 협주: 덕흥대원군(德興大院君)의 사위) 부인의 일[협주: 난리를 피하여 관북으로 들어왔으나 그 거처를 알지 못함.]로 전에 이미 두세 번 여러 고을에 관문(關文: 공문서)을 보냈지만, 지금 성지(聖旨: 임금의 뜻)를 받들어서 다시 관문을 보내어 수령과 향소(鄕所)에 마음을 다해 찾아보도록 하는 일의 서장(書狀)을 썼다.

서성(徐渻)의 편지를 보니 본도(本道: 함경도)의 사람들 가운데 정문부(鄭文孚)가 장수 직임에서 교체되어 실망한 자가 많이 있다고 하니, 지극히 온당치 않은 일이므로 계속 사명(司命: 생명을 맡은 막중

---

15 網漏(망루): 그물에서 빠져나갔다는 뜻으로, 범죄자가 잡히지 않고 도망하였음을 이르는 말.

16 頭顱(두로): 대가리. 골통.

17 處斬(처참): 목을 베어 죽이는 형벌에 처함.

한 임무)을 무릅쓰고 삼군(三軍)을 호령할 수가 없어서 내쳐주시기를 청하는 일의 서장, 공격하여 토벌하라는 교지(敎旨)를 공경히 받드는 일 등의 서장 2통을 봉하여 올렸다.

正月初七日(壬戌)。晴。在沙水村。

坐起如前。日氣晴明, 此[18]是吉兆, 可喜。因佐郎徐渻[19]【藥峯】簡通[20], 以安滉[21]【德興大院君[22]婿】夫人[23]事【避亂入北不知去處】, 曾

---

18 東方朔占書에 '정월 초하루를 닭[鷄]의 날, 이틀을 개[狗]의 날, 사흘을 돼지[豕]의 날, 나흘을 양(羊)의 날, 닷새를 소[牛]의 날, 엿새를 말[馬]의 날, 이레를 사람[人]의 날, 여드레를 곡식[穀]의 날이라 하여, 그날이 맑으면 生育에 좋고 흐리면 災殃이 든다.'라고 했음.

19 徐渻(서성, 1558~1631): 본관은 達城, 자는 玄紀, 호는 藥峯. 1586년 알성 문과에 급제하고 兵曹佐郎을 거쳐 1592년 임진왜란이 일어나자 왕을 扈從, 號召使 黃廷彧의 從事官으로 咸北에 이르러 황정욱 등이 두 왕자와 함께 적의 포로가 될 때 홀로 탈출했다. 왕의 명령으로 行在所에 이르러 兵曹正郎·直講이 되고, 明將 劉綎을 접대했다. 그 후 암행어사로서 三南을 순찰, 돌아와 濟用監正에 특진되고 경상도·강원도·함경도·평안도·경기도의 관찰사를 역임, 후에 호조·형조·공조의 판서와 判中樞府事를 지냈다. 1613년 癸丑獄事에 연루되어 11년간 유배되었다가 1623년 인조반정으로 형조와 병조의 판서가 되었고, 1624년 李适의 난과 1627년의 정묘호란에 각각 인조를 호종했다.

20 簡通(간통): 서간으로 전한 소식.

21 安滉(안황, 1549~1593): 본관은 廣州, 자는 景浩. 아버지는 목사 安汝敬으로 宣祖의 매부이다. 1574년 문과 초시에 합격하였고, 1577년에 왕의 지친으로 6품직에 기용되어 1590년에 司䆃寺正, 1592년에 敦寧府都正을 역임하였다. 그해 임진왜란이 일어나자 외아들로서 편모와 처자를 버리고 온갖 어려움을 겪으면서 밤낮으로 왕을 호종하다가, 1593년 의주로부터 환도하는 중도에 죽었다.

22 德興大院君(덕흥대원군, 1530~1559): 본관은 全州, 이름은 岹. 제11대 왕 中宗의 일곱째 아들. 중종의 후궁인 昌嬪安氏의 소생이고, 부인은 中樞府判事 鄭世虎의 딸이다. 1567년 6월 명종이 後嗣 없이 죽자, 岹의 셋째 아들 河城君 鈞이 명종의 뒤를 이어 즉위하였는데, 그가 곧 宣祖이다. 1569년 왕의 생부로 대원군

以[24]再三行移[25]列邑, 今承聖旨, 更爲移文, 使其守令·鄕所, 盡心訪問事, 書狀。 見徐渻之書, 則此道之人, 以鄭文孚遞(遞)將, 多有缺望云, 極爲未安, 不可仍冒司命[26], 號令三軍, 請賜退斥事, 書狀, 攻討事有敎祗受等, 書狀二道, 封進。

1월 8일(계해). 맑음.

이날 밤에 막손(莫孫)·막금(莫金)이 석주(石州)에서 돌아왔는데, 죽은 아들[협주: 칠평군]은 10월 18일 이른 아침에 해를 입었다고 하였다. 묻고 싶어도 할 말이 없고 울고 싶어도 기가 막히는데, 내가 죽지 못하고 이렇게 차마 들을 수 없는 말을 들은 것이 한스럽다.

正月初八日(癸亥)。 晴。

是日夜, 莫孫·莫金, 來自石州, 亡豚【漆坪君】遇害於十月十八日早朝云。 欲問無語, 欲泣氣塞, 恨吾不死, 聞此不忍聞之言也。

에 추존되었다.

23 夫人(부인): 덕흥대원군의 외동딸.

24 以(이): 已의 오기인 듯.

25 行移(행이): 行文移牒. 官司 간의 왕복하는 공문서.

26 司命(사명): 군대의 지휘를 맡음. 사람의 생명을 맡은 막중한 임무를 가리킨다.

1월 9일(갑자). 맑음.

이날 새벽에 막손(莫孫)을 불러서 물으니, 죽은 아들은 9월 25일 의주(義州)를 떠나 10월 12일 삭녕(朔寧)에 도착하여 토산(兎山)으로 물러나 있으려고 했으나 기백(畿伯: 경기도 관찰사, 협주: 沈岱)이 불허 하였으므로 그대로 머물러 있다가, 16일 막손을 광릉(廣陵: 廣州)으 로 보내어 막손이 18일 광릉에 도착하니 좌랑(佐郞, 협주: 칠평군)의 아내 일행은 이미 16일에 양성(陽城)으로 갔고, 양성 좌수(陽城座首) 이문백(李文白)이 쌀 10말로 사람을 모아 양식을 가지고 광릉으로 보내며 실내(室內: 칠평군의 아내)를 데려가게 했다고 하였다. 이 사 람은 의로운 선비이고, 또한 죽은 아들의 신의(信義)가 사람을 감화 시킨 것이니 더욱 안타깝다.

正月初九日(甲子)。晴。

是日曉, 招問莫孫, 則亡兒於九月二十五日離義州, 十月十二 日到朔寧, 將退留於兎山²⁷, 而畿伯【沈公岱】不許, 故仍留, 十六日 送莫孫于廣陵²⁸, 莫奴於十八日到廣, 則佐郞【漆坪君】內行, 已於 十六日向陽城(云), ◇²⁹ 陽城座首李文白, 以米十斗募人, 持粮送

---

27 兎山(토산): 황해도 금천 지역의 옛 지명. 조선 시대에 이 지역은 임진강의 지류 인 東大川 유역의 용암지대로 산지에 둘러싸여 있는 곳이었다. 1636년 병자호란 때 아군이 큰 피해를 겪은 지역이다. 당시 동쪽으로 石峴을 넘어 平山·신계, 서쪽으로는 삭녕과 연결되는 도로가 발달하였다.

28 廣陵(광릉): 경기도 廣州를 달리 이르는 말.

29 "廣陵先墓, 皆無事, 墓直奴輩, 亦保存, 佐郞妻無事解産, 朴安立妻亦無事産 男, 朴郞率, 向淸州本家云.(광릉의 선대의 묘소는 모두 무사하고 묘지기 사내 종들도 역시 살아 있으며, 좌랑의 처는 무사히 해산하였고, 박안립(윤탁연의 첫

廣, 率室內去云。此◇³⁰義士也, 亦可知亡兒信義之感人也, 尤可
痛也。◇³¹

1월 10일(을축). 맑음.

이전처럼 근무하였다.

正月初十日乙丑。晴。

坐起如前。◇³²

1월 11일(병인). 맑음.

이전처럼 근무하였다.

인산(釼山) 등지의 복병군(伏兵軍)을 따로 떼어서 함흥(咸興) 등지

째 사위)의 처도 무사히 아들을 낳아 박 서방이 데리고 청주의 본가로 향했다고
하였다.)"

30 "通國無雙.(나라를 통틀어도 둘도 없는)"

31 "虎兒之母, 與其母及香春, 還入京家。永奴率妻往廣, 陪室內向陽城, 而其妻
産兒, 仍落後, 向大興云。福年夫妻, 八月內, 再度出入京家 亦到廣陵云.(호
아의 어미가 그의 어미 및 향춘과 함께 경성의 집으로 도로 들어갔다. 영노가
처를 데리고 광릉에 가고 안사람을 모시고서 양성으로 향했는데, 그의 처가 아이
를 낳아 그대로 뒤떨어져 있다가 대흥으로 향했다고 하였다. 복년의 부처가 8월
내에 다시 경성의 집에 출입하고 또한 광릉에 도착했다고 하였다.)"

32 "是日, 乃先聘父生辰也。兒輩每設茶禮, 而今日則闕, 可嘆.(이날은 돌아가신
장인의 생신이다. 아이들이 매번 다례를 차렸으나 오늘은 차리지 못했으니 한탄
스럽다.)"

의 병력을 보충하는 일이 윤허를 받았으나, 절산(節山)의 눈이 점차 녹아서 그 길의 방어가 더욱 긴요하여 복병군을 따로 떼어낼 수 없는 일, 경성 판관(鏡城判官) 손수헌(孫守憲)을 들여보내고 오응태(吳應台)를 길주(吉州)에 그대로 머무르게 하여 단천(端川)과 이성(利城) 등의 왜적을 평정하는 일의 장계(狀啓)를 올렸다.

正月十一日(丙寅)。晴。

坐起如前。釖山等處伏兵軍除出[33], 以助咸興等處兵力事, 蒙允, 而節山雪漸消, 同路防禦尤緊, 不可除出事, 鏡城判官孫守憲入送, 吳應台[34]吉州因任[35], 蕩平端利等賊事, 狀啓。◇[36]

---

33 除出(제출): 덜어냄. 따로 떼어놓음.
34 吳應台(오응태, 생몰년 미상): 본관은 海州. 현감 吳下蒙의 셋째 아들이며, 전라도 우방어사 吳應鼎의 형이다. 무과에 급제하여 울주·진주·청주 등지에서 진영장을 지냈다. 임진왜란 발발 초기인 1592년 함경도 경원부사로 재직 중에 의병장 鄭文孚와 함께 왜군을 대파하여 中軍將이 되었다. 1595년 회령 부사를 거쳐 1597년 북병사로 임명되었고, 정유재란 때 전라도 병마절도사와 전주 부윤을 겸임하며 南原城 전투에서 활약하였다.
35 因任(인임): 종전대로 임명함.
36 "去十二月二十八日成貼, 高原郡守邊潤馳報內, 投入衙前告目內, 郡留倭人等, 卜鞍子多數收合, 明是還向本土之意云。又平壤賊, 通文本道賊, 請招云。文川郡守鄭鯤馳報內, 投入衙前告目, 南官倭敵等, 正月初旬間, 平安道移兵計料云。當日到付, 咸興判官白應祥馳報, 一樣此意。南道兵使崔湖, 已爲移文于平安道巡察使之故, 自此不復通關。(지난 12월 28일자로 관인이 찍힌 고원 군수 변윤의 급보에 의하면, 투입된 아전의 보고 편지에서 고을에 남아 있던 왜인들이 말안장을 다수 거두어 모았으니, 분명 이는 본토를 향하여 돌아가려는 뜻이라고 하였다. 또 평양의 왜적이 본도의 왜적에게 통문을 보내 청하여 불렀다고 하였다. 문천 군수 정곤의 급보에 의하면, 투입된 아전의 보고 편지에 남쪽 고을의 왜적들이 정월 초순 사이에 평안도로 군사를 옮길 생각이라고 하였다.

1월 12일(정묘). 맑음.

이전처럼 근무하였다.

正月十二日(丁卯)。晴。

坐起如前。◇37

1월 13일(무진). 맑음.

이전처럼 근무하였다.

正月十三日(戊辰)。晴。

坐起如前。◇38

1월 14일(기사). 맑음.

이전처럼 근무하였다.

당일에 도착한 함흥 판관 백응상의 치보에 의하면, 하나같이 이러한 뜻이었다. 남도 병사 최호는 이미 평안도 순찰사에게 공문서를 보낸 까닭에 이로부터 다시 문서로 통지하지 않았다.)"

37 "德源府使馳報內, 本府體探衙前金福還告目, 列邑留賊, 北各官, 以次次移住, 本府留賊等, 所儲粮物, 文川郡移轉云.(덕원 부사의 급보에 의하면, 함흥부에서 아전 김복환의 보고 편지를 직접 알아보니, 여러 고을에 남아 있는 왜적이 북쪽의 각 고을에서 차차 이주하고, 함흥부에 주둔한 적들이 저장한 곡식 등을 문천군으로 옮겨 보낸다고 하였다.)"

38 "戰馬上疥, 問則糠油和鹽, 陽地塗之, 則累年之疥, 亦差云.(전마에 난 옴의 처방을 물으니 겨기름에 소금을 개서 양지쪽에서 바르면 몇 해가 된 옴도 차도가 있다고 하였다.)"

正月十四日己巳晴
坐起如前。

1월 15일(경오). 맑음.

이전처럼 근무하였다.

이날 쾌청하였는데 또한 길한 조짐이었다. 다만 난리 중인 까닭에 약밥과 귀밝이술을 모두 걸렀으니 한탄스러웠다.

이성임(李聖任) 영공(令公)이 의병을 해산한 뒤로 통솔할 군사도 없고 하는 일도 없어서 장차 행재소로 가려고 영문(營門)을 지나다가 들렀는데, 그에게 요즈음의 일을 물으니 이성(利城)의 승첩(勝捷: 승전)을 말했으나 전에 이미 첩보(牒報: 문서 보고)한 것이었다. 그러나 대략 시말(始末)을 말하자면 지난해 11월 17일 통솔한 군사들을 단천(端川)으로 향하게 하여 이성현(利城縣)에 도달해서 서원동(西院洞)을 도는데 멀리 치솟는 불길을 보자마자 약속하였으니, 먼저 경흥 부사(慶興府使) 나정언(羅廷彦)·오을족 만호(吾乙足萬戶) 송사성(宋思誠)이 선봉이 되고 나는 원군(元軍: 정규 군사)을 이끌기로 하여 병사 종사관(兵使從事官) 이춘기(李春祺)와 함께 즉시 분탕질당한 곳으로 향했다. 왜적 100여 명이 활을 쏘고 대포를 놓았지만, 아군이 좌우에서 협공하며 큰 소리로 부르짖자 적의 기세가 꺾였다. 아군은 승세를 타고 왜적 5명의 머리를 베었으며, 말 8필·환도(環刀) 15자루·총통(銃筒) 3자루·화약(火藥)과 철환(鐵丸)이 가득 담긴 주머니 3개를 빼앗았으며, 또 포로로 잡혀간 여인 2명 및 소와 말을

도로 **빼앗았다.** 전투에서 공적이 있는 사람은 사노(私奴) 안연복(安
連福)이 가장 훌륭했고, 나정언(羅廷彦)·방유경(方有慶)이 분연히 떨
쳐 몸을 돌아보지 않았으니 지극히 가상하다고 하겠다.

正月十五日(庚午)。晴。

坐起如前。是日晴朗, 亦是吉兆也。第以亂離之故, 藥飯·聰酒
皆闕, 可歎。李聖任令公[39], 以義兵罷後, 無所領, 無所事, 將向行
朝, 來過營門, 問其比來[40]事業, 則曰利城捷, 前已牒報。而槪言
終始, 則去十一月十七日, 領所率兵向端川, 行到利城縣, 迤西院
洞, 望見烟火, 卽爲約束, 先以慶興[41]府使羅廷彦·吾乙足萬戶宋
思誠爲先鋒, 吾則率元軍[42], 與兵使從事官李春祺, 卽向焚蕩處。
賊倭百餘名, 發射放炮, 我軍挾擊大呼, 賊勢摧挫。我軍乘勝, 斬
馘五級, 奪馬八匹·環刀十五柄·銃筒三柄·火藥鐵丸入盛三囊,
又奪還擄去女人二名及牛馬。軍功人, 則私奴安連福最優, 羅廷
彦·方有慶, 奮不顧身, 極爲可嘉云。

---

39 令公(영공): 벼슬아치들끼리 서로 높여 부르는 말.

40 比來(비래): 멀지 않은 요즈음.

41 慶興(경흥): 함경북도 북동부의 두만강 하구에 있는 고을. 동쪽은 두만강을 경계
로 하여 중국 東北地方의 松江省(현재의 吉林省) 및 러시아의 沿海州, 서쪽은
종성군, 북쪽은 경원군, 남쪽은 동해에 면한다.

42 元軍(원군): 원래 정해진 정규 군사. 상비군을 가리킨다.

2월 1일(병술). 【협주: 이상 15일간의 기록 결락】

二月初一日(丙戌)。【已上十五日缺】

2월 2일(정해). 맑음.

二月初二日(丁亥)。晴。

2월 3일(무자). 맑음.

최 첨지를 따라갔던 김언성(金彦誠)이 정주(定州)의 행재소에서
돌아왔는데, 춘궁(春宮: 왕세자 광해군) 또한 만나니 호위한 것이 아
주 평안했다고 하였다. 기쁜 경사가 거듭되니 어떠하고 어떠했겠는
가? 듣고는 감격하여 흐르는 눈물을 주체할 수 없었다.

정문부(鄭文孚) 대장의 일로 직책을 내놓았는데, 주상께서 사직
서를 보시고 사직하지 말라고 회답한 글을 내리셨으니, 또한 감격
하여 흐르는 눈물을 주체할 수 없었다.

비변사(備邊司)의 공사(公事: 공문서)에 천장(天將: 명나라 장수)에게
포수(砲手) 수백 명을 들여보내려 한다고 했지만, 진중(陣中)의 일은
반드시 빠지는 것이 많으니 염려스러웠고 염려스러웠다.

이날 함정(咸正)·유창(劉昌)에게 시중들도록 하고, 변장(邊將)과
수령(守令)을 임시로 임명하여 파견하고, 설한령(薛罕嶺: 雪寒嶺)을
가로막았던 방어사(防禦使) 이하 절제사(節制使)·이인남(李仁男)이
화를 당한 일, 전백옥(全伯玉)·이유일(李惟一)이 왜적 3명의 머리를

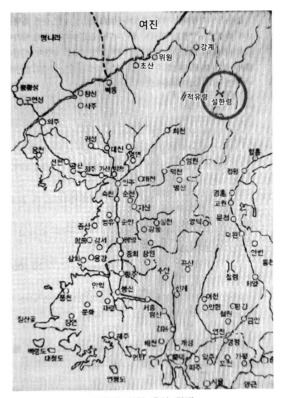

설한령·위원·초산·강계

획득한 것과 북도(北道) 장사(將士: 장수와 군사)들이 소탕하며 길주
(吉州)의 뒤를 모조리 휩쓸어 남쪽으로 나간 일, 최전(崔錪)이 왜적
3명의 머리를 획득한 것과 위원(渭原)·이산(理山: 초산)에서 군량을
가져다 쓴 일 등의 서장(書狀)이 정주(定州)로 떠났다.

　二月初三日(戊子)。晴。

　崔僉知所率金彦誠，回自定州行在[43]，春宮[44]亦會，侍衛萬安云, 重歡之慶, 如何如何? 聞來不勝感泣。以鄭文孚大將事, 辭職, 上見而勿辭事回諭, 亦爲感泣無任。◇[45] 備邊司公事[46]內, 天將欲以炮手數百名入送云, 陣中之事, 必多缺然, 可慮可慮。◇[47] 是日, 咸正·劉昌陪, 邊將守令假差, 薛罕[48]遮截防禦使以下節制使·李仁男被害事, 全伯玉·李惟一所獲三馘, 北道將士蕩平·吉州後盡捲南出事, 崔鉥所獲三馘, 渭原[49]·理山[50]軍餉取用事, 書狀向定州。

---

43 《선조실록》 1593년 1월 22일 2번째 기사와 2월 17일 1번째 기사에 의하면, 이때 宣祖가 光海君이 머물고 있던 定州에 왔었음을 알 수 있음.

44 春宮(춘궁): 왕세자가 사는 궁전. 또는 왕세자의 별칭.

45 "但與兇竪, 同道受任, 痛極奈何?(다만 나쁜 놈과 같은 길에서 임무를 맡은 것이 몹시 비통하나 어찌하랴?)"

46 公事(공사): 관아에서 작성한 공문서.

47 "崔大洋發, 向惠山堡任所, 李球率人馬, 以戴馬草事, 向天飛村.(최대양이 혜산보의 임지로 출발하였고, 이구는 인마를 이끌고서 마초를 실으러 천비촌으로 향하였다.)"

48 薛罕(설한): 薛罕嶺(또는 雪寒嶺). 평안북도 江界郡 용림면의 동북단과 함경남도 長津郡 서한면의 경계에 있는 고개.

49 渭原(위원): 평안북도 북부 중앙에 있는 고을. 동쪽·동북쪽과 남쪽은 강계군으로 둘러싸여 있고, 서쪽은 초산군, 서북쪽은 압록강을 건너 중국의 集安과 경계하고 있다.

50 理山(이산): 평안북도 楚山의 옛 지명. 동쪽은 위원군·강계군, 서쪽은 창성군·벽동군, 남쪽은 희천군·운산군, 북쪽은 압록강을 경계로 만주 지방과 접하고 있다.

2월 4일(기축)。맑음。

아사(亞使: 이응호)가 군대의 장수와 군사에게 교미(交米: 여러 종류가 섞인 쌀)를 나누어 주는 일로 보고하여 지극히 미안했으나, 천장(天將: 명나라 장수)에게 공급해야 하는지라 도미(稻米: 멥쌀)는 매우 어려워 도순찰사(都巡察使) 이하도 또한 교미를 공급하라고 명령을 내렸다.

문천 군수(文川郡守: 정곤)의 보고에 의하면, 이전 도절제사(道節制使: 李汝良인 듯)에 의거해 지난달 21일 군(郡)에 머물렀던 왜적들이 들어가 거처한 관사(官舍)와 왜적의 양식을 쌓아둔 곳 등을 모두 불을 질러 남김없이 죄다 탔는데, 고을에서 포로가 되었던 아전 신충언(申忠彦)·신충보(申忠輔)·김언정(金彦正)·이춘화(李春華)·정광윤(鄭光倫) 등이 몰래 들어가 불을 질렀다고 하였다.

이 종사(李從事: 李春祺인 듯)의 보고에 의하면, 지난달 21일 천병(天兵: 명나라 군대)이 송경(松京: 개성)에 도착하자 주둔하고 있던 왜적이 청석동(靑石洞)으로 옮겨갔으나 천장(天將: 명나라 장수)이 왜적의 괴수 3명을 사로잡고 그 나머지도 일시에 섬멸한 뒤에 곧장 경성(京城)으로 향했다고 하였으며, 경성의 왜적들이 평양(平壤)의 위급한 소식을 듣고서 경성을 비우고 서쪽으로 향하려 할 즈음 영남 군사 10여만 명이 곧바로 경도(京都: 한양 도성)에 들어갔다고 하였으며, 천장(天將, 협주: 許儆)이 명령을 내려 한 부대의 병마(兵馬)가 북로(北路: 평양, 협주: 평양이 지금 비록 수복되었으나 북쪽의 왜적이 여전히 등 뒤에 있으니 장래의 우환을 염려하지 않을 수 없었으므로 한 부대의 병마를 차출하여 북쪽의 왜적이 주둔해 있는 곳을 섬멸하고 오도록 하였다.)에 들어

가야 하니 건초와 군량을 별도로 조치하도록 했다고 운운하였다.
그래서 동궁(東宮: 광해군)이 순찰사(巡察使, 협주: 평안도 순찰사)에게
특명을 내려 먼저 북도(北道: 함경도)에 들어가도록 하였지만, 대조
(大朝: 宣祖)는 따로 명령이 없었다. 조도사(調度使) 황섬(黃暹)·윤형
(尹泂)이 서로(西路: 평안남북도)를 나누어 관장하였는데, 각처에 있
는 군량을 각도(各道)로 실어 보냈으나 뒤에 오는 당병(唐兵: 명나라
군사)이 의주(義州)에서 평양(平壤)에 이르기까지 머리와 꼬리가 서
로 이어져 끊이지 않아 그 숫자가 몇만이나 되는지 알지 못하는 데
다 필요한 비용이 날로 증가하여 비용이 장차 떨어지려 하자, 우선
북도로 운송하는 것을 늦추고는 기성(箕城: 평양)으로 실어 보내도록
하는 공문을 이미 도순찰사(都巡察使)에게 보냈으므로 성천(成川)의
양식 700여 석을 중도에서 도로 기성으로 실어 보냈다고 하니 지극
히 걱정되었다.

　二月初四日(己丑)。晴。

　亞使[51]以軍中將士交米[52]供饋[53]事, 報禀, 極爲未安, 而天將支
待, 稻米極難, 都察以下, 亦爲交米事下令。文川郡守報, 依前道
節制[54], 去月卄一日, 郡留賊等入接處[55]官舍, 賊粮積置處, 並衝

51　亞使(아사): 조선 시대 각 도의 관찰사를 보좌하면서 행정 업무를 총괄한 經歷
　　(종4품)과 都事(종5품)를 가리키는 말.

52　交米(교미): 여러 종류가 섞인 쌀.

53　供饋(공궤): 음식을 나누어 줌.

54　道節制(도절제): 함경남도 永興鎭 節制使 李汝良(1558~1605)인 듯. 본관은 慶
　　州, 자는 殷輔, 호는 南岡. 1592년 4월 임진왜란이 일어나자 의병을 일으켜 전

火[56], 無遺燒盡, 郡被攎吏申忠彦·申忠輔·金彦正·李春華·鄭光
倫等, 潛入衝火云。◇[57] 李從事報, 前月二十一日, 天兵到松京[58],
留賊移據靑石洞[59], 天將生擒賊魁三名, 其餘一時蕩滅後, 直向京
城云, 京城之賊, 聞平壤之急, 空城西向之際, 嶺南兵十餘萬, 直
入京都云, 天將【許憿[60]】有令, 一枝兵馬, 當入北路【平壤今雖克復,
猶北賊猶在背後, 將患不可不慮, 故出一枝兵馬, 分勒來之北賊留處】, 蒭
粮別措事云云。故東宮特命巡察使【平安道巡查使】, 先入北道, 大

란 초기 경주 지역 방어에 힘을 기울였다. 6월 울산과 경주를 비롯한 영남 지역
의병들이 모여 결전을 맹세한 경주 蚊川會盟에 가담하였으며, 12월 경주 토함산
일대에서 벌어진 원원사전투와 1593년 2월 울산 태화강전투에 참전하여 공을
세웠다. 이후 밀명을 받고 영흥판관으로 함경도 지방에서 왜적들을 방어하였으
며, 영남으로 돌아와 1594년 2월 경주 영지전투, 9~10월 영천 창암 전투에 참전
하였다.《선조실록》1593년 6월 6일 12번째 기사에 영흥진 절제사로서 세운 군
공이 기록되어 있다.

55 入接處(입접처): 들어가 거처함.

56 衝火(충화): 일부러 불을 놓음.

57 "入來時, 隨陪全世龍, 不入賊中云, 可嘉。是日, 三水郡守報, 神寺仇非堡軍
粮米一百石移轉, 軍官具德仁, 以凡朴仇非等, 捉來事出去, 從事馬, 刺殺者,
乃洪原官奴云, 可痛.(들어올 때 따라온 전세룡이 적중으로 들어가지 않았다고
하니 기뻤다. 이날 삼수 군수의 보고에 의하면, 신사구비보의 군량미 100석을
옮긴 것, 군관 구덕인이 범박구비 등지에서 붙잡아오는 일로 나간 것, 종사관의
말을 찔러 죽인 것은 홍원의 관노라고 하였으니 애통하였다.)"

58 松京(송경): 조선 시대 이후 고려 시대의 도읍지인 開城을 松嶽山 밑에 있던
서울이란 뜻으로 일컫는 말.

59 靑石洞(청석동): 경기도 개성시 삼거리의 남쪽 청석골에 있는 마을.

60 許憿(허발): 鄭琢(1526~1605)의〈避難行錄 下〉1593년 1월 10일 기록에 의하
면 '許撥'로 표기되어 있으나, 구체적인 인물 정보는 알 수 없음.

朝⁶¹(則)別無命令。調度黃暹⁶²·尹泂⁶³, 分掌西路, 各處軍粮, 轉
運各道, 而後來唐兵, 自義州抵平壤, 首尾相接, 不知其幾萬, 經
費日增, 用度將乏, 姑寢運北之擧, 轉輸於箕城事, 已有都巡察文
移, 故成川⁶⁴之粮餉七百餘石, 中途還輸云, 極爲悶慮。

---

61 大朝(대조): 동궁이 섭정하고 있을 때의 임금을 일컫는 말.

62 黃暹(황섬, 1544~1616): 본관은 昌原, 자는 景明, 호는 息庵·遯庵. 1564년 성
　균관유생이 되고, 1570년 식년 문과에 급제, 한성부참군·해운판관·황해도사·
　호조좌랑 등을 거쳐 1577년 서천군수가 되었다. 1592년 임진왜란 때에는 병조
　참지로서 大駕를 扈從하고, 平安道募運使에 선임되어 군량 수운에 공을 세웠
　다. 이듬해 호조참의로서 대가를 따라 해주에 이르러 募軍과 식량 공급 등 당면
　국방정책을 건의하였다. 1594년 안동 부사가 되고, 뒤에 다시 이조와 호조의
　참의, 도승지 등을 역임하였으며, 호조·이조·예조의 참판을 거쳐, 대사헌·지제
　교 등을 지냈다.

63 尹泂(윤형, 1549~1614): 본관은 茂松, 자는 而遠, 호는 退村. 1576년 진사시와
　생원시에 모두 합격하고, 1586년 별시 문과에 급제해 권지부정자에 임명되었다.
　1592년) 사간원 正言이 되어 세자시강원 司書를 겸임하였다. 그해 임진왜란 일
　어나서 광해군이 분조를 이끌고 남쪽으로 내려가서 왜적과 싸우자, 윤형도 평안
　도 成川에서 세자와 함께 남행하며 경솔하게 적병의 길로 들어갔다고 하여 대간
　의 탄핵을 받았지만, 1593년 성균관 사성에 임명되어 의주의 행재소로 가서 선
　조를 호종하였으며, 한양으로 환도한 뒤에는 군기시 정에 임명되었다. 1596년
　사간원 獻納이 되었고, 종부시 정을 거쳐서, 사헌부 掌令에 임명되었다. 1597년
　사간원 司諫을 거쳐, 승정원 同副承旨로 발탁되었고, 명나라 副摠兵 吳惟忠이
　명나라 군사를 이끌고 오자, 그 接伴使가 되어, 명나라 군사를 안내하였다. 1599
　년 형조 參議가 되었다가, 승정원 左副承旨를 거쳐서, 右副承旨로 옮겼다.
　1600년 漢城府右尹이 되었다가, 공조 參判에 임명되어, 義禁府 同知事·五衛
　都摠府 都摠管을 겸임하였다.

64 成川(성천): 평안남도 남동쪽에 있는 고을. 동쪽은 양덕군, 동남쪽은 황해도 곡
　산군, 서쪽은 강동군, 남쪽은 황해도 수안군, 북쪽은 순천군·맹산군과 접한다.

2월 5일(경인)。눈。

단천 군수(端川郡守: 姜燦)가 보고한 바를 보니 북도병(北道兵: 북병사 소속)들이 자신들을 북청병(北青兵: 남병사 소속)으로 생각하여 왜적과 접전하여 획득한 머리를 모조리 빼앗아 갔다고 하였다.

회령 부사(會寧府使: 文夢軒)의 보고에 의하면 평사(評事: 정문부)가 주청하여 부사(府使, 협주: 곧 종성부사 정현룡)를 방어사(防禦使)로 차출하였다고 하니, 방어사를 과연 평사가 아뢰어 차출할 일인가? 정문부(鄭文孚)가 대장이 된 것은 나덕명(羅德明)에게서 나왔고, 정현룡(鄭見龍)이 방어사가 된 것은 정문부에게서 나왔으니, 안타깝고 안타깝다.【협주: 이하 3개월의 일기가 결락】

二月初五日(庚寅)。雪。

見端川郡守所報, 則北道兵, 自以爲北青兵, 接戰所得之馘, 盡數奪去云。會寧府使[65]報, 評事啓, 以府使【卽鏡城府使鄭見龍】差防禦使云, 防禦使, 果是評事所可啓差[66]者耶? 鄭文孚之大將, 出於羅德明[67], 鄭見龍之防禦使, 出於鄭文孚, ◇[68]可痛可痛。【此下三

---

65 會寧府使(회령부사): 《宣祖實錄》 1593년 2월 10일 12번째 기사에 의하면 文夢軒(1535~1593)임. 본관은 南平, 자는 汝吉. 1578년 강계판관을 지냈고, 1589년 姜暹에 의하여 武將으로서 천거되었다. 1592년 강원도 방어사를 거쳐 회령 부사로 재임 중 회령 아전 鞠景仁에 의하여 임해군·순화군의 두 왕자와 함께 잡혀 일본군에게 포로로 넘겨졌다.

66 啓差(계차): 임금에게 아뢰어 벼슬아치를 차출하는 것을 말함.

67 羅德明(나덕명, 1551~1610): 본관은 羅州, 자는 克之, 호는 嘯浦·龜菴. 羅德憲의 형이다. 1579년 진사시에 합격하여 의금부도사가 되었다. 1589년 정여립 사건이 일어나 柳夢井 등이 처형되고 鄭介淸 등이 유배되자 그 여파로 鏡城에

朔日記缺】

6월 1일(갑신). 비. 초양동에 있음.

이날 도사(都事)·심약(審藥: 약재 검수)·검율(檢律: 율령 담당 관원)과 망궐례(望闕禮)를 거행하고 그대로 앉아서 공무를 집행하였다.

유시(酉時: 저녁 6시 전후)가 되어서도 상아(上衙: 감영)에 나갔다. 준원전(濬源殿: 璿源殿의 오기)의 수용(晬容: 임금의 초상화)을 옮겨 봉안할 기일이 이미 닥쳤으니 달려갔어야 마땅하나, 찰방이 안접사(安接使, 협주: 洪世恭)의 행차에 투입되어 마부나 말이 어느 하나 오지 않았는데, 오면 저녁이라도 길을 떠나려고 했으나 끝내 그림자조차 비치지 않으니 안타까웠다. 도사와 종일토록 마부와 말이 오기를 고대하였으나 끝내 오지 않았다.

이날 아침에 처음으로 오이와 채소를 보았다.

六月初一日(甲申)。雨。在初陽洞。

是日, 與都事·審藥[69]·檢律, 行望闕禮, 仍坐行公[70]。酉時上衙,

___

유배되었다. 1592년 임진왜란이 일어났을 때 회령 사람 鞠景仁 등이 난을 일으켜 臨海君·黃廷彧 등을 인질로 잡고 왜군과 내통한 사건이 발생하자 北評事 鄭文孚 등과 의병을 모집, 반란군 토벌을 도왔으며 정유재란이 끝난 뒤에는 고향에서 여생을 보냈다.

68 "朝廷擧措.(조정의 처리조치)"

69 審藥(심약): 조선 시대 궁중에 진상할 藥材를 심사·감독하기 위하여 각 도에 파견하던 종9품 벼슬아치. 이들은 典醫監·惠民署의 醫員 중에서 임명하였는데, 경기도·황해도·강원도에 각 1명, 충청도·평안도에 각 2명, 경상도·永安道

濬源殿[71]晬容[72], 移安日期已迫, 所當馳詣, 而察防投入於安接行次【洪世恭[73]】, 人馬一無來到, 到則可以乘夕起程[74], 而終無形影, 可痛。與都事, 終日苦待人馬, 而終不來。是朝, 初見苽菜。

6월 2일(을유)。 비。 정평부에 묵음。

이날 아침에서야 찰방이 비로소 나타났지만, 인마(人馬: 마부와 말)는 끝내 오지 않았다. 지난달 그믐 저녁에 이안(移安: 임금의 초상화를 옮김)할 좋은 날짜를 골라 결정하고 시행하라는 기별을 듣고서 즉시 마두(馬頭: 역마 일을 맡아보는 자) 남응룡(南應龍)을 급히 보내어

(함경도)에 각 3명을 두었다.

70 行公(행공): 공무를 집행함.

71 濬源殿(준원전): 璿源殿의 오기.

72 晬容(수용): 임금의 초상화.

73 洪世恭(홍세공, 1541~1598): 본관은 南陽, 자는 仲安, 호는 鳳溪. 1567년 생원이 되고, 1573년 식년문과에 급제, 여러 벼슬을 거쳐 1588년 平安道救荒敬差官이 되어 永柔縣監 任兗를 처벌하는 등 민심을 수습하는 데 공을 세워 왕의 신임을 받았다. 1592년 임진왜란이 일어나자 평안도 調度使가 되어 明軍의 군수 조달의 책임을 지고 戰陣의 상황을 왕에게 수시로 보고하였다. 곧 참의로 승진되어 조도사를 겸하고, 이어 함경도 도순찰사가 되어 영흥의 적정을 보고하여 군의 계책을 진언하고, 각 지방에 남은 식량과 들판에 널려 있는 곡물을 거두어들이는 데 전력하였다. 1594년 전라도 관찰사로 전주 부윤을 겸하여 곡창지대인 호남지방의 양곡을 調度하였다. 1596년 좌부승지를 거쳐 우승지·참찬 등을 역임하고, 정유재란이 일어날 징후가 보이자 다시 평안도 조도사가 되어 군량 조달에 힘쓰던 중 숙환으로 군중에서 죽었다.

74 起程(기정): 길을 떠남.

덕산(德山, 협주: 역참의 이름)의 인마를 거두어들이게 했으나, 본역(本驛: 덕산역)의 인마 또한 모두 안접사(安接使)가 거느리고 가서 어렵사리 일고여덟 필만 구하여 왔다. 형명(形名, 협주: 形名이 착오인가 의심스럽다.)과 배패(陪牌: 수행 군사)를 임명하고, 도사(都事)의 일행과 함께 군관(軍官) 주부(主簿) 조사선(曹思善)·주부 이구(李球), 자제(子弟) 직장(直長) 송의(宋嶬)가 따르게 하였다. 종일토록 비를 무릅쓰고 함흥부(咸興府) 지역인 한당리(閑堂里)의 진방(陳雰) 집에 도착하여 점심을 먹었다. 정평(定平)을 향해 지름길로 빨리 달려가면 일찍 도달할 수 있었으나, 선두에서 길을 인도하는 취라역(吹螺亦: 吹螺赤의 오기, 螺角을 부는 軍樂手)이 함흥부의 경계에서 교대하려고 애써 대로(大路)를 경유하는 바람에 냇물을 건너게 되었는데, 하류의 물이 말의 배까지 불어서 옷을 넣은 농과 문서 상자가 모조리 젖었다. 10리 정도 갔을 때 날이 이미 캄캄하게 어두워져 마부와 말이 겨우 죽음을 면하였다.

임시거처에 도착하니 안접사(安接使)가 지나갔는데, 오리동(五里洞)에서 묵는다고 하였다. 부사(府使)가 이안하는 행차에 관한 선문(先文: 도착 통지문)을 어제 보았다면 대접할 음식물을 미리 준비하였을 것인데도 술야(戌夜: 오후 8시 전후)에 이르도록 밥상을 올리지 않아 배고픔을 참고 누워 자야 했으니, 다담상(茶啖床)을 제외하면 선문(先文)을 보냈어도 바랄 것이 없었다. 모두 저녁밥을 굶었으니 개탄스럽다. 소금·장·쌀·콩을 실어다가 굶주린 백성에게 나누어 주었다.

머물러야 할 곳에 이르러 말을 멈추어 세우니, 날이 이미 저물어

가고 있어서 부득이 도사(都事)를 남아 뒤떨어져 있다가 사람들에게
구휼품을 나누어 주도록 했다. 이로 말미암아 동시에 정평부(定平
府)로 들어올 수 없었고 밤새도록 기다려도 오지 않았는데, 필시 촌
막(村幕)에서 밤을 보내고 있을 것이니 가여웠다.

六月初二日(乙酉)。雨。宿定平府。

是朝, 察訪始現, 人馬則終不來。去月晦夕, 聞移安擇日定行
奇, 卽馳送馬頭[75]南應龍, 收歛德山[76]【驛名】人馬, 而本驛人馬, 亦
皆爲安接所帶, 艱得七八匹而來。除形名[77]【形名疑誤】陪牌[78], 與
都事一行, 軍官曹主簿思善·李主簿球, 子弟宋直長巇隨之。終
日冒雨, 到府地閑堂里[79]陳雾家, 午餉。向定平由徑路馳去, 則可
以早到, 而前導吹螺亦[80], 欲於境遆(遞)代, 彊由大路, 以致渡涉
川水, 下流水漲馬腹, 衣籠文書箱盡濕。到得十里程, 日已昏黑,
人馬難得免死。◇[81] 到下處, 則安接使過去, 宿于五里洞云。府

---

75 馬頭(마두): 驛馬에 관한 일을 맡아보던 사람.

76 德山(덕산): 德山驛. 조선 시대 함경남도 함흥부 동북쪽 32리 지점에 있었던
驛站.

77 形名(형명): 形名手. 군대에서 旗와 북으로 군사의 앉고, 서고, 나아가고, 물러
가는 등의 동작을 지휘하는 사람.

78 陪牌(배패): 장수를 모시고 따라다니는 군사들.

79 閑堂里(한당리): 조선 시대 함경남도 함흥부 서쪽 50리 지점에 있던 마을.

80 吹螺亦(취라역): 吹螺赤의 오기. 조선 시대 군대에서 螺角을 부는 軍樂手.

81 "思之, 則上年免於賊鋒, 而今有此患, 往今年之厄, 不可言不可言.(생각건대
지난해는 왜적의 칼날을 면했으나 지금은 이러한 환난을 겪어야 하니, 지난해와
올해의 액운을 이루 다 말할 수가 없었다.)"

使, 昨見行次先文, 則可以預備支拱[82]之需, 而將至戌夜[83], 不爲
進飯, 忍飢臥宿, 除茶唉, 而先文題送[84], 無可望矣。並除夕飯, 可
歎。載塩醬米太, 分賑飢民。到處停馬[85], 日已向晚, 不得已留都
事, 落後分賑。以此不得同時入府, 終夜待之不來, 必是過夜於
村幕, 可憐。◇[86]

6월 3일(병술)。 비 내리다가 간혹 맑음。 정평부에 머묾。

이날 빗줄기가 그치지 않아 아랫사람들에게 물어보니, 앞으로 가
야 할 길에 있는 금수진(金水津)은 건너기가 어려우나 요덕(耀德)으
로 가는 길에는 큰 내[大川]이라도 응당 건널 수 있는 게 6곳인데,
비록 비가 적게 내릴지라도 결코 건너기가 어려운 게 샘의 근원이
깊은 강물인 까닭으로 6, 7일 안에는 물줄기가 덜 줄어들지는 않을
것이라고 하였다. 생각해보건대 6일에는 결코 건너기 어려운 일이
고 또한 날짜를 물렸다가 다시 이와 같은 비가 온다면 매번 물릴
수가 없으니, 차라리 맑기를 기다려 임시로 옮겨 봉안했다가 좋은

---

82 支拱(지공): 支供의 오기.

83 戌夜(술야): 戌時. 오후 7시에서 9시까지를 가리킨다.

84 題送(제송): 상급 관아에서 어떤 취지나 지령을 공문서에 적어서 하급 관아로
보냄.

85 停馬(정마): 가는 말을 멈추어 세움.

86 "是朝, 路見李郎及戶曹·義牧平書, 營奴世龍還.(이날 아침에 길에서 이 서방
및 호조 판서·의주 목사의 안부 편지를 보았고, 감영의 사내종 세룡이 돌아왔다.)"

날짜를 택하여 제사를 지내는 것이 무방한 듯했기 때문에 장계(狀
啓)로 아뢰고 행할 계획이었는데, 영흥(永興)에서 보고한 바에 의하
면 하나같이 나의 뜻과 같았다. 그래서 이안(移安)하는 행차를 멈추
겠다고 회송하고 그대로 머물면서 맑기를 기다렸으나 빗줄기가 그
치지 않았다. 도사(都事)가 뒤따라와서 같이 의논하니 그의 뜻도 같
았다.

이날 굶주린 백성들에게 구휼품을 나누어 주었는데 종일토록 그
치지 않았다.

六月初三日(丙戌)。雨或晴。留定平府。

是日, 雨勢不止, 問諸下人, 則前頭金水津, 渡涉爲難, 而耀
德[87]路, 則大川應渡處六也, 雖小雨決不得渡, 源遠之水, 故六七
日內, 水勢不減云。思之則初六日, 則決難爲之, 又爲退日, 而又
有如此之雨, 則不可每退, 不如待晴, 臨時移安, 而擇吉行祭, 似
爲無妨, 故狀啓稟定爲計, 而永興所報, 一如吾意。故停行事回
送, 仍留待晴, 而雨勢不止。都事, 追來同議, 則其意亦然。◇[88]

---

87 耀德(요덕): 조선 시대 함경남도 영흥군에 있던 고을.

88 "李應瑞向西歷見, 欲得馬而歸, 覓給無便奈何? 安接使, 昨到此府, 問于府使,
曰: '海汀到泊賑飢之穀, 以大斗捧之, 以小斗分給云, 然耶?' 府使答以必無此
理, 則不信, 而色吏論杖。又問韓彦愓之事, 府使答以此府公論, 則皆以爲可
恕, 則安接答曰: '本邑公論, 不可信也, 仍令行刑.'云。彦愓行事之迹, 不如韓
禛之明快, 似難免死, 而凡死刑行於城外, 中外恒例, 而此則强令行於城內, 未
知其意所在。(이응서가 서쪽으로 가서 두루 둘러보며 말을 구하려다가 돌아왔는
데, 구해주려고 해도 방편이 없으니 어찌하겠는가? 안접사가 어제 이곳 정평부
에 도착하여 부사에게 묻기를, '바닷가에 진휼 곡식을 실은 배가 정박해 있는데
도 大斗로 바치게 해서 小斗로 나누어 준다고 하는데, 어찌 그런 것이오?'라고

是日, 分賑飢民, 終日不止。

6월 4일(정해)。 비 내리다가 간혹 맑음。 초양동으로 돌아옴。

아침 일찍 함경(咸京: 함흥)을 향해 떠나면서 또 나누어줄 구휼품을 실었으나, 본부(本府: 정평부)에는 쌀과 보리를 비축해둔 것이 없었다. 그래서 추격할 때를 위하여 군량을 유치하고 난 나머지의 쌀 및 감영의 소금을 실어 왔는데, 길가의 굶주린 백성들이 그 소문을 듣고서 나온 자가 그 수를 알 수 없었다. 한 곳에 말을 멈추어 세우고 구휼품을 나누어준 후에는 기약했던 날에 늦은 것처럼 될까 염려하여 도사(都事) 및 찰방(察訪)의 뒤에 남아서 구휼품을 나누어주게 하였다.

한 냇가에 도착하니 우졸(郵卒: 驛卒)이 좌우의 초가집을 가리키며 말하기를, "저 집은 도사의 집이고, 이 집은 종사관의 집입니다." 라고 하였다. 도사의 문 앞에는 버드나무 4그루가 심어져 있고, 종사관의 문 앞에는 1그루가 심어져 있었다. 말 위에서 입으로 절구시 1수를 읊조렸다.【협주: 앞의 시권(詩卷)을 보라.】

하니, 부사가 답하기를, '그럴 리가 절대로 없다.'라고 했지만, 믿지 않고 색리를 곤장으로 쳤다. 또 한언척의 일을 물으니, 부사가 이 府의 공론으로서 모두 용서할 만하다고 여긴다고 답하자, 안접사가 답하기를, '이 고을의 공론은 믿을 수가 없으니 그대로 형벌을 집행해야 하오.'라고 하였다. 언척의 행적이 韓禎만큼 명쾌하지 않아서 죽음을 면하기가 어려울 듯하나, 사형을 성밖에서 집행하는 것은 중외에 보통 있는 사례이거늘 이번에는 성안에서 강제로 집행하도록 하니 그의 뜻이 어디에 있는지 알지 못하겠다.)"

도로 한당리(閑堂里)에 도착해서 점심을 먹었고, 미시(未時: 오후 2시 전후)에 감영으로 돌아왔다.

六月初四(丁亥)。雨或晴。還初陽洞。

早朝, 發向咸京, 又載分賑之物, 而本府無米糒之儲。故以追擊時, 所留軍糧餘米及營塩載來, 路邊飢民, 聞聲出來者, 不知其數。一處停馬, 分賑後, 則恐致期日之晚, 令都事及察訪, 落後分賑。到一川邊, 則郵卒指左右茅舍, 曰, "彼則都事之家, 此則從事之家也。" 都事門前, 則種柳四株, 從事門前, 則種一株。馬上口占[89]一絶。【見上詩卷】還到閑堂, ◇[90] 午餉, ◇[91] 未時還營。

6월 5일(무자)。맑다가 간혹 비。초양동에 있음。

이날 묘시(卯時: 아침 6시 전후)부터 근무하였다.

6일에는 강물이 불어서 임금의 초상화를 옮겨 봉안할 수 없다는 일 및 차후에 맑기를 기다렸다가 역서(曆書) 내의 길일을 택하여 이안(移安)하겠다는 일의 장계(狀啓)를 올렸다.

유시(酉時: 오후 6시 전후)에 관아에 나아가 굶주린 백성에게 어제

처럼 구휼품을 주었다.

六月初五日(戊子)。晴或雨。在初陽洞。

是日, 卯時坐起。初六日水漲不得移安事, 及此後則待晴擇曆
書內吉日移安事, 狀啓。◇⁹² 酉時上衙, 賑飢如昨。

6월 6일(기축)。비。초양동에 있음。

이날 묘시(卯時: 아침 6시 전후)부터 근무하였는데, 굶주린 백성에
게 어제처럼 구휼품을 주었다.

六月初六日(己丑)。雨。在初陽洞。

是日, 卯時坐起。賑飢如昨。◇⁹³

6월 7일(경인)。흐림。초양동에 있음。

이전처럼 근무하였다.

북도 평사(北道評事) 최동망(崔東望)이 순변사(巡邊使, 협주: 李鎰)

---

92 "又以成允文請罪狀啓退來次, 言送, 陪持人名, 則營屬崔應齡也.(또 성윤문에
게 죄를 청하는 장계가 퇴짜맞았다고 하는 말을 보내왔는데, 가지고 온 사람과
이름은 감영의 구실인 최응령이다.)"

93 "加八之子愛守, 以痢化, 厥母迷甚, 以爲尋常之疾, 置而不問, 及其難救, 然後
示醫, 奈何? 大槪兒輩之痢患, 可慮.(가팔의 아들 애수가 설사병으로 죽었는데,
그 어미가 몹시 미혹하여 예사 질병으로 생각하고 그대로 놔두고서 살피지 않다
가 구하기 어렵게 된 뒤에 의사에게 보이니 어찌하겠는가? 대개 아이들의 설사
병이 근심스럽다.)"

의 명으로 죄인들의 머리와 다리를 가지고 경성(京城)으로 향했는
데, 그는 부윤(府尹) 최립(崔岦)의 아들이다. 최 영공(崔令公: 최립)의
안부를 물으니 평안하다면서 기성(箕城: 평양)의 왜적을 토벌한 비문
(碑文)을 제술(製述)하라는 임금의 부름을 받아 조만간 행재소에 도
착해야 한다고 하였다. 평사(評事)라는 직임은 비록 왕명을 받드는
신하가 아니지만 곧 병사(兵使)의 아장(牙將: 副將)이니, 도내(道內)
에 도순찰사가(都巡察使)가 있다면 평사 또한 순찰사 아문(衙門)의
관원인 셈이다. 순찰사가 평사를 부리는 것도 부당한데다, 죄인의
머리와 다리를 가져가는 것도 또한 평사의 일이 아니다. 국가의 체
모가 이에 이르렀으니 염려스럽고 안타깝다. 북도(北道)의 소식을
물으니, 근래에 대단한 소문은 없고, 단지 시전부락(是錢部落: 時錢
部落)에서 딴마음을 먹은 오랑캐가 있었는데 지금쯤은 이미 항복했
을 것이라고 하였다. 북도 군공(北道軍功)의 대강을 물으니, 또 말하
기를, "지난번 영흥(永興)의 정문부(鄭文孚) 영공(令公)을 뵙고 군공
의 수가 과다함을 말하자, 영공이 이에 대답하기를, '군공의 수도
아닌 게 아니라 많고, 군공의 고하(高下)도 또한 사실과 어긋나는
부분이 많다.'라고 하였습니다."라고 하였다. "정말 그러했는가?"라
고 하니, 최동망이 대답하기를, "정문부의 말을 또한 죄다 믿을 수
는 없습니다."라고 하였다.

　평사가 군관청(軍官廳)으로 쉬러 나가면서 큰소리로 외치기를,
"정문부는 고경민(高敬民)의 공을 강탈했다."라고 하였으며, 또 말
하기를, "경명(鏡明, 협주: 경성과 명천)에서 의병을 일으킬 수 있었던
것은 전적으로 고경민이 제칙(帝勅: 황제의 칙서)・왕지(王旨: 왕의 교

지) 및 도관(道關: 도의 공문)을 전달한 공이다."라고 하였다.

六月初七日(庚寅)。陰。在初陽洞。

坐起如前。北道評事崔東望, 以巡邊【李鎰[94]】之令, 領罪人頭足
向京, 崔乃府尹岦之子也。問崔令公起居, 則平安, 以箕城討賊
碑文製述[95]次承召[96], 朝夕當到行在云。評事[97]之職, 雖非奉命之
臣, 而乃兵使牙將, 道內有都巡察使, 則評事又是巡察衙門之官
也。巡邊使不當使喚, 而罪人頭足之領去, 又非評事之任也。國
體至此, 可慮可痛。問北道消息, 則近無大段聲息, 只是錢部
落[98], 有反側[99]之胡, 而今已納降云。問北道軍功大槩, 而且言:

---

94 李鎰(이일, 1538~1601): 본관은 龍仁, 자는 重卿. 1558년 무과에 급제하여, 전
   라도 수군절도사로 있다가, 1583년 尼湯介가 慶源과 鐘城에 침입하자 慶源府
   使가 되어 이를 격퇴하였다. 임진왜란 때 巡邊使로 尙州에서 왜군과 싸우다가
   크게 패배하고 충주로 후퇴하였다. 충주에서 도순변사 申砬의 진영에 들어가
   재차 왜적과 싸웠으나 패하고 황해로 도망하였다. 그 후 임진강·평양 등을 방어
   하고 東邊防禦使가 되었다. 이듬해 평안도병마절도사 때 명나라 원병과 평양을
   수복하였다. 서울 탈환 후 訓鍊都監이 설치되자 左知事로 군대를 훈련했고, 후
   에 함북순변사와 충청도·전라도·경상도 등 3도 순변사를 거쳐 武勇大將을 지
   냈다. 1600년 함경남도병마절도사가 되었다가 병으로 사직하고, 1601년 부하를
   죽였다는 살인죄의 혐의를 받고 붙잡혀 호송되다가 定平에서 병사했다.
95 製述(제술): 詩文이나 글을 지음.
96 承召(승소): 임금의 부름을 받음.
97 評事(평사): 兵馬評事. 병마절도사의 막하에서 군사 조치에 참여하며 文簿를
   관장하고 軍資와 考課 및 開市 등에 관한 사무를 담당하였다. 평안도와 함경북
   도에 각각 1인씩을 두었는데, 이는 변방에 무신 수령이 많이 임명되고 兵使의
   권한이 막중하였으므로 문신 출신의 막료가 보좌할 필요성이 있었기 때문이다.
98 是錢部落(시전부락):《宣祖實錄》1588년 1월 27일 1번째 기사에 의하면, 時錢
   部落으로도 표김됨.

"頃見永興鄭文孚令公, 言其軍功之數過多, 則其令公曰: '其數果多, 高下亦多失實處.'"云. "然耶?" 崔答曰: ◇[100]"文孚之言, 亦未可盡信也." ◇[101] 評事, 出休軍官(廳), 大言: "鄭文孚攘取[102]高敬民之功." 曰: "鏡明【鏡城‧明川】之起兵, 專是敬民傳通帝勑‧王旨及道關之功也."云.

6월 8일(신묘). 흐림. 초양동에 있음.

이전처럼 근무하였다.

부장(部將) 신광원(辛光遠)이 경성(京城)에서 비변사(備邊司)의 비밀문서를 가지고 왔는데, 행재소(行在所)는 아주 평안하다고 하였다. 동궁(東宮: 광해군)이 병환으로부터 평상을 회복하여 보낸 관문(關文: 공문서)에 의하면, 전 북병사(前北兵使) 성윤문(成允文)이 육진(六鎭)의 토병(土兵) 200명을 거느리고 양덕(陽德)‧황하(黃河: 黃海의 오기, 황해도)의 길을 거쳐 곧바로 전쟁터(협주: 영남지방)로 가도록 하는 일이었다.【협주: 나중에 바로 공(公)이 주청하여 일이 마무리되었다.】

묻기를, "이 일은 매우 괴이하네. 북도처럼 먼 지방에서 병사를 징집하면 느긋한 듯하고, 그 징집 병사를 곧장 전쟁터로 달려가도

---

99 反側(반측): 두 마음으로 이리 붙고 저리 붙는 것.

100 "其軍功, 乃鄭見龍令公所勘正, 故如是云云.(그 군공은 정현룡 영공이 감정하였으므로 이처럼 운운한 것이다.)"

101 "立之令前, 修問狀附送.(입지 영공에게 문안 편지를 써서 부쳤다.)"

102 攘取(양취): 강탈함. 찬탈함.

록 하면 황급한 듯하니, 달리 남쪽에서 온 소식이 있는가?"라고 하니, 부장이 대답하기를, "별다른 일은 없었고, 다만 듣건대 청도(淸道)·밀양(密陽)에 적들이 주둔하고 있는데, 그 적들이 말하기를, '동래(東萊) 등의 고을은 조선(朝鮮)이 이미 우리나라에 주었다.'라고 하면서 계속 주둔하려고 하니, 천장(天將: 명나라 장수)이 우리나라에 물었다고 합니다."라고 하였다. 묻기를, "사로잡은 자를 천장(天將)에게 데려왔다는데, 그러한가?"라고 하니, 대답하기를, "혹은 30명, 혹은 10여 명씩 붙잡혀오는 것을 도로에서 보았습니다."라고 하였다.

전 북병사 성윤문이 있는 곳으로 비변사(備邊司)의 관문(關文)을 베껴서 보냈고, 단천(端川)과 길주(吉州)의 군량 가운데 각기 200석을 10일 군량으로 기준을 삼아 배에 싣고 함흥(咸興)·정평(定平)의 해구에 돌아와 대도록 하는 관문을 만들어 부장에게 부탁해 보냈는데, 병사(兵使)가 떠나올 때 군졸들이 폐해를 일으키지 못하도록 하는 일을 두세 번 말하고 전송하면서 성공(成公: 성윤문)에게 전하여 알리게 하였다. 성공(成公)이 추격하다가 병으로 덕원(德源)에 머물렀을 때, 그의 휘하 장수와 병사들이 하는 대로 놓아두어 민가에서 묻어놓은 곡식을 파내어 취하며 곡식 주인을 구타한 적이 있었는데, 곳곳마다 이와 같았으므로 남쪽 고을에서 파종할 수가 없었던 것은 모두 이들이 빌미가 되었다고 하였다. 그리하여 당부하여 보냈으나, 시행 여부는 알지 못하겠다.

六月初八日(辛卯)。陰。在初陽洞。

坐起如前。部將辛光遠[103]，自京備邊司，密關持來，行在萬安。

東宮平復[104]關子內, 前北兵使成允文, 領六鎭土兵[105]二百名, 由陽德[106]·黃河[107]之路, 直赴戰所【嶺南】事也【後仍公啓請事得已】. 問曰: "此事甚可恠也. 徵兵於北道之遠, 似是緩緩, 使之直赴戰所, 似是急急, 別有南來消息耶?" 部將答曰: "別無他事, 但聞淸道[108]·密陽[109]有留賊, 賊曰: '東萊[110]等邑, 則朝鮮已付與我國.' 欲爲仍留, 天將問于我國云, 問: "有生擒者, 來于天將云, 然耶?" 答: "或數三十人, 或十餘人捉來, 見之道路."云. 成兵使處, 謄送備邊司關子, 端川·吉州軍糧, 各二百石, 十日粮, 準計舟運, 回泊于咸興·定平海口事, 成關, 付部將而送, 兵使出來時, 毋得使軍卒作弊事, 再三言送, 使之傳告成公. 成公曾以追擊, 病留德源時, 縱其管下[111]將士, 掘取民家埋穀, 毆打穀主, 在在如是, 故南官未得付種[112], 皆此輩爲祟云. 故戒送而未知施行否也.

<hr>

103 辛光遠(신광원, 1564~?): 본관은 寧越, 자는 晦伯. 거주지는 龍仁. 1591년 무과에 급제하였다.

104 平復(평복): 병이 나아져서 평상을 회복함.

105 土兵(토병): 본시 그 땅에 붙박이로 사는 사람 가운데서 뽑은 군사.

106 陽德(양덕): 평안남도 남동부에 있는 고을. 동쪽은 강원 법동군, 서쪽은 신양군, 남쪽은 황해도 신평군, 북쪽은 고원군과 접한다.

107 黃河(황하): 黃海의 오기. 黃海道.

108 淸道(청도): 경상북도 최남단 중앙에 있는 고을. 동쪽은 경주시, 서쪽은 경상남도 창녕군, 남쪽은 경상남도 밀양시, 북쪽은 대구광역시 달성군·경산시와 접한다.

109 密陽(밀양): 경상남도 동북에 있는 고을. 동쪽은 울산광역시·양산시, 서쪽은 창녕군, 남쪽은 낙동강을 경계로 김해시·창원시, 북쪽은 경상북도 청도군과 접한다.

110 東萊(동래): 부산광역시 중북부에 있는 고을.

111 管下(관하): 관할하는 구역이나 범위 안.

6월 9일(임진). 맑음. 초양동에 있음.

이전처럼 근무하였다.

오시(午時: 낮 12시 전후)에 순변사(巡邊使) 이일(李鎰) 영공(令公)이 함성(咸城: 함흥)에서 만나러 찾아왔다가 정평(定平)으로 향했는데, 어제 신광원(辛光遠)이 가지고 왔던 관문(關文) 내의 사리(事理) 및 성지(聖旨: 임금의 뜻) 내의 사리를 모두 고하니, 순변사가 말하기를, "북도의 일은 내가 눈으로 본 것으로서 방금 탕진되고 허술하여 아침저녁으로 염려해야 할 때, 어떻게 200명의 정예병을 내보내겠소? 육진(六鎭)의 전마(戰馬)가 단지 대여섯 필뿐이라서 비록 많이 나가더라도 쓸데가 없을 것이니, 모름지기 오늘 내에 장계(狀啓)를 올리겠소."라고 하였다. 마침내 함께 의논하여 사유를 갖추어 장계하였다. 정현룡(鄭見龍)·성윤문(成允文)이 있는 곳에도 또한 이러한 뜻을 관문으로 통지하였다. 순변사가 말하기를, "이전에 지나갈 때는 너른 들판 가운데 보이는 소와 말이 매우 드물었지만, 지금은 소와 말이 들판을 덮고 있는지라 필시 저쪽 편이 기르는 동물일 것이니 지극히 원통하고 분하오."라고 하였다.

북도(北道)의 소식을 물었더니 대답한 것이 평사(評事: 최동망)가 말한 것과 같았는데, 또한 어떻게 조정으로 돌아가기에 급했는데 그와 같이 말했다는 것을 알았었겠는가? 또 말하기를, "작년에 적에게 투항한 무리는 그들이 자복하기를 기다린 후에 죄를 판단하여

---

112 付種(부종): 작물의 종자를 밭에 뿌리는 일.

결정해서는 안 되오."라고 하였다. 이 말이 난적(亂賊)을 토벌하는데 엄한 듯하나, 사태가 진정된 뒤로 싸움터에 임하여서도 형벌을 그대로 써야 하니 결코 하여서는 안 될 일이다.

정예국(鄭禮國)이 되돌아갈 때 전언국(田彦國)을 체포하지 않을 수 없다는 뜻을 고하도록 하였느냐고 물었더니, 순변사가 대답하여 말하기를, "정예국에게 전해지지 않았을 것이오. 만약 이러한 말을 들었다면, 장계(狀啓)에 어찌 낱낱이 열거하지 않았겠소? 전언국 난적을 죽여야 한다는 뜻은 정문부가 장계한 것인데, 이러한 말을 들었다면 단지 나의 말만으로 단출하고 소략하게 장계하였겠소?"라고 하였다. 정문부의 뜻이 어떤 소견이었는지 알지 못하겠으니 괴이하다.

순변사가 또 말하기를, "북쪽 땅의 장수와 병사들이 모두 이르기를, '순찰사가 북도의 군공(軍功)을 쓰지 않는다.'라고 하니 못마땅하기도 하고 답답하기도 하오."라고 하였는데, 내가 대답하기를, "포상이 때를 넘겨서는 안 된다고 한 것이야 진실로 병법가(兵法家)의 말이나, 그 군공을 성안한 책을 살피면 지극히 난잡한지라 실상을 조사하려고 왕복할 사이에 저절로 더디어질 수밖에 없소. 대개 조정에서 말하면 논공행상이 의당 빠르나, 장사(將士)가 말하고 나서는 독촉할 수가 없는 데다 더욱이 헛된 말을 지어낼 수가 없소."라고 하니, 이일(李鎰)이 말하기를, "북도 사람들은 기대하는 마음이 너무 급하니, 군공을 이미 장계하였다는 뜻으로 문서를 여러 고을에 보내면 다행이겠는데 어떻소?"라고 하였다. 웃을 일이었다.【협주: 모래땅 위에서 모의하는 말은 예로부터 모두 그러하니 어찌 탄식을 금할

수 있으랴! 아래에서 간원(諫院)은 순임금이 논공행상의 곡절을 자세히 말한 것을 아뢰었다.】

　순변사가 또 작년의 전쟁 승패를 이야기하면서 말하기를, "신립 (申砬)이 항상 스스로 말한 것은 선봉(先鋒)이 되기를 원하여 적의 기세를 꺾겠다고 했으나 지난해 달천(㺚川) 전투에서 나를 선봉으로 삼았는데, 나는 먼저 올라 적을 꺾었고 신립은 배수진을 쳤다가 끝 내 강물에 빠져 죽었소."라고 하였으며, "기성(箕城: 평양) 전투는 당 장(唐將: 명나라 장수)이 억지로 길을 열도록 두세 번이나 신칙(申勅: 단단히 타이름.)하고서는 장차 명령을 위반한 것으로서 논죄하기에 이르러서 끝내 그것으로 말미암아 죄를 입었으니, 웃을 만한 일이 었소."라고 하였다.

　순변사가 또 말하기를, "허명(許銘) 영공(令公)의 아들 허철(許徹) 이 경성(京城: 鏡城의 오기)에서 바야흐로 제 아비의 상중에 있으면서 도 여색을 가까이하고 고기를 먹으며 민간에 폐를 끼쳤으므로 잡아 가두었으나, 안접사(安接使: 홍세공)는 매우 허물로 여긴다오."라고 하였다.

　순변사가 또 말하기를, "북쪽 땅에서 죄인을 정배(定配)하는 일은 관문(關文: 공문)으로 도주(道主: 관찰사)를 경유하는 것이 마땅한데 도, 변방 지역을 채우기에 급급하여 제 마음대로 하였으니 사유를 갖추어 죄를 기다리는 장계를 올려야 하오."라고 하였는데, 내가 대 답하기를, "옳지 않은 것이 아니나 편의대로 시행한 후에도 즉시 관문으로 통지하지 않았다면, 이는 아닌 게 아니라 온당하지 않소." 라고 하였다.

순변사가 또 말하기를, "경흥(慶興)의 곡식을 옮기는 일은 응당 8월을 기준으로 삼아야 하거늘, 안접사가 억지로 7월을 기준으로 삼았으니 이제부터는 모름지기 다시금 유념해야 하오."라고 하였다.

순변사에게 묻기를, "저쪽 땅【협주: 번호(藩胡: 북쪽 변경의 오랑캐 여진족)가 거주함.】에서 사리를 알아듣도록 잘 타일렀을 때【협주: 각진(各鎭)에 번호에게 귀순하도록 함.】두두추장(頭頭酋長: 우두머리 추장)이 있었는데, 불러올 수 있도록 별도로 지휘한 것이오?"라고 하자, 순변사가 대답하기를, "우두머리 오랑캐를 불러올 별다른 방법이 없고, 다만 우리 병력이 강성한 것에 달렸을 뿐이오."라고 하였다.

六月初九日(壬辰)。晴。在初陽洞。

坐起如前。午時, 巡邊使李鎰令公, 自咸城來見, 而向定平, 具告昨日辛光遠所持關內事理, 及聖旨內事理, 則巡邊曰:"北道之事, (卽)吾所目見, 方今蕩敗虛踈, 朝夕可慮之時, 何以出送二百精兵耶? 六鎭戰馬, 只有五六匹, 雖多出去, 亦無用矣, 須於今日內, 狀啓."云。遂同議, 具由狀啓, ◇[113] 鄭見龍·成允文處, 亦關通此意。巡邊使曰:"前則過去時, 見之大野中, 牛馬甚爲稀罕, 而今則牛馬蔽野, 必是彼邊育物, 極爲痛憤."問北道消息, 則所答如評事, 亦安知急於還朝而如是云耶? 且曰:"上年投賊之徒, 不可待其取服[114]而後定罪."云。此言似嚴於討賊, 而事定之後, 仍用臨陣之形[115], 決非可爲。問鄭禮國[116]入歸時, 使告以田彦國[117]不可不捕

---

113 "營屬羅彦信, 陪去.(감영의 구실 나언신이 모시고 갔다.)"

114 取服(취복): 죄인으로부터 범죄 사실을 자백받아 그 공술한 것을 취한다는 뜻.

之意, 則巡邊答曰: "鄭也不傳, 若聞此言, 則狀啓豈不枚擧耶? 田
賊勿殺¹¹⁸之意, 鄭文孚狀啓, 若聞此言, 則只以吾言孤單狀啓耶?"
云。文孚之意, 未知有何所見, 可怪。巡邊且曰: "北地將士, 皆曰:
'巡察使不用北道軍功.'云, 或怨或悶." 余答曰: "賞不留時¹¹⁹, 固是
兵家所言, 而考其成冊, 則極爲亂雜, 往復覈實¹²⁰之際, 自遲緩。
大槩自朝廷言之, 則論功宜速, 而自將士言之, 則不可督促, 而尤
不可做出虛言也." 李曰: "北道之人, 希望太急, 幸以軍功已啓之
意, 文移到邑, 何似?"云。可笑【沙中之語¹²¹, 自古皆然, 可勝歎哉? 在
下諫院啓, 舜詳陳其論賞委折矣.】。◇¹²² 巡邊且言上年勝敗曰: "申砬

---

115 形(형): 刑의 오기.

116 鄭禮國(정예국, 1547~?): 본관은 羅州, 자는 君則. 거주지는 南陽. 1584년 무
　　과에 급제하였다.

117 田彦國(전언국, 1551~?): 본관은 潭陽, 자는 士美. 거주지는 會寧. 1585년 무
　　과에 급제하였다. 1592년 임진왜란이 일어나서 왜장 가토 기요마사의 군대가
　　회령으로 진격하자 鞠景仁이 반란을 일으켜 가토 기요마사에 의하여 判刑使制
　　北路로 봉해지고 회령을 통치하면서 김수량, 李彦祐 등과 함께 횡포를 자행했던
　　인물이다.

118 勿殺(물살): 可殺의 오기인 듯.

119 賞不留時(상불유시): 賞不踰時의 오기. 《司馬法》의 "때를 놓치지 않고 상을 내
　　리는 것은 백성으로 하여금 선을 행하면 유리하게 하려는 것이다.(賞不踰時,
　　欲民速得爲善之利也.)"에서 나오는 말.

120 覈實(핵실): 사건의 실상을 조사함.

121 沙中之語(사중지어): 沙中偶語. 모래땅 위에서 남모르게 주고받는 말. 신하가
　　몰래 모반하려고 계책을 꾸미는 말을 이른다. 중국 漢高祖가 공신 20여 명에게
　　큰 벼슬을 주자, 벼슬을 받지 못한 다른 여러 장수가 모래땅에 모여 모반을 의논
　　하였다는 데서 유래한다.

122 "同知家奴命世及長興居奴永春·奴介仁來。李福男, 上年爲助防將, 今春以軍

常所自言者, 願爲先鋒, 挫其賊氣, 而上年獺川[123]之戰, 則使我爲
先鋒, 我則先登挫賊, 而砬則爲背水陣, 終至溺死[124]."云, "箕城之
戰, 唐將强使開路, 至於再三申飭[125], 將欲論以違令, 而終乃以此
被罪, 可笑."云。巡邊且言:"許銘[126]令公之子徹, 在京城[127], 方居
父喪, 近色食肉, 貽弊民間, 故捉囚, 而安接深以爲咎."云, 巡邊且
曰:"北地罪人定配事, 所當關由道主, 而急於實還【疑邊】, 擅便爲
之, 而具由待罪, 狀啓."云, 余曰:"未爲不可, 而便宜施行之後, 不
卽關通, 是則果爲未穩." 巡邊且曰:"慶興移粟事, 當以八月爲准,
而安接强以七月爲准, 自此須更爲留念," 問巡邊曰:"彼地【藩胡[128]
所居】開諭【各鎭藩胡使之歸順】時, 有頭頭酋長, 可以招致, 別樣指揮
者耶?" 答:"以別無頭頭之胡, 只在我兵力盛强而已."

功, 陞嘉善, 爲防禦使云。郭同知(嶸), 在南原云。吾家賜牌, 尙州居婢, 有産
云, 來寓佽仇知家云.(동지 집의 사내종 명세 및 장흥에 사는 사내종 영춘, 사내
종 개인이 찾아왔다. 이복남이 작년에 조방장이 되었고, 금춘은 군공으로 가선
대부에 올라 방어사가 되었다고 하였다. 동지 곽영은 남원에 있다고 하였다. 우
리 집에 사패가 내려져 상주에 사는 계집종이 재산이 있게 되었다고 하는데,
담구지 집에 와 임시로 있다고 하였다.)"

123 獺川(달천): 獺川江. 충청북도 보은군 속리산 부근에서 발원하여 괴산군을 지나
   충주시 서쪽에서 남한강에 합류되는 하천.

124 溺死(익사): 물에 빠져 죽음.

125 申飭(신저): 申勅의 오기.

126 許銘(허명, 1539~?): 본관은 陽川, 자는 子新. 臨海君의 장인. 1561년 식년시
   에 급제하였다.

127 京城(경성): 鏡城의 오기.

128 藩胡(번호): 북방에 있는 변경의 오랑캐.

6월 10일(계사). 맑음. 초양동에 있음.

이전처럼 근무하였다.

六月初十日(癸巳)。晴。在初陽洞。

◇¹²⁹坐起如前。

6월 11일(갑오). 맑음. 초양동에 있음.

이전처럼 근무하였다.

아침에 보리밥을 보니 시절에 따른 만물의 변화를 느낄 수 있었다.

六月十一日(甲午)。晴。在初陽洞。

坐起如前。朝見麥飯，時物之變，可感。◇¹³⁰

6월 12일(을미). 아침엔 비, 낮엔 맑음. 초양동에 있음.

이전처럼 근무하였다.

군관(軍官) 김국정(金國鼎)이 보고한 고목(告目: 문서) 안에, 홍원

---

129 "是日曉，送軍官閔嗣元，問安于巡邊，且告以昨日，未知日勢早晩，未得挽留
    之恨，未時回報平安，且有謝書.(이날 새벽에 군관 민사원을 보내어 순변사에
    게 문안하고서는 또 어제 시간이 늦었는지를 알지 못한 채 만류하지 못한 것을
    유감이라고 고하게 했더니, 미시(오후 2시경)에 평안하다고 회답하였고, 또한
    사례 편지까지도 있었다.)"

130 "廣浦監捉官辛應淡，來謁，以前日監捉時，檢擧漁夫之故，被誣云。婢莫德臥
    痛.(광포 감착관 신응담이 찾아와 인사하였는데, 지난날 감착할 때 어부를 검거
    한 까닭에 무고를 당했다고 하였다. 계집종 막덕이 누워 앓고 있다.)"

현감(洪原縣監, 협주: 이규문)이 모친의 소식을 미처 듣지 못하고 병세
가 무거웠으나 이제는 병이 나아 10일 뒤에 남쪽 고을로 나가려 한
다고 하니, 지극히 괴이하였다. 법전(法典)에 의하면, 지키던 땅을
버린 자는 본진(本鎭)에 충군(充軍)된다고 하나, 충군된 자가 어찌
제 바라는 대로 지역을 택하도록 할 리가 있겠는가. 사태가 진정된
후에 가족을 거느리고 와서 한 고을의 수령이 되어 그 봉양(奉養)을
부모가 누리도록 하려 하는 것이야 곧 효자이기는 하나, 감히 그러
한 일을 하려 하다니 과연 어리석고 완고함이 심한 자이로다.

六月十二日(乙未)。朝雨午晴。在初陽洞。

坐起如前。軍官金國鼎告目內，洪原縣監【李奎文[131]】，未聞母消
息，病重，今則向歇，而旬後，欲出南鄕云，極可怪也。法典內，棄
鎭者，本鎭充軍[132]，充軍者安有自願擇地之理乎？事之定後，率
眷以來，使享專城養[133]，乃爲孝子，而敢爲此計，果是愚頑[134]之甚
者也。◇[135]

---

131 李奎文(이규문, 생몰년 미상): 본관은 德山, 자는 士彬, 호는 砥柱軒. 1592년
   洪源縣監, 1603년 안동부사, 1605년 성주목사·전라좌도 수군절도사를 역임했다.

132 充軍(충군): 조선 시대에 죄를 범한 자를 군역에 복무하도록 한 형벌. 正軍으로
   서의 군역이 아니고 고된 賤役인 수군이나 국경수비대 등에 충당되었다.

133 專城養(전성양): 고을 수령이 되어 녹봉으로 봉양하는 것. 이를 매우 영화롭게
   여겼다.

134 愚頑(우완): 어리석고 완고함.

135 "洪原鄕所金希說·吏房洪柳新·戶長李希蘭等，以安接行次，不爲馳報之罪，
   被捉而來，敎授還送. 德山驛吏金彦，以告訴朴龍事，被捉而來，苔三十決
   放. 同知家奴命世還，防禦使及奴俠仇知處通書，京家奴輩處亦通書，未知能
   傳與否也. 咸興儒生韓克文來見. 居山前察訪李球，以重記修正次，向端川.

6월 13일(병신). 맑음. 초양동에 있음.

이전처럼 근무하였다.

오시(午時: 낮 12시 전후)에 홍원(洪原)의 공형(公兄: 삼공형)이 올린 문장(文狀: 아전의 보고 문서)에 의하면, 현감(縣監)이 벼슬을 버리고 관아를 떠나 돌아갔다고 하였다. 충군(充軍)하겠다고 장계(狀啓)를 올렸는데, 장계의 초안을 베껴 보내어 그에게 이해(利害: 이익과 손해)를 깨우치도록 하였다.

六月十三日(丙申)。晴。在初陽洞。

坐起如前。◇[136] 午時, 洪原公兄[137], 文狀[138]內, 縣監棄官出歸云。充軍事狀啓, 啓草謄送, 使之開諭利害。

(홍원의 향소 김희열·이방 홍유신·호장 이희란 등이 안접사의 행차를 급보하지 않은 죄로 붙잡혀왔지만, 교수는 돌려보냈다. 덕산의 역참 아전 김언이 박용을 고소한 일로 붙잡혀와서 태형으로 30대를 때리고 풀어주었다. 동지의 집사내종 명세가 돌아갔는데, 방어사 및 사내종 담구지에게 통지하는 편지를 보냈고 경성 집의 종들에게도 통지하는 편지를 보냈지만, 전해졌는지의 여부는 알지 못한다. 함흥 유생 한극문이 찾아와서 만나보았다. 거산의 전 찰방 이구가 重記를 수정하는 일로 단천으로 향하였다.)"

136 "婢亥生臥痛, 奴春香·奴毛老金, 亦臥痛有日云, 陽城奴小福, 則退熱云.(계집종 해생이 앓아누웠고, 사내종 춘향이·사내종 모로쇠도 앓아누운 것이 며칠이 되었다고 하였으며, 양성의 사내종 소복은 열을 퇴치했다고 하였다.)"

137 公兄(공형): 조선 시대에 각 고을의 戶長·吏房·首刑吏의 세 관속을 이르는 말. 고려 시대의 兄·小兄·大兄 등 관직의 영향을 받은 것으로 후에는 衙前을 지칭하는 말로 쓰였다.

138 文狀(문장): 조선 시대 公兄·衙前 등이 官府에 올리는 문서 양식.

6월 14일(정유)。 맑았는데 아침에 무지개가 보이더니 비。

이전처럼 근무하였다.

오시(午時: 낮 12시 전후)에 홍원(洪原)의 공형(公兄: 삼공형)이 올린 문장(文狀: 아전의 보고 문서)에 의하면, 현감(縣監: 이규문)이 병세가 중하여 관의 물건을 돌려보내 왔다고 하였다. 그 사람의 일 처리가 매우 망령되어 관아에도 아무런 보탬이 되지 않았으니, 구황(救荒) 하는 정책을 바야흐로 급히 펼쳐야만 할 이러한 때를 당하여 관아를 비우면 염려스러운데, 하물며 신관(新官)이 구관(舊官)보다 더 나을 필요가 없음에랴.

규찰관(糾察官) 김경신(金景紳)을 매질하고 신문하여 가두었다. 지난해 겨울에 임금께 아뢰어 평안도 군량을 청하니 수효를 헤아려서 가져다 쓰도록 판하(判下: 허가)하였다. 부사(府使) 이명하(李明河) 가 능히 조정의 훌륭한 뜻을 실천하려고 있는 힘을 다하여 운반해 내었으므로 돌모로창(㐉毛老倉)에 받아두고 함흥(咸興) 사람들이 실어날라서 굶주림으로부터 구제하는 밑천으로 삼게 하였다. 본부(本府: 함흥부)의 백성들은 완악함이 심해서 각 1명에게 쌀 5말만 실어나르도록 했는데, 부족한 폐단이 생길까 염려하여 1되를 더 지급해주었고, 또 5되를 지급해주어 가는 길에 먹을 양식으로 삼도록 하였다. 그러나 고개를 넘은 후에 자기 집으로 바로 돌아와서는 1되라도 가지고 와서 바치는 자가 없었고, 비록 간혹 바치는 군량이 있어도 또한 3되 또는 2말 8~9되에 불과하였다. 매우 괘씸하여 규찰관을 불러 물으니, 김경신이 이에 말하기를, "백성들이 몹시 굶주렸던 까닭에 먹었습니다."라고 하는지라, 또 물으며 말하기를, "모두 똑같이 굶주린 백성이니 두루 베풀어야 하는데도 이미 6되의 쌀을 먹어버렸고 또 5말을 전부 독차지하였네. 결코 조정의 본뜻이 아니니, 의당 징수해 들여서 수효대로 나누어주어 두루 구제하도록 하게." 라고 하니, 대답하기를, "백성들이 모두 죄다 먹어버렸으니, 어떻게 징수해 들일 수 있겠습니까?"라고 하였다. 듣건대 모든 일은 이 사람이 도둑질해 먹기로 함께 모의한 것이라고 하니, 지극히 원통하고 분하였다. 이와 같은 사람은 크게 징계하지 않을 수 없으니, 정배(定配)를 보내고 그 집안사람들을 추쇄(推刷)하는 일로 문서를 본부(本府)에 보냈다.

六月十四日(丁酉)。晴朝虹見而雨。

坐起如前。午時, 洪原公兄, 文狀內, 縣監病重還官[139]云。其人之處事狂妄, 在官無益, 而當此荒政方急之時, 空官可慮, 況未必新勝於舊(急)耶? ◇[140] 糾察官[141]金景紳, 刑推[142]囚禁。上年冬, 啓請平安道軍粮, 則以量數取用事, 判下[143]。府使李明河[144], 能體

---

139 還官(환관): 관의 물건을 관에 돌려보내는 것. 《大明律集說附例》권1 45장의 "입관은 民의 물건을 官에 들이는 것이고, 환관은 官의 물건을 官에 돌려보내는 것이다.(入官謂本係民物入官也, 還官謂本係官物還官也.)에서 나오는 말이다.

140 "是夕, 病婢等, 出避德山.(이날 저녁에 앓고 있는 노비들이 덕산으로 피접하려고 떠났다.)"

141 糾察官(규찰관): 위법한 일에 대하여 규찰하는 임무를 맡은 벼슬아치.

142 刑推(형추): 죄인을 때리며 신문함.

143 判下(판하): 判付. 신하가 上奏한 안건에 대하여 임금이 검토하여 그 가부를 재가하는 것을 말함.

144 李明河(이명하, 생몰년 미상): 본관은 全義. 1589년 李山海의 추천을 받아 武臣

朝廷盛意, 極力運出, 故捧置朶毛老倉, 使咸興人輪運, 以爲救荒
之資。本府之民頑甚, 各一名輪米五斗, 恐有欠縮[145]之弊, 加給
一升, 又給五升, 以爲行粮。而踰嶺之後, 直還其家, 無一升來納
者, 而雖或有所納, 而亦不過三升或二斗八九升。極爲過甚[146],
招問糾察官, 則景紳乃曰: "民飢甚, 故食之."云, 問曰: "等是[147]飢
民均宜, 而旣食六升之米, 又爲全食五斗。大非朝廷本意, 宜納
分數, 使之均活." 則答曰: "民皆盡食, 何以徵納?"云。聞之, 則皆
是此人同謀偸食云, 極爲痛憤。如此之人, 不可不大徵[148], 定配
次家口推刷事, 行移本府。

6월 15일(무술)。맑음。초양동에 있음。

종전대로 망궐례(望闕禮)를 행하고, 묘시(卯時: 아침 6시 전후)에 근
무하였다.

직장(直長) 김응복(金應福)·주부(主簿) 임서의(任恕義)가 찾아와서
만났는데, 김응복에게 묻기를, "지난해 자네의 편지를 보았더니, 자
네가 가서 진적(陳賊, 협주: 함흥의 叛賊 陳大猷이다.)을 만나 보자 진적

이 되었으며, 昌城府使로 재직할 때 백성을 제일로 다스려 특별히 江界府使에
제수되었다.

145 欠縮(흠축): 일정한 양에서 부족이 생김.

146 過甚(과심): 이두로 괘씸하다는 뜻.

147 等是(등시): 똑같이. 모두.

148 徵(징): 懲의 오기.

(陳賊)이 요구한 바가 있다고 했던데 그러한가?"라고 하니, 대답하기를, "진적이 사람을 통해 터무니없는 말을 퍼뜨리기를, '김 아무개【협주: 김응복】는 일찍이 두터운 교분이 있었는데도 어찌하여 보러 오지 않는단 말인가? 근래에 이 일 저 일들을 의논하려고 먼 곳에 왕래한다더니, 그것 때문에 보러 오지 않는 것인가?'라고 하였습니다. 그 소문을 듣건대, 그가 이미 별해보(別害堡, 협주: 공(公)이 점거한 곳.)에 드나드는 것을 듣고서 만약 보러 오지 않으면, 반드시 이르러 즉시 포박해 왜적에게 보낼 것이라 했기 때문에 하루는 보러 갔더니, 왜인 2명이 자리에 있었습니다. 전에는 비록 장유유서(長幼有序)로 대해준 것이야 아닐지라도 반드시 대청에서 내려와 읍례(揖禮)를 서로 했으나, 그날은 앉아서 읍례를 받았는데 말투가 지나치게 거만하여 예전의 진대유가 전혀 아니었습니다. 더구나 말하기를, '그대는 근래에 어찌하여 보러 오지 않았느냐? 요사이 먼 곳에 드나든다고 하더니, 그것 때문에 보러 오지 않은 것이냐?'라고 하는지라, 대답하기를, '어버이를 모시고 피난하는데 어느 곳인들 가지 않겠습니까? 이뿐만이 아니라 요즈음 종기 증세가 있어서 출입할 수가 없습니다.'라고 하였습니다. 이어서 종기가 난 곳을 보여주자, 자못 온화한 기색을 띠며 말하기를, '사람들의 말이 과연 확실하지는 않구나. 근래에 군이 밀봉서(密封書) 안에 들었다고 하던데 들었느냐?'라고 하는지라, 대답하기를, '어디서 들었습니까?'라고 하였습니다. 진대유가 말하기를, '계수(戒守)의 누이【협주: 곧 계백(桂白)으로 사람의 이름이다.】가 그의 남동생【협주: 곧 계수이다.】에게 말하기를, 「밀봉서에는 동변(東邊)의 김 서방님(金書房主, 협주: 곧 김응복이다.)

또한 그 안에 있다.」라고 하니, 나 또한 그것 때문에 알았을 뿐이
다.'라고 하는지라, 대답하기를, '비록 자신이 반드시 죽을 줄 알지
라도 당신 덕으로 사전에 안다면, 이는 당신이 베풀어 준 것입니다.'
라고 하니, 진대유는 아무런 대답을 하지 않았습니다. 조금 지난
후에 계집종이 점심밥을 들인다고 고하자, 진대유가 말하기를, '아
직 천천히 들여라.'라고 하였습니다. 저는 그가 왜인들과 마주 앉아
밥을 먹으려 하는 것을 알고 즉시 인사하고서 나왔으며, 문을 나온
뒤에야 다시 불러들였습니다. 제가 즉시 들어가 보니, 그가 말하기
를, '밀봉서는 이와 같거늘, 그대는 어떻게 대처하면 좋겠는가?'라
고 하였습니다. 당초에 밀봉서를 말했으나 응복이가 살길을 구하려
고 묻지도 않았습니다. 그래서 다시 불러 밀봉서에 대해 어떻게 하
려느냐고 물은 것은 목숨을 구해달라고 요청하게 하려는 것이었습
니다. 바로 그의 뜻을 알아차리고 살 방도를 물으니, 말하기를, '왜
인이 요구하는 것은 면주(綿紬: 명주)·응자(鷹子: 매)·품질 좋은 말이
다.'라고 하였습니다. 저의 논이 진대유 논의 경계와 이어진 곳에
있었던 까닭으로 이 논을 말하니, 진대유가 대답하기를, '어찌 이런
말을 하느냐? 왜의 판관(判官)이 요구하는 물건을 바치는 것이 좋겠
다.'라고 운운하였으나, 그 실상은 그 논을 차지하려고 하여 뒷날에
온다고 약속하고서야 나올 수 있었습니다. 그대로 영유(永柔: 회령
관할 지역)에서 산으로 들어가 진영(陣營)에 달려갔습니다."라고 하
였다.

임서의(任恕義)는 곧 김응복(金應福)의 장인인데, 노모가 있다고
하였으므로 먹을 것을 주어 보냈다.

六月十五日(戊戌)。晴。在初陽洞。

依前行望闕禮, 卯時坐起。金直長應福[149]·任主簿恕義, ◇[150]
問金應福曰：“上年見汝書, 汝往見陳賊【咸興叛賊陳大猷也】, 陳賊
有所索云, 然耶?” 答曰：“陳賊因人飛言曰：‘金某【應福】曾有厚分,
而何不來見? 近以議事事, 往來遠地云, 以此不爲來見耶?’ 聞來,
知其已聞往來別害【公所出據】, 而若不往見, 則必至卽爲縛送, 故
一日往見, 則倭人二名在座。前則雖長幼不敵, 必爲下堂揖禮,
而其日則坐而受禮, 辭氣慢亢, 殊非昔日之大猷。乃曰：‘君於近
日, 何不來見? 頃日往來遠地云, 以此不來耶?’ 答曰：‘奉親避亂,
何處不往耶? 非但此也, 近得腫證, 不得出入。’ 仍出視腫處, 則頗
有和色, 曰：‘人言, 果不實矣。近日, 君入密封中云, 聞之耶?’ 答
曰：‘何處得聞耶?’ 陳曰：‘戒守妹【卽桂白, 爲人名】言於厥媦【卽戒守
也】, 曰：「密封內, 東邊金書房主【卽應福也】, 亦在其中。」云, 吾亦
以此知之耳。’ 答曰：‘雖知其必死, 而賴君前知, 是則君之賜也。’

---

149 金直長應福(김직장응복)：直長 金應福(1561~1597). 본관은 慶州, 자는 士響,
   호는 松亭. 함경남도 함흥에서 태어났다. 1592년 4월 임진왜란이 일어나자 함흥
   에서 이희룡, 이사제, 박길남 등과 함께 의병을 일으켰다. 임진왜란이 발발한
   지 얼마 지나지 않은 그해 6월 울산과 경주를 비롯한 영남 지역 의병들이 경주
   문천에 모여 결전을 맹세하였는데, 김응복도 이 문천회맹에 참여하였다. 관군과
   합세하여 함흥 지역 여러 전투에 참여하였던 김응복은 이후 갑산 부사인 成允文
   의 진영에 참여하여 가토 기요마사[加藤淸正]와의 전투에서 활약하였다. 1596년
   성윤문이 경상좌도병마절도사로 임명될 때 함께 내려와 別將으로 활약하였다.
150 “朴守門將中立來見, 李主簿希錄亦來見.(수문장 박중립이 찾아와서 만나보았
   고, 주부 이희록도 찾아와서 만나보았다.)” 석인본은 ‘來見’이 있어야 문맥이 통
   한다.

陳不答。俄而, 婢子告以進點心飯, 則陳曰:'姑徐之.'余知其欲
與倭人對飯, 卽辭出, 則出門後, 更招入。余卽入見, 則曰:'密封
如此, 君當何以處之?'當初, 言其密封, 而應福不問求生之路。
故再招而問之, 使之乞救也。卽解其意, 問其生道, 則曰:'倭人所
求, 乃綿紬·鷹子·好品(品好)馬匹也.'余之畓, 有與陳之畓連境
處, 故以此畓爲言, 則答曰:'何以出此言耶? 倭判官所求之物, 納
之爲可.'云云, 而其實則欲取其畓, 約以後日而出來。仍永入山
赴陳."云。任恕義, 乃金應福之婦翁也, 有老母云, 故給食物而
送。◇[151]

6월 16일(기해)。흐림。초양동에 있음。

장계(狀啓)를 받들고 갔었던 사람으로 감영 소속의 공덕무(孔德
武)가 영유(永柔: 평안남도 평원 지역)에서 돌아왔는데, 행재소는 아주
평안하다고 하였다.

종사관(從事官) 이춘기(李春祺: 거산 찰방)의 편지가 있어서 그 별
록(別錄: 별도의 기록)을 보니, 「이 제독(李提督: 李如松)이 송 경략(宋
經略: 宋應昌)에게 보고하기를, "왜놈들이 말하기를, '조선(朝鮮)'이

---

151 "李主簿元輔, 亦來見, 亦給食物。尹熙捉納乞毛倉穀盜受奴金耳, 問之, 則盜
受之數四石五斗云。病奴毛老金出避.(주부 이원보가 또한 찾아와서 만나보고,
역시 먹을 것을 주었다. 윤희가 돌모창 곡식을 도적질해 받은 사내종 김이를
잡아 바쳤는데, 훔친 것을 물으니 도적질해 받은 수가 4석 5말이라고 하였다.
병든 사내종 모로쇠가 피접하고자 떠났다.)"

일찍이 우리와 약속하여 동래(東萊)·부산(釜山) 등지를 사사로이 할
양해주었으니, 동래와 부산은 우리의 땅이므로 이곳에 남아서 돌아
가지 않겠다.' 합니다."라고 하자, 경략이 조정에 문의하니, 주상께
서 대신(大臣)들과 양사(兩司: 사헌부와 사간원)를 불러들여 만나보고
서 그것이 거짓임을 분명히 하고 또 나아가 토벌하겠다는 뜻을 담은
자문(咨文: 중국과 주고받던 공식적 외교문서)을 경략 및 제독에 보냈는
데, 좌상(左相: 尹斗壽)이 가지고 갔으니 바로 5월 19일이었다.

사헌부에서 날마다 장계를 올려 청했으니, "원릉(園陵: 왕실의 묘
소)이 파헤쳐지는 변고를 당하고도 위로하여 편안하게 하는 예(禮)
를 미처 거행하지 않았으나, 백성들이 돌아와서 모여 모두 임금을
기다리는 소망이 간절하여 대가(大駕)를 경성의 도성으로 돌리는 것
이 하루가 급한 터에, 논의가 일치하지 않아 해서(海西: 황해도)의
후미진 고을을 대가가 머무는 곳으로 삼으면 정리상 편치 못한 점이
있을 뿐만 아니라 도성 사람들의 마음도 또한 장차 서운해할 것입니
다,"라고 하자, 답하기를, "비변사(備邊司)가 어찌 범연하게 한 것이
겠느냐?"라고 하였다. 또 장계를 올리니, 답하기를, "송 시랑(宋侍
郎: 송응창)과 일찍이 서로 모이자는 의논이 있었거늘 상황을 보아가
며 하라."라고 하였다. 이달 7일 대가(大駕)가 장차 안악(安岳)으로
이주(移駐)하고 중전(中殿)·동경(東宮)도 해주(海州)로 이주하려 했
으나, 논의가 일치하지 않아 실현되지 않았다고 한다. 인성부원군
(寅城府院君) 정철(鄭澈)이 사은사(謝恩使)로서 일찍이 이미 길을 떠
났으나, 송 시랑은 적도(賊徒)가 아직도 국경에 있다고 여겨서 사람
을 보내어 정지하게 하였다고 한다. 이달 4일 유 원외(劉員外: 劉黃

裳)가 경성(京城)에서 돌아오자, 대가(大駕)가 장차 가서 만나고자 숙천(肅川)으로 향해 가려 했지만, 좌상(左相: 윤두수)이 찾아와서 속히 만나야 한다는 뜻을 아뢰니 대가가 곧바로 안주(安州)로 향해 갔다. 서로 모인 뒤에 유 원외(劉員外)를 만나자, 유 원외가 말하기를, "국도(國都: 나라의 수도)의 형세를 보건대, 경성의 도성이 제일이고 평양(平壤)이 다음이니 모름지기 속히 경성의 도성으로 돌아가시오."라고 하였다. 경략(經略: 송응창)의 말은 미처 적확하게 들은 바가 없지만, 대체로 적이 만약 떠나지 않는다면 내가 물러나 피할 리가 없으니 모름지기 본래의 도성으로 돌아가서 힘을 다하여 방비하라고 하였다.

이달 6일 박진(朴晉)·정희현(鄭希賢: 鄭希玄의 오기)이 200여 군졸로서 밀양(密陽)의 왜적을 축출하였다는 장계(狀啓)가 들어오니, 전교하기를, "박진이 15명의 왜적을 붙잡아 벤 머리를 선전관(宣傳官)에게 송 경략(宋經略: 송응창)이 있는 곳에 가져가도록 하라."고 하였다. 유 총병(劉總兵: 劉綎)·이 주장(李主將: 李如松)·오 유격(吳游擊: 吳惟忠)은 이때 선산(善山)에 있다고 한다.

원계(院啓: 승정원의 啓辭)의 대강은 조정(趙挺)이 동궁(東宮: 광해군)으로부터 어찰(御札)을 친히 받자와 눈물을 훔치며 분주해야 마땅한데도 마음대로 다른 지경으로 달아나 어명을 등한하고 소홀한 바, 그를 잡아다가 국문하도록 명할 것을 청하니, 답하기를, "아뢴 대로 하라."라고 하였다.

비망기(備忘記)에 이르기를, "왜적이 퇴각하여 돌아가고 있다. 사람들 모두가 만면에 서로 기쁜 빛을 하며 왜적들이 머지않아 소굴로 돌아갈 것으로 여기고 추격하여 무찌를 뜻이 없었으니, 내가 그렇지 않음을 힘껏 말하였다. 지금 부산(釜山) 등지에 주둔하여 머물러 있으면서 즉시 퇴각해 돌아가지 않고 있는데, 이를 본 오 유격(吳游擊: 吳惟忠)의 품첩(稟帖: 소식 전달서)에 적의 수는 셀 수 없을 만큼 많고 적의 모계(謀計)는 헤아리기가 어렵다고 하였으니, 이 사람은 적을 두려워한 것도 아니었고 망령되이 말한 것도 아니었다. 천병(天兵: 명나라 군대)이 철수해 돌아간 뒤에 적이 만약 승세를 타고 북상하면 우리나라가 어떠할지 알지 못하겠다. 우리나라의 근심은 이런 점에서 커진 것이다. 삼군(三軍)이 용맹하거나 겁먹게 되는 것은 원수(元帥)에게 달린 것인데, 도원수(都元帥) 김명원(金命元)은 일찍이 〈위령한 자가 있어도〉 1명의 목을 베어 장대에 매달지 못하였으니, 이와 같으면서 장수다운 자를 나는 보지 못하였다. 전에 내린 전교(傳敎)에 따라 체차하고 권율(權慄)을 원수로 삼도록 하라. 전라감사(全羅監司)는 누가 해야 할지, 이러한 사정을 소상히 계획하여 아뢰라."라고 하였다. 그 인물로 의주 목사(義州牧使) 김신원(金信元: 개명 金履元)·광주 목사(廣州牧使) 고경조(高敬祖)·전라감사(全羅監司) 이정암(李廷馣)·전주 부윤(全州府尹) 황섬(黃暹)이다.」라고 하였다.

六月十六日(己亥)。陰。在初陽洞。

狀啓陪去人, 營屬孔德武, 還自永柔, 行在萬安。◇[152] 李從事

---

152 "初八日發還, 初九日, 遇愼都事於草川院, 一行無事云.(8일에 출발하여 돌아왔다가, 9일에 신 도사를 초천원에서 만났는데 일행이 무사하다고 하였다.)"

春祺有書, 見其別錄, 則「李提督[153]·報宋經略[154], 曰: "倭奴言:
'朝鮮, 曾與我約, 私割與東萊·釜山等地, 東萊·釜山, 是我土地,
故留此不還云.' 經略問于朝廷, 自上引見大臣·兩司, 以明其詐,
且以進討之意, 移咨于經略及提督, 左相[155]賚去, 是五月十九日
也。憲府連日啓請: "園陵遭變[156], 未擧慰安之禮, 黎庶還集, 咸

---

153 李提督(이제독): 李如松(1549~1598)을 가리킴. 명나라 장수. 朝鮮 출신인 李
   英의 후손이며, 遼東總兵으로 遼東 방위에 큰 공을 세운 李成梁(1526~1615)의
   長子이다. 임진왜란 때 防海禦倭總兵官으로서 명나라 구원군 4만 3천 명을 이
   끌고 동생 李如柏과 왔다. 43,000여의 明軍을 이끌고 압록강을 건넌 그는 休靜
   (1520~1604), 金應瑞(1564~1624) 등이 이끄는 조선의 僧軍, 官軍과 연합하여
   1593년 1월 고니시 유키나가[小西行長]의 왜군을 기습해 평양성을 함락시켰다.
   그리고 퇴각하는 왜군을 추격하며 평안도와 황해도, 개성 일대를 탈환했지만,
   한성 부근의 碧蹄館에서 고바야카와 다카카게[小早川隆景], 다치바나 무네시
   게[立花宗茂] 등이 이끄는 왜군에 패하여 開城으로 퇴각하였다. 그리고 함경도
   에 있는 가토 기요마사[加藤淸正]의 왜군이 평양성을 공격한다는 말이 떠돌자
   평양성으로 물러났다. 그 뒤에는 전투에 적극적으로 나서지 않고 화의 교섭에만
   주력하다가 그해 말에 劉綎(1558~1619)의 부대만 남기고 명나라로 철군하였다.
154 宋經略(송경략): 宋應昌(1536~1606)을 가리킴. 명나라 장수. 임진왜란 당시
   1592년 12월 명군의 지휘부, 경략군문 병부시랑으로 부하인 제독 李如松과 함께
   43,000명의 명나라 2차 원군의 총사령관으로 참전하였다. 그리고 조선의 金景
   瑞와 함께 제4차 평양 전투에서 평양성을 탈환한다. 그러나 이여송이 벽제관
   전투에서 대패하자 명나라 요동으로 이동, 형식상으로 지휘를 하였다. 이후 육
   군과 수군에게 전쟁 물자를 지원해 주었고 전쟁 후 병이 들어 70세의 나이로
   병사하였다.
155 左相(좌상): 좌의정 尹斗壽(1533~1601)를 가리킴. 본관은 海平, 자는 子仰, 호
   는 梧陰. 1592년 임진왜란이 일어나자 기용되어 선조를 호종, 어영대장이 되고
   우의정·좌의정에 올랐다. 1594년 三道體察使로 세자를 시종 남하하였다. 1595
   년 중추부판사로 왕비를 海州에 시종하였다. 1598년 다시 좌의정이 되고, 1599
   년 영의정에 올랐으나 곧 사직하였다.
156 園陵遭變(원릉조변): 왜적에 의해 宣陵(성종릉)과 靖陵(중종릉)이 파헤쳐진 사

切後后之望¹⁵⁷, 返駕京都, 一日爲急, 而論議不一, 使海西僻邑¹⁵⁸
爲住駕之所, 非但情理有所未安, 都下群情, 亦將缺然." 答曰:
"備邊司, 豈偶然爲之哉?" 又啓, 答曰: "宋侍郞, 曾有相會之議,
觀勢爲之." 今月初七日, 大駕將移駐安岳¹⁵⁹, 中殿·東宮, 移住海
州¹⁶⁰, 而議論不一, 未果云. 寅城府院君鄭澈¹⁶¹, 以謝恩使, 曾已

___

실을 가리킴.《宣祖實錄》1593년 4월 13일 2번째 기사에 나온다.

157 後后之望(혜후지망): 임금을 기다리는 백성들의 소망.《書經》〈仲虺之誥〉의
"우리 임금님을 기다리노니, 임금님이 오시면 우리가 살아날 것이다.(後予后,
后來其蘇)"에서 나온다.

158 僻邑(벽읍): 외지고 먼 곳에 있는 고을.

159 安岳(안악): 황해도 북서부에 있는 고을. 동쪽은 재령군, 남쪽은 신천군, 서쪽은
은율군·삼천군, 북쪽은 은천군과 접한다.

160 海州(해주): 황해도 남서부에 있는 고을. 동·서·북쪽은 벽성군에 둘러싸여 있
으며, 남쪽은 黃海에 면한다.

161 鄭澈(정철, 1536~1593): 본관은 延日, 자는 季涵, 호는 松江. 어려서 仁宗의
淑儀인 맏누이와 桂林君 李瑠의 부인이 된 둘째누이로 인하여 궁중에 출입하였
는데, 이때 어린 慶原大君(明宗)과 친숙해졌다. 1545년 을사사화에 계림군이
관련되자 부친이 유배당하여 配所를 따라다녔다. 1551년 특사되어 온 가족이
고향인 전라도 담양 昌平으로 이주하였고, 그곳에서 金允悌의 문하가 되어 星山
기슭의 松江 가에서 10년 동안 수학하였다. 1561년 진사시에, 이듬해의 별시
문과에 각각 장원하여 典籍 등을 역임하였고, 1566년 함경도 암행어사를 지낸
뒤 李珥와 함께 賜暇讀書하였다. 1578년 掌樂院正에 기용되고, 곧 이어 승지에
올랐으나 珍島 군수 李銖의 뇌물 사건으로 東人의 공격을 받아 사직하고 고향으
로 돌아왔다. 1580년 강원도 관찰사로 등용되었고, 3년 동안 강원·전라·함경도
관찰사를 지냈다. 1589년 우의정에 발탁되어 鄭汝立의 모반사건을 다스리게 되
자 西人의 영수로서 철저하게 동인 세력을 추방했고, 이듬해 좌의정에 올랐으나
1591년 建儲문제를 제기하여 동인인 영의정 李山海와 함께 光海君의 책봉을
건의하기로 했다가 이산해의 계략에 빠져 혼자 광해군의 책봉을 건의했다. 이때
信城君을 책봉하려던 왕의 노여움을 사 파직되었고, 晉州로 유배되었다가 이어

發行, 而宋侍郎, 以爲賊徒尙在境上, 遣人停之云, 今月初四日,
劉員外¹⁶²自京還, 大駕將往見, 向于肅川¹⁶³, 而左相來, 達速會之
意, 大駕直向安州¹⁶⁴. 相會後, 見劉員外, 則劉曰: "觀國都形勢,
京都爲上, 平壤次之, 須速還京都."云. 經略之語, 則未有的聞,
大槩賊若不出, 則我無退避之理, 須還本都, 致力防備云. ◇¹⁶⁵
今月初六日, 朴晉¹⁶⁶·鄭希賢¹⁶⁷, 以二百餘卒, 逐出密陽之賊, 狀

江界로 移配되었다. 1592년 임진왜란 때 부름을 받아 왕을 의주까지 호종, 이듬
해 謝恩使로 명나라에 다녀왔다. 얼마 후 동인들의 모함으로 사직하고 강화의
松亭村에 寓居하면서 만년을 보냈다.

162 劉員外(유원외): 劉黃裳을 가리킴. 임진왜란 당시 조선으로 파견되어 兵部主事
袁黃의 참모 역할을 수행한 명나라의 관리. 찬획의 임무를 수행하면서 명군을
통제했지만 동시에 조선의 내정에 간섭하는 일이 많았다. 명군에 대한 군량의
요구나 무기체제의 개발은 물론 조선의 풍속이나 의복 습관 등을 고치도록 요구하
는 경우까지 있었다. 특히 조선의 관리들을 무시하고 무례하게 대하는 경우가
많았을 뿐만 아니라 심지어는 국왕 선조에게도 무례한 행위를 하는 경우가 많았다.

163 肅川(숙천): 평안남도 서부에 있는 고을.

164 安州(안주): 평안북도 兵營의 소재지.

165 "義州牧使李幼澄, 五月晦日, 身死云, 可慟. 戶判聞之, 慘慟如何? 大夫人方
在義州, 何以支堪? 且恐是癘疾, 爲慮滿滿, 卽當送奴, 問弔于李郎 而奴子無
可送者, 可悶可悶.(의주 목사 이유징이 5월 그믐날에 죽었다고 하니, 비통하였
다. 호조판서가 그 소식을 들으면 참혹하고 비통함이 어떻겠는가? 대부인이 지
금 의주에 있는데, 어떻게 견뎌낼 수 있겠는가? 또 전염병이 두려워서 걱정이
가득하였어도 즉시 당장 종을 보내어 이 서방을 조문하려는데, 사내종 가운데
보낼 만한 자가 없으니 몹시 걱정스러웠다.)"

166 朴晉(박진, ?~1597): 본관은 密陽, 자는 明甫, 시호는 毅烈. 밀양 부사였을 때
임진왜란이 일어나자 李珏과 함께 蘇山을 지키다가 패하여 성안으로 돌아왔다
가, 적병이 밀려오자 성에 불을 지르고 후퇴했다. 이후 경상좌도 병마절도사로
임명되어 나머지 병사를 수습하고, 군사를 나누어 소규모의 전투를 수행하여
적세를 저지하였다. 1592년 8월 영천의 민중이 의병을 결성하고 永川城을 근거

啓入來, 傳曰: "朴晉捕斬十五級, 遣宣傳官賷去于宋經略處." 劉摠兵[168]·李主將·吳游擊[169], 時在善山[170]云。院啓[171]大槩, 趙挺[172]

지로 하여 안동과 상응하고 있었던 왜적을 격파하려 하자, 별장 權應銖를 파견, 그들을 지휘하게 하여 영천성을 탈환하였다. 이어서 안강에서 여러 장수와 회동하고 16개 邑의 병력을 모아 경주성을 공격하였으나 복병의 기습으로 실패하였다. 그러나 한 달 뒤에 군사를 재정비하고 飛擊震天雷를 사용하여 경주성을 다시 공략하여 많은 수의 왜적을 베고 성을 탈환하였다. 이 결과 왜적은 상주나 서생포로 물러나지 않을 수 없었고, 영남지역 수십 개의 읍이 적의 초략을 면할 수 있었다. 1593년 督捕使로 밀양·울산 등지에서 전과를 올렸고, 1594년 2월 경상우도 병마절도사, 같은 해 10월 순천 부사, 이어서 전라도 병마절도사, 1596년 11월 황해도 병마절도사 겸 황주 목사를 지내고 뒤에 참판에 올랐다.

167 鄭希賢(정희현): 鄭希玄(1555~?)의 오기. 본관은 河東, 자는 德容. 1583년 별시 무과에 급제하였다. 1592년 平山府使에 임명되었지만, 1593년 당시 함경도 순찰사 洪世恭은 鄭希玄이 왜적과 싸우지 않고 관망만 하고 있음을 보고하였다. 그 결과 여러 대신이 그에게 중벌을 내리도록 여러 차례 상소를 올려서, 품계가 강등되었다. 그러나 朴晉의 휘하에서 여러 전쟁터에 참전하여 공적을 세웠으므로, 곧 관직이 복원되었다. 1594년 전쟁터에서의 활약을 인정받아서, 포상을 받기도 하였다. 1596년 北道虞로 재직 중이었으나, 司諫院에서 그의 성품이 비루하므로 장수로는 적합하지 않다는 상소를 올려서, 관직에서 물러났다. 1607년 加里浦僉使를 담당하고 있었는데, 군졸들에게 잔혹하게 대하며 장사치들과 거래를 하는 등의 부정이 적발되어 파직을 당하였다.

168 劉摠兵(유총병): 劉綎(1558~1619)을 가리킴. 1592년 임진왜란이 일어나자 이듬해 원병 5천을 이끌고 참전하였다. 1597년 정유재란 때 남원에서 졌다는 소식이 전해지자, 배편으로 강화도를 거쳐 입국하였다. 전세를 확인한 뒤 돌아갔다가, 이듬해 提督漢土官兵禦倭總兵官이 되어 대군을 이끌고 와서 도와주었다. 曳橋에서 왜군에게 패전, 왜군이 철병한 뒤 귀국하였다.

169 吳游擊(오유격): 吳惟忠을 가리킴. 명나라 장수. 1592년 임진왜란 때 조선에 파병된 우군 유격장군으로, 제4차 평양 전투에서 부총병으로 활약하였으며, 정유재란에는 충주를 지키는 임무를 맡았다.

170 善山(선산): 경상북도 서부 중앙에 있는 고을.

171 院啓(원계): 院자로 끝난 이름을 가진 관에서 임금에게 올리는 공문서. 일반적

親承御札于東宮, 所當掩涕奔走[173], 而橫馳他境, 慢忽君命, 請命拿鞫, 答曰: "依啓." ◇[174] 備忘記[175]曰: "賊倭之退歸也. 人皆動色相喜, 以爲賊不日歸巢, 無意追剿, 予力言其不然. 今屯據釜山等地, 不卽退歸, 觀此吳游擊稟帖, 則賊數浩大[176], 賊謀叵測, 此人非憚賊者, 非妄言者. 天兵捲還之後, 賊若長驅而北, 則未知東土爲如何哉? 我國之憂, 於斯爲大矣. 三軍勇怯, 係於元師, 都元師金命元[177], 未嘗斬一揭竿, 如此而爲將者, 予所未見. 依前

으로 承政院의 啓辭를 말한다.

172 趙挺(조정, 1551~1629): 본관은 楊州, 자는 汝豪, 호는 漢叟・竹川. 1582년 진사가 되고, 이듬해 정시 문과에 급제, 史官으로 등용되었으며, 1586년 사정으로서 다시 중시 문과에 급제하였다. 그 뒤 예문관・홍문관에 등용되고, 이어 수찬・교리를 거쳐 정언이 되었다. 1592년 임진왜란이 일어나자 보덕으로 세자를 扈從하였고, 그 뒤 전적・필선을 거쳐 회양 부사・廣州牧使・남양 부사・안변 부사로 나아갔다. 그 뒤 호조판서・대사간・동부승지・부제학・동지중추부사・대사성, 이조・호조・형조의 참판 및 지의금부사・대사헌 등을 두루 역임하였다. 1601년 聖節使로 명나라에 다녀와 한성판윤이 되고, 1609년 형조판서로 또다시 성절사가 되어 명나라에 다녀왔다. 1628년 해남에 유배, 풍토병에 시달리다가 이듬해 죽었다.

173 奔走(분주): 사방에 나가서 왕의 덕을 알리며 선양하는 것.

174 "義州牧使金信元・廣州牧使高敬祖・全羅監司李廷馣・全州府尹黃暹(堂在備忘之下).(의주 목사 김신원・광주 목사 고경조・전라감사 이정암・전주 부윤 황섬(비망기의 밑에 있어야 한다.))"

175 備忘記(비망기): 임금이 명령을 적어 承旨에게 전하던 문서.

176 浩大(호대): 측량할 수 없을 만큼 크고 막힘이 없는 것.

177 金命元(김명원, 1534~1602): 본관은 慶州, 자는 應順, 호는 酒隱. 1568년 종성부사가 되었고, 그 뒤 동래부사・판결사・형조참의・나주목사・정주목사를 지냈다. 1579년 의주 목사가 되고 이어 평안 병사・호조 참판・전라감사・한성부 좌윤・경기 감사・병조참판을 거쳐, 1584년 함경감사・형조판서・도총관을 지냈다. 1587

敎適差, 以權慄[178]爲元帥。全羅監司, 誰可爲之, 此等事勢, 須反
覆籌度[179]以啓。"義州牧使金信元[180]·廣州牧使高敬祖[181]·全羅監

년 우참찬으로 승진했고, 이어 형조판서·경기 감사를 거쳐 좌참찬으로 지의금부사
를 겸했다. 1589년 鄭汝立의 난을 수습하는 데 공을 세워 平難功臣 3등에 책록되고
慶林君에 봉해졌다. 1592년 임진왜란이 일어나자, 순검사에 이어 팔도도원수가
되어 한강 및 임진강을 방어했으나, 중과부적으로 적을 막지 못하고 적의 침공만을
지연시켰다. 평양이 함락된 뒤 순안에 주둔해 行在所 경비에 힘썼다. 이듬해
명나라 원병이 오자 명나라 장수들의 자문에 응했고, 그 뒤 호조·예조·공조의
판서를 지냈다. 1597년 정유재란 때는 병조판서로 留都大將을 겸임했다.

178 權慄(권율, 1537~1599): 본관은 安東, 자는 彦愼, 호는 晚翠堂·暮嶽. 1582년
    식년문과에 급제했다. 임진왜란이 일어나 수도가 함락된 후 전라도순찰사 李洸
    과 防禦使 郭嶸이 4만여 명의 군사를 모집할 때, 광주목사로서 곽영의 휘하에
    들어가 中衛將이 되어 북진하다가 용인에서 일본군과 싸웠으나 패하였다. 그
    뒤 남원에 주둔하여 1,000여 명의 의용군을 모집, 금산군 梨峙싸움에서 왜장
    고바야카와 다카카게[小早川隆景]의 정예부대를 대파하고 전라도 순찰사로 승
    진하였다. 또 북진 중에 수원의 禿旺山城에 주둔하면서 견고한 진지를 구축하여
    持久戰과 遊擊戰을 전개하다 우키타 히데이에[宇喜多秀家]가 거느리는 대부대
    의 공격을 받았으나 이를 격퇴하였다. 1593년에는 병력을 나누어 부사령관 宣居
    怡에게 시흥 衿州山에 진을 치게 한 후 2800명의 병력을 이끌고 한강을 건너
    幸州山城에 주둔하여, 3만 명의 대군으로 공격해온 고바야카와의 일본군을 맞
    아 2만 4000여 명의 사상자를 내게 하며 격퇴하였다. 그 전공으로 도원수에 올
    랐다가 도망병을 즉결처분한 죄로 해직되었으나, 한성부판윤으로 재기용되어
    備邊司堂上을 겸직하였고, 1596년 충청도 순찰사에 이어 다시 도원수가 되었
    다. 1597년 정유재란이 일어나자 적군의 북상을 막기 위해 명나라 提督 麻貴와
    함께 울산에서 대진했으나, 명나라 사령관 楊鎬의 돌연한 퇴각령으로 철수하였
    다. 이어 順天 曳橋에 주둔한 일본군을 공격하려고 했으나, 전쟁의 확대를 꺼리
    던 명나라 장수들의 비협조로 실패하였다. 임진왜란 7년 간 군대를 총지휘한
    장군으로 바다의 이순신과 더불어 역사에 남을 전공을 세웠다. 1599년 노환으로
    관직을 사임하고 고향에 돌아갔다.
179 籌度(주도): 계획함.
180 金信元(김신원, 1553~1614): 본관은 善山, 자는 守伯, 호는 素菴. 개명은 金履

司李廷馣¹⁸²·全州府尹黃暹。

6월 17일(경자)。 비。

이전처럼 근무하였다.

元. 1576년 사마시에 합격하고, 1583년 알성 문과에 병과로 급제, 호조 좌랑·
修撰·校理·正言을 지냈다. 1593년 의주 목사로 나간 해에 큰 흉년이 들어 굶어
죽는 사람이 많았으나, 의주만은 명나라 곡식을 들여온 까닭에 굶주린 백성을
구제할 수 있었다. 1597년 정유재란 때 형조참판에서 경기도 관찰사가 되었는
데, 선임자 柳熙緖가 명나라 군사에게 모욕을 받고 사임한 까닭에 모두 걱정하
였으나 명나라 병사들을 잘 다루어 도내 행정을 바로잡았다. 大北에 속하여
1609년 臨海君을 사사하게 하고, 1612년 소북을 제거하기 위한 계축옥사를 잘
다스렸다 하여 嵩陽府院君에 봉해졌다.

181 高敬祖(고경조, 1528~?): 본관은 長興, 자는 貽遠, 호는 龜巖. 高敬命의 4촌형
이다. 1552년 진사가 되고, 1561년 식년 문과에 급제하였다. 1574년 해미 현감
이 되었는데, 이때 뇌물을 받고 송사를 결정지었다고 사헌부로부터 탄핵받았다.
1593년 임천 군수를 거쳐 광주 목사를 역임하였다.

182 李廷馣(이정암, 1541~1600): 본관은 慶州, 자는 仲薰, 호는 四留齋·退憂堂·
月塘. 1558년 사마시에 합격해 진사가 되고, 1561년 식년 문과에 급제하였다.
처음 승문원에 들어가 권지부정자를 역임하고 예문관 검열로 사관을 겸하였다.
1565년 승정원 주서를 거쳐 1567년 성균관 전적·공조 좌랑·예조 좌랑·병조 좌
랑 등을 두루 역임하였다. 1592년 임진왜란이 일어날 때 이조참의로 있었는데,
선조가 평안도로 피난하자 뒤늦게 扈從했으나 이미 체직되어 소임이 없었다.
아우인 개성 유수 李廷馨과 함께 개성을 수비하려 했으나 임진강의 방어선이
무너져 실패하고 말았다. 그 뒤 황해도로 들어가 招討使가 되어 의병을 모집해
延安城에서 치열한 싸움 끝에 승리해 그 공으로 황해도 관찰사 겸 순찰사가 되
었다. 1593년 병조참판·전주 부윤·전라도 관찰사 등을 역임하고, 1596년 충청
도 관찰사가 되어 李夢鶴의 난을 평정하는 데 공을 세웠다. 그러나 죄수를 임
의로 처벌했다는 누명을 쓰고 파직되었다가 다시 지중추부사가 되고, 황해도
관찰사 겸 도순찰사가 되었다.

六月十七日(庚子)。雨。
坐起如前。◇[183]

6월 18일(신축)。비 오다가 간혹 맑음。초양동에 있음。

이전처럼 근무하였다.

오후에 부인의 몸이 편치 않았으며, 이날 저녁에 아사(亞使: 이응호)가 정평(定平)의 사사(私舍: 사삿집)에서 돌아왔다고 하였다.

빗줄기가 비록 여러 날을 계속하여 내리다가 간혹 맑게 갤 때도 있다. 단지 도랑물이 불어 넘칠 뿐이고, 벼 곡식을 손상하기에는 이르지 않았다.

홍원(洪原)의 가관(假官: 임시 관원) 조사선(曺思善)이 작별 인사를 하고 갔는데, 술을 경계하고 또 나의 종을 가까이하지 말라는 뜻을 말하였다.

六月十八日(辛丑)。雨或晴。在初陽洞。
坐起如前。◇[184] 午後, 夫人氣候不平, ◇[185] 是夕, 亞使還自定平私舍云。雨勢雖似連日, 而或有開霽之時。只川渠[186]漲溢而

---

183 "韓禛, 自北靑來謁。(한진이 북청에서 찾아와 인사하였다。)"
184 "憲府緘答成貼。(사헌부로부터 신문한 진술서를 받아 관인을 찍었다。)"
185 "似是霍亂, 而不可的知, 可慮。前三四日, 因日氣熱甚, 出宿外廳, 必是風熱所感。(급성 위장병 곽란인 것 같으나 확실히 알 수가 없어서 걱정이다。3, 4일 전부터 날씨가 몹시 더워서 외청에 나가서 잤는데, 필시 풍열에 걸렸을 것이다。)"
186 川渠(천거): 물의 근원이 가까운 곳에 있는 내。

已, 不至於傷損禾穀。洪原假官曺思善辭去, 戒酒而又言勿接吾
奴之意。

6월 19일(임인)。종일 큰비。초양동에 있음。

이날 아침 부인의 몸 상태는 어제와 같았다。

아사(亞使: 이응호)가 조용히 찾아와서 이야기를 나누며 순변사(巡
邊使, 협주: 이일)의 말을 전하였는데, 순찰사(巡察使: 윤탁연)가 자기
의 생활을 지나치도록 박하게 하여 사람들이 견딜 수가 없다고 하였
다。밭 가운데 씨를 뿌려 가꾼 것이 겨우 10의 1쯤 되는 데다 바랄
수 있는 것이라고는 그 씨를 뿌려 가꾼 밭인데, 수확할 수 있기를
바라지만 빗줄기가 이와 같으니, 백성들이 복이 없음은 한결같이
이에 이르러 가엾고 안타깝다。

북도의 정병(精兵: 정예병) 100명을 종전의 공사(公事: 공문서)에 따
라 더 뽑아서 대령한 일, 첨지(僉知) 홍세공(洪世恭: 안접사)의 아내
박씨(朴氏)가 열부(烈婦)로 죽은 일, 판관(判官) 류희진(柳希津)에게
포상하여 은전(恩典)을 내리는 일, 안변(安邊) 등 고을의 열녀(烈女)
들에게 포상하여 은전을 내리는 일 등의 장계(狀啓)를 올렸다。

이날은 굶주린 백성들이 오지 않았으니, 강물이 불었기 때문이라
가엾다。

六月十九日(壬寅)。終日大雨。在初陽洞。

是朝, 夫人氣候如昨。◇[187] 亞使從容來話, 傳巡邊【李鎰】之語,
巡察自奉[188]過薄, 人不可堪云。田之耕種者, 僅十分之一, 所可

望者, 耕種之田, 庶有所獲, 而雨勢如此, 民之無祿, 一向至此, 可憐可痛。以北道精兵一百名, 依前公事, 加抄待令事, ◇[189] 僉知洪世恭妻朴氏[190]烈死事, 判官柳希津[191]褒錄[192]事, 安邊等官烈女等褒錄事, 狀啓。是日, 則飢民不來, 水漲之故, 可憐。

6월 20일(계묘)。 맑아서 지난밤 2경에 달이 떴음。초양동에 있음。
이전처럼 근무하였다.

냇물이 크게 불어서 사람들이 건널 수가 없었고 반죽음 상태의 굶주린 백성들은 건너기가 더욱 어려웠으니, 기운이 건장한 효위(驍

---

187 "不食, 只飮綠豆粥少許, 有微汗云。(먹지 않고 다만 녹두죽 조금만 먹었을 뿐인
데도 약간 땀이 난다고 하였다。)"
188 自奉(자봉): 자기의 생활.
189 "前居山察訪李球推閱事, 咸興保人李忠鶴等, 忠贊衛口傳事, 安邊府使所報
韓琦, 私探崔億龍等家, 雜物奪取, 申希俊等所斬賊馘事, 洪原縣監李奎文, 聞
喪本差事。(전 거산 찰방 이구를 조사할 일, 함흥의 보인 이충학 등을 충찬위로
구두보고를 하는 일, 안변 부사가 보고한 한기가 사사로이 최억룡 등의 집을
탐문하여 잡물을 탈취한 일, 신희준 등이 적의 머리를 참한 일, 홍원 현감 이규문
이 상을 당하여 대신할 사람을 보내는 일。)"
190 朴氏(박씨): 高靈朴氏 朴壽春의 딸. 1593년 둘째 사위 柳斐를 따라 함흥 산중에
서 왜구를 만나 시해를 당했다.
191 柳希津(류희진, 생몰년 미상): 본관은 文化. 柳塢의 아들. 1592년 임진왜란 당
시 함흥 판관으로 재임하던 중 왜적에게 포로가 되었다. 왜적은 유희진에게 당시
의주로 피난해 있던 선조의 거처를 물으며 갖은 고문을 했으나 끝내 굽히지 않다
가 혀를 깨물고 자결하였다고 한다.
192 褒錄(포록): 행실이 뛰어나거나 공훈 및 공로가 있어 그 상으로 자급을 올리거나
恩典을 내리는 것.

衛)로 믿을 만한 품관(品官) 문흥교(文興敎)가 쌀과 소금을 가지고
굶주린 백성들이 있는 곳으로 가서 나누어 주었다.

부인의 몸 상태는 어제와 같았는데, 전혀 음식을 먹지 못하고 얼
음물을 마시고 싶어 하니 걱정스럽다. 다만 땀 기운이 있으니, 이는
순조로울 징후이리라.

견아(堅兒)는 타고난 바탕이 약한 데다 중병을 막 치르고 나서 일
찍 자고 늦게 일어났는데, 어젯밤에 자지 못하고 오늘 새벽에 일찍
일어났다. 그 연유를 물어보니 어미가 앓아누웠기 때문에 그렇게
했다고 하였다. 가엾고 착하였다.

아사(亞使: 이응호)가 민물고기를 작은 보따리에 담아 보내며 집
앞의 작은 냇가에서 잡았다고 하니, 사람들로 하여금 삼호(三湖)의
옛 흥취를 일게 하였고 그때 하사한 바가 많았었다. 곧바로 여러
동료·막장(幕將)들과 함께 남김없이 먹었다.

六月二十日(癸卯)。晴去夜二更有月。在初陽洞。

坐起如前。川水大漲, 人不能渡, 半死飢民, 則尤難渡涉, 使氣
健驍衛可信品官文興敎, 持米塩, 分賑于飢民所在處。夫人氣候
如昨, ◇[193] 全不進食, 欲飮氷水, 可慮。第有汗氣, 是則順候。堅
兒本以質弱, 新經重疾, 早寢晚起, 昨昏不寐, 今曉早起。問之, 則
母氏臥痛, 故如是云, 可憐可嘉。亞使送生川魚小帒, 得於舍前小
川云, 令人惹起三湖[194]舊興, 玆賜多矣。卽與諸僚幕將, 共破。

---

193 "手背似冷, 手心似熱, 脈度頗索.(손등이 차가운 듯한데 손바닥은 열이 있고 맥
  은 꽤 떨어졌다.)"

6월 21일(갑진). 맑음.

이전처럼 근무하였다.

오시(午時: 낮 12시 전후)에 서리(書吏) 최언곤(崔彦崐)이 선원전(璿源殿)의 수용(睟容: 御眞)을 봉안하며 사용할 향(香)과 축문(祝文)을 받들어 내려와 행재소(行在所)는 아주 평안하고 동궁(東宮)이 병환으로부터 평상을 회복하였다고 하였는데, 흑단령(黑團領) 차림으로 공경히 맞이하였다. 빗줄기가 이와 같아서 이날에 이르지 못할까 지극히 속이 답답하고 염려스러웠다.

5월 13일 빈청(賓廳)의 대신(大臣)들이 장계(狀啓)를 올려 아뢰기를, "지금 류근(柳根)의 말을 듣건대 경성(京城)에 유민(遺民)들이 돌아와 명문대가의 옛터에 다투어 서로 들어가 살려고 하는 데다 또한 시장을 열어 생활을 영위하려 하고 있어서 각 고을의 미곡(米穀)도 이곳에 도착하여 (결락) 때에 살아갈 길이 점차 모양을 갖추었고 굶주린 백성들 또한 많다 하니, 그들을 안무하고 구휼하는 방책이 없을 수 없습니다. 판윤(判尹: 한성판윤) 이덕형(李德馨)은 천장(天將: 명나라 장수)을 수행하고 갔으니, 판윤을 청컨대 속히 골라 임명하소서. 각사(各司: 한양에 있던 관아의 통칭)가 짓밟혀 파괴되었지만 그래도 남아있는 물건이 있으나 관리할 사람이 없어서 몰래 훔치는 것이 계속 이어지니, 호조 당상(戶曹堂上)을 오랫동안 비워둘 수 없습니다. 겸판서(兼判書) 홍성민(洪聖民)이 고향에서 장사(葬事)지내려고

---

194 三湖(삼호): 마포에서 도성 서쪽 15리 지점에 있는 西江까지를 물이 잔잔한 호수 같다고 한데서 일컫는 말.

말미를 받아 갔는데, 장사가 만약 정해지지 않았다면 우선 경성(京城)에 들어가 직무를 수행하게 하소서. 수복(收復)의 초기에는 참으로 합당한 인재가 아니라면 수복하기가 어려워 감히 장계를 올립니다."라고 하니, 답하기를, "아뢴 대로 하라. 고향에서 장사지내려고 갔는데 조금 미안할 듯하다."라고 하였다.

승정원(承政院)에 전교하기를, "경성(京城)에서 의주(義州)까지 호가(扈駕)한 내외 상하(內外上下) 인원을 모두 기록하여 아뢰어라."라고 하였다.

비변사 낭청(備邊司郎廳)이 장계를 올려 아뢰기를, "북도 병사(北道兵使: 함경 북병사) 성윤문(成允文)은 전에 남도(南道)에 있을 때 약속(約束: 병법)이 너무 엄하여 군민(軍民)들이 마음이 편치 못했는데, 본직(本職: 북병사)을 맡고 나서는 계책과 처치의 능력이 있는지 없는지를 미처 들어보지 못하였으나, 다만 항오간(行伍間: 군사들의 대열)에서 떨쳐 일어났으므로 하나의 도(道)를 진압하기가 어렵고 하니, 지금 대간(臺諫)이 논하는 바에 의견이 없지 않으나 아뢴 대로 교체하소서. 경성 판관(鏡城判官) 또한 문관(文官)으로 골라 보내는 것이 어떻습니까?"라고 하니, 전교하기를, "아뢴 대로 하라."라고 하였다.

의금부(義禁府)가 죄인 김귀영(金貴榮)의 아들 김천(金闡: 김귀영의 서자)의 상소에 대해 참작하여 아뢰라고 판하(判下: 재가)하시어서, 그의 아비 김귀영이 한극함(韓克諴)과 함께 일을 저지르지 않았으니 분간하여 감옥에서 내보내는 것이 어떻겠느냐고 아뢴 것에 대한 판부(判付: 재가 문서)에, "대신의 신분으로서 적의 뜨락에 무릎을 꿇고 오직 강화(講和)를 구걸하는 것만이 능사로 알아서 왕자들을 버리고 다투어 빠져나올 것을 도모하였으니, 책망할 것도 못 되고 아름답지도 못한 것 같다면서 대신들과 의논하여 시행하라."라고 하였다. 회계(回啓: 의논해 대답함)하여 말하기를, "'지금 빠져나온 것은 바로 왕자의 분부에 의한 것이니 또한 그 한 몸만의 사사로운 계책이 아니었고, 조만간 죽게 될 자가 무엇을 바라고 이렇게 구차히 살려고 하겠는가?'라고 하였는데, 무릎을 꿇고 애걸한 일도 있지 않고 또 한극함과 동참했다는 말도 없는 까닭에 어제 판하(判下)한 것에 따라 감히 분간하여 상주(上奏)하는 글을 올립니다."라고 하니, 답하기를, "다시 유배지로 보내도록 하라."라고 하였다.

사헌부(司憲府)에서 장계를 올려 아뢰기를, "대가(大駕)가 때에 맞춰 〈경성으로〉 전진한 뒤에야 능침(陵寢)의 역사(役事)를 감독할 수 있고 백성들의 목숨을 의탁할 수 있습니다. 그런데 어떤 사람은 '해주(海州)에 잠시 머물라.' 하거나 어떤 사람은 '안악(安岳)이 편리하다.' 하니, 환궁(還宮)하여야 할 근본적인 일을 점점 지연시키기에 이르렀습니다. 더구나 도독(都督: 이여송)은 충주(忠州)에 진주해 있으면서 진격하여 전투할 뜻이 없으니, 앞으로의 일이 매우 안타깝고 절박합니다. 그러니 대가(大駕)가 매우 급하게 도성으로 돌아가면 책응(策應: 사태에 알맞은 대응)하는 일, 간절히 바라는 일, 위로하고 사례하는 일, 왕복하는 일에 편리한 바가 있을 것입니다."라고 하니, 답하기를, "이미 비변사와 의논하여 결정한 일이다."라고 하면서 윤허하지 않았다.

5월 30일 승정원(承政院)에 전교하기를, "경성(京城)에 있는 적의 보루(堡壘)들을 허물었다는 소문이 들리는 듯한데, 단지 매우 서두르는 것일 뿐만 아니라 〈왜적들이〉 쌓았던 돌덩이 등은 만약 본래의 주인을 찾아 돌려줄 수 없으면 마땅히 도성을 수축(修築)할 때 쓰도록 해야 한다. 도성 밖의 왜적의 진지 또한 훗날에 쓸 수 있도록 함부로 허물지 말라는 뜻으로 우상(右相: 兪泓)에게 유지(諭旨)를 내리는 것이 좋겠다."라고 하였다.

전라도 운량사(全羅道運糧使)의 서장(書狀)에, "경상(慶尙) 일대에는 당량(唐粮: 중국에서 보급해온 식량) 4만여 석을 영남(嶺南)의 각 역참(驛站)에 이미 들여보낸데다 1만 석을 뱃길로 낙동강(洛東江) 포구에 운반하였는데, 광주 판관(光州判官) 이충로(李忠老)가 가지고 갔습니다."라고 하였다.

사헌부(司憲府)가 장계를 올려 아뢰기를, "황제의 영험함이 미치어 경성(京城)의 왜적은 비록 물러갔으나, 밀양(密陽)의 동쪽은 아직도 다시 〈성에서〉 나와 점거하고 있습니다. 심지어 부산(釜山)을 그들의 옛 소굴이라 일컬으며 돌을 세워 경계로 삼아 천장(天將: 명나라 장수)을 속이면서 전혀 바다를 건너갈 뜻이 없으니, 지금의 사정이 더욱 위급하고 절박합니다. 성절사(聖節使)가 가지고 가는 사은주장(謝恩奏章: 천자의 은혜에 감사하는 문서)을 삼가 보니, 오랑캐의 비린내도 깨끗하게 쓸어내고 왜적의 소굴도 모두 비어서 수천 리의 강토와 200년의 기업(基業)이 하루아침에 옛 모습으로 돌아왔다는 등의 말이 있는데, 이는 마치 흉적(兇賊)을 죄다 소탕하고 그 구역을 모두 수복하여 이후로 전혀 아무런 일이 없을 것처럼 보였습니다. 청컨대 승문원(承文院: 외교문서 담당 관청)에 한층 더 서로 의논해 확실하게 언어를 구사하여 미진한 뜻이 없도록 하소서."라고 하니, 답하기를, "아뢴 대로 하라."라고 하였다.

6월 2일 예조(禮曹)의 계목(啓目: 국왕에게 올리는 문서)에 의하면, "전교(傳敎)에 운운하셨는데, '위로는 대부(大夫)로부터 아래로는 천민(賤民)·서민(庶民)에 이르기까지 모두 중화(中華)의 제도를 사모하여 따르려고 하니, 의복(衣服)과 관모(冠帽)의 제도를 먼저 마련하여 시행하라.'라고 하였으니, 이는 실로 중화의 제도를 사용하여 우리의 속된 제도를 변화시키려는 깊은 뜻입니다. 게다가 왜적을 방어하는 데에도 크게 관련이 있으니, 호종(扈從)하는 신하와 백성은 급히 서둘러 속된 풍습을 타파하여 사방을 기뻐 뛰도록 함이 마땅합니다. 그리고 근래에 산릉(山陵)의 변(變)으로 인하여 개장(改葬)하는 동안 흰옷을 입고 일에 마음과 힘을 다하는 것도 이미 8도(道)에 문서를 보냈으니, 즉시 길복(吉服)을 입을 때의 의복과 관모도 아울러 거행하도록 마땅히 8도에 문서를 보내야 합니다. 여기에서 삼승청남포(三升靑藍布)를 중화 방식으로 만든 다음에, 호조(戶曹)가 적당히 헤아려서 옷을 만드는 사람을 경략 아문(經略衙門)에 보내어 여러 가지 모양으로 만들어 오되, 그러는 가운데 관복(冠服) 등을 구하기가 어려우면 지금 성절사(聖節使) 행차의 역관(譯官)에게 물건값을 부쳐 보내서 무역해 오는 것이 어떻겠습니까?"라고 하니, 전교하기를, "우리나라는 매양 겉치레를 일삼고 있는데, 일전에 우선 의복과 관모의 제도부터 마련하라고 전교한 것은 이것을 말함이 아니다. 당관(唐官: 명나라 관리)들은 매양 넓은 옷자락과 큰 소매 및 머리에 큰 모자 쓴 것을 비웃었으며, 유 원외(劉員外: 劉黃裳)는 심지어 뜯어고치라는 문서를 보내왔다. 다만 당제(唐制: 명나라 제도)인 상하 인원의 관복(冠服) 이외의 융복(戎服)과 속옷은 모두 소매를 좁게 하고, 금군(禁軍) 이하 공사천(公私賤)은 모두 작은 모자를 쓰고 초립을 못 쓰게 하되, 만약 전립(氈笠)을 쓰더라도 금하지 말라. 다시 마련하여 시행하라."라고 하였다.

6월 7일 빈청(賓廳)의 대신(大臣)들이 경성(京城)에 진주(進駐)할 일로 상주(上奏)하는 글을 올리니, 전교하기를, "경성은 당인(唐人: 중국인)이 가득 차 있는 데다 백골이 무더기로 있는 속에 갑자기 들어갈 수 없다는 것을 이전에 이미 말했다. 다만 가만히 형세를 보건대 천장(天將: 명나라 장수)들이 서로 화합하지 못해 낌새가 많이 다른 데다 왜적들이 주둔하고 있어 그 흉계를 헤아리기가 어려우니, 차라리 우선 이곳에 있으면서 형세를 관망하여 알맞은 기회에 대응함이 더 나을 것이다. 지금 경략과 멀리 떨어져서 상황에 맞춰 주선하지 못하게 된다면 혹은 좋은 계책이 아닐 수 있다."라고 하였다. 또 장계를 올려 아뢰기를, "신(臣)들도 그 뜻을 모르는 것이 아닙니다만, 경성에 외로이 남겨진 백성들이 날마다 취화(翠華: 大駕)를 바라고 있습니다. 산릉(山陵)을 개수(改修)하는 일 또한 품(稟)하지 못한 것이 많았던 까닭에 점차로 이주할 계획을 세웠지만, 지금 성교(聖敎: 주상의 전교)를 받자오니 형세가 과연 그러합니다. 다만 이곳의 양식이 10여 일밖에는 계속 댈 길이 전혀 없으니 매우 답답하고 염려스럽습니다."라고 하니, 답하기를, "그러하다면 미리 조치하여 다른 고을의 식량이라도 이 고을로 들여오도록 하라."라고 하였다.

6월 8일 비망기(備忘記)에 이르기를, "경략(經略)의 말에, '조선에 주둔시킬 병사의 장수는 그대 나라에서 뜻에 맞는 사람으로 청하라.'라고 운운하였다니, 낙 참장(駱參將: 駱尙志)을 함께 머물도록 청하는 것이 어떻겠는가? 적군들이 〈성에서〉 나가 남쪽 변방을 차지하고 있으니 장래의 일을 알 수가 없다. 이를테면 죽령(竹嶺)·조령(鳥嶺) 및 그 밖의 요해처(要害處) 같은 곳은 그 형세를 살펴서 우선 나무를 베어 목책을 설치함으로써 뒷날 관문(關門)으로 설치하는 기반으로 삼고, 게다가 파총관(把摠官)을 내보내어 지키게 하면 어떻겠는가? 화공(畫工) 한 사람을 사은사(謝恩使) 등의 행차에 파견하여 요동(遼東)·광정(廣定: 廣寧의 오기)·산해관(山海關)에 설치된 진(鎭)과 성지(城池)의 모양을 일일이 도면으로 그리되 한 자 한 치까지 기록하도록 하여 먼저 가 있던 통사(通事)가 나올 때 우선 따라 나오게 하는 것이 어떠하겠는가? 당인(唐人: 명나라 사람)이 만약 물으면 마땅히 사실대로 고하면서, '본국이 지금 왜적의 침입을 받고 있어서 장차 상국(上國: 명나라)이 설치한 진(鎭)의 제도를 본받으려 한다.' 하라."라고 하였다.

전교하기를, "왜(倭)의 염초자취(焰焇煮取) 법이 명나라 제도보다도 나으니, 그 기술을 익힌 장인(匠人)에게 상을 주라."라고 하였다.

비망기에 이르기를, "장수의 재목이 모자라는데 함경도(咸鏡道)에 쓸 만한 인재가 없는 것도 아니고 전공(戰功)을 세운 자도 있을 것이니, 내 생각으로는 쓸 만한 인재 약간 명을 교체하여 데려다가 등용함이 어떠하겠는가? 심지어 행재소에마저 마음에 드는 장수 1명도 없는 것이야말로 먼 앞일을 생각함이 아니다. 만일 혹여 교체해 데려온다면 그 대신에 혹 군공(軍功)이 있는 사람을 제수하거나 혹 본도(本道) 토착민으로서 상을 받고 직위가 오른 자를 발탁하여 임용해서 사기를 북돋움이 좋을 것이다."라고 하였다.

6월 9일 비망기(備忘記)에 이르기를, "사변(事變)이 일어난 뒤에 관직으로써 포상하는 일은 유사(有司: 담당 관리)의 손에서 행해졌는데, 나는 한 번도 임명한 적이 없다. 군공(軍功)을 마련할 때도 사사로움을 따라 공정하지 않은 것을 모르는 사람이 없을 정도로 심지어 진소(陳疏: 상소)하거나 상언(上言)하는 자가 있으니, 군공에 보답하는 은전(恩典)을 자기의 잇속을 채우는 밑천으로 삼았다. 그래서 사변이 일어난 이후로 사류(士流)로부터 천얼(賤孽)에 이르기까지 원반(鵷班: 조정의 신하)이 되었으나 왜적의 형세는 그대로이다. 유식한 선비들은 혹 벼슬 받는 것을 수치로 여기니, 상벌(賞罰)이 뒤죽박죽이고 명분(名分)이 땅에 떨어졌다. 겸하여 또 그 사이에서 교활한 아전이 농간을 부리는 것을 이루 다 헤아리기가 어렵다. 이러한 폐습을 제거하지 않으면, 비록 왜놈들을 모조리 죽인다 해도 다시 왜적 같은 무리가 있을까 두렵다. 아니면 유사가 공(功)을 논하여 등급을 매겨서 상(賞)을 주는데 논할 것이 없으니, 사중지어(沙中之語: 논공행상을 비판하는 말)는 자연 그렇게 하지 않을 수 없어서인가? 이는 알 수 없는 일이다. 앞으로는 각기 특별히 단속하고 자세히 살펴서 하라."라고 하였다.

비변사(備邊司)에서 장계를 올려 아뢰기를, "대가(大駕)가 오랫동안 이 도에 머문데다 천병(天兵: 명나라 군대)도 해를 넘기며 드나들어 바닷가 고을과 산간 쪽 고을에 저장해 둔 곡물들이 모두 고갈되었습니다. 그런데 해주(海州) 등의 고을에는 저장해 둔 곡식이 있으나 그곳에서 이곳으로 옮기려면 장산곶(長山串)이 있어 수로(水路)가 대단히 험하므로 실어 오기가 매우 어렵습니다. 지금 잠시 해주로 이주함이 어떻겠습니까?"라고 하니, 답하기를, "이전에 이미 정하였으니 지금 진주(進駐)하는 것은 불가하다."라고 하였다. 승정원에서 경성(京城)으로 진주하는 일을 아뢰니, 답하기를, "형편을 보아서 하라."라고 하였다.

비변사에서 장계를 올려 아뢰기를, "우리나라의 노비법(奴婢法)은 기자(箕子) 시대로부터 비롯되어 세대가 이미 오래되었으나 변경하지 못했으니, 어찌 아무 생각이 없었겠습니까? 화인(華人: 중국인)이 이에 대해 이르기를, '집마다 공후(公侯)의 즐거움이 있다.'라고 함은 진실로 이 때문일 것입니다. 지금 이 변고는 천지간에 없었던 일입니다. 공사천(公私賤)으로 만약 왜적의 머리를 참하였거나 사목(事目: 규정)에 따라 곡식을 바친 자에게 면천(免賤)을 허락해 줌은 진실로 안 될 것이 없습니다만, 그 사이에 간혹 잡물(雜物) 곧 활과 화살 및 총통(銃筒) 같은 것을 바쳤다고 하여 각처(各處)에서 일을 담당한 관원이 각기 자기 마음대로 면천첩(免賤帖)을 만들어 주기도 했습니다. 이러한 일들은 결국 시행해서는 안 되는 일이라고 이미 전교를 받들어 받았습니다. 또한 듣건대 각처의 의병은 당초에 바치는 곡식을 사사로운 정리(情理)로 그 등급을 높이거나 낮추어 받아들여서 모두 사목(事目: 규정)의 수와 맞지도 않았고, 간혹 납속하는 일이 끝난 후에 인정(人情)으로 공명첩(空名帖)에 추후로 써넣은 것도 많았다고 하니, 대단히 놀랍습니다. 이러한 일들은 또한 그냥 버려두고 논하지 않을 수 없습니다. 일이 평정된 뒤로 하나하나 상세히 규명하여 외람된 폐단이 없도록 해사(該司: 담당 관청)·개성(開城)·경기(京畿)·강화(江華) 등지에 승전(承傳: 어명을 받아 관계관에게 전달하는 일)을 받들도록 하면 더욱 이치가 없음이 심해질 까닭에 감히 이렇게 장계를 올려 아룁니다."라고 하니, 전교하기를, "아뢴 대로 하라."라고 하였다.

六月二十一日(甲辰)。晴。

坐起如前。◇[195] 午時, 書吏崔彦鯤, 陪璿源晬容奉安香祝下來, 行在萬安, 東官平復, 以黑團領[196]祇迎。雨勢如此, 不及是日, 極爲悶慮悶慮。五月十三日[197], 賓廳[198]大臣, 啓曰: "今聞柳根[199]之

---

195 "夫人之候, 熱不甚重, 痛亦似歇, 而自夜半, 譫語頻頻, 必是累日不爲斷食之致, 而深可慮也。入府之初, 已爲痛經, 而今又如是, 吾家之厄, 一何偏也? 早朝, 郭判官崙, 持贈龍鬚筆柄三枝, 此物産於明川·富寧等地云。(부인의 증세는 열이 그다지 중하게 보이지도 않고 통증도 조금 나은 듯하나, 한밤중부터 헛소리가 꽤 잦은데 필시 여러 날 동안 단식하지 않은 탓이리니 매우 걱정스럽다. 부에 들어오던 초기에 이미 질병으로 지냈는데도 지금 또 이와 같으니, 우리 집의 액운이 어쩌면 그리도 편벽되는가. 이른 아침에 판관 곽륜이 용수필 3자루를 가져다주었는데, 이 물건은 명천·부령 등지에서 난다고 하였다.)"

196 黑團領(흑단령): 검은 색깔의 깃을 둥글게 만든 공복. 당상관은 무늬가 있는 검은 紗를 썼고 당하관은 무늬가 없는 검은 사를 사용했다.

197 《宣祖實錄》 1593년 5월 14일 2번째 기사임.

198 賓廳(빈청): 조선 시대 궁중에 설치한 회의실. 의정부의 3정승을 비롯한 정2품 이상의 주요 고위관직자들이 정기적으로 회의하거나, 變亂이나 國喪 등 긴급한 일이 있을 때 관계자들이 모여 대책을 의논하던 회의실로 사용되었다.

199 柳根(류근, 1549~1627): 본관은 晉州, 자는 晦夫, 호는 西坰. 1570년 생원시와 진사시에 모두 합격하였다. 1572년 별시 문과에 장원하고, 1574년 賜暇讀書를 하였다. 1587년 이조정랑으로서 文臣庭試에 다시 장원하였다. 1592년 임진왜란이 일어나자 의주로 임금을 호종했으며, 예조참의·좌승지를 거쳐 예조참판에

言, 京師遺民²⁰⁰得見, 故家²⁰¹舊基, 爭相入接, 亦有開市資生, 各
官米穀, 亦到此, 於江【缺】時生理, 稍爲成形, 飢民亦多, 撫按賑
救之策, 不可無也。判尹李德馨²⁰², 旣隨天將而去, 判尹請速擇
差²⁰³。各司²⁰⁴殘破, 而亦有遺存之物, 管理無人, 偸盜繼之, 戶曹
堂上, 不可曠闕²⁰⁵。兼判書洪聖民²⁰⁶, 以歸葬²⁰⁷, 受由而行, 葬事

특진하였다. 1593년 도승지로 京城安撫使가 되어 민심을 수습하고, 이어 한성
부판윤에 올라 사은부사로 명나라에 다녀와 경기도 관찰사가 되었다. 그리고
1597년 運餉檢察使로 명나라에서 들어오는 군량미의 수송을 담당하였다. 이 밖
에도 임진왜란으로 인한 명나라와 관계되는 일을 많이 하였다.

200 遺民(유민): 살아남은 백성.

201 故家(고가): 여러 대를 두고 행세를 하며 잘 살아온 집안.

202 李德馨(이덕형, 1561~1613): 본관은 廣州, 자는 明甫, 호는 雙松·抱雍散人·
漢陰. 1592년 임진왜란 때 북상 중인 왜장 고니시[小西行長]가 충주에서 만날
것을 요청하자, 이를 받아들여 單騎로 적진으로 향했으나 목적을 이루지 못했
다. 왕이 평양에 당도했을 때 왜적이 벌써 대동강에 이르러 화의를 요청하자,
단독으로 겐소와 회담하고 대의로써 그들의 침략을 공박했다 한다. 그 뒤 정주까
지 왕을 호종했고, 請援使로 명나라에 파견되어 파병을 성취하였다. 돌아와 대
사헌이 되어 명군을 맞이했으며, 이어 한성판윤으로 명장 李如松의 接伴官이
되어 전란 중 줄곧 같이 행동하였다. 1593년 병조판서, 이듬해 이조판서로 훈련
도감 당상을 겸하였다. 1595년 경기·황해·평안·함경 4도체찰 부사가 되었으
며, 1597년 정유재란이 일어나자 명나라 어사 楊鎬를 설복해 서울의 방어를 강
화하였다. 그리고 스스로 명군과 울산까지 동행, 그들을 慰撫하였다. 그해 우의
정에 승진하고 이어 좌의정에 올라 훈련도감 도제조를 겸하였다. 이어 명나라
제독 劉綎과 함께 순천에 이르러 통제사 李舜臣과 함께 적장 고니시의 군사를
대파하였다.

203 擇差(택차): 쓸만한 인재를 골라서 임명함.

204 各司(각사): 京各司. 한양에 있던 관아를 통틀어 이르는 말.

205 曠闕(광궐): 벼슬아치가 자리를 오랫동안 비움.

206 洪聖民(홍성민, 1536~1594): 본관은 南陽, 자는 時可, 호는 拙翁. 1564년 식년

若不定[208], 則姑入京師察任。收復之初, 苟非其才, 難以收復, 敢
啓, 答曰: "依啓。以歸出去, 似小未安。"◇[209] 傳于政院[210], 曰:
"自京城, 至義州扈駕, 內外上下人員, 皆錄以啓." 備邊司郞廳[211],
啓曰: "北道兵使成允文, 前在南道, 約束甚嚴, 軍民不樂, 及爲本
職, 其規畫·處置之能否, 未及聞知, 而只以振起行間, 難以鎭壓
一道云, 今臺諫所論, 不無意見, 依所啓遞差。鏡城判官, 亦以文
官擇送, 何如? 傳曰: "依啓." 禁府[212]罪人金貴榮子闡上疏, 參酌
以啓事, 判下矣, 其父貴榮, 不與韓克諴[213]同事, 分揀放出, 何

문과에 급제하여 정자·교리 등을 지냈으며, 대사간을 거쳐 1575년 호조 참판에
이르러 사은사로 명나라에 건너가 宗系辨誣에 대하여 힘써, 명나라 황제의 허락
을 받고 돌아왔다. 그 뒤 부제학·예조판서·대사헌·경상감사 등을 역임하였다.
1591년 판중추부사가 되었다가 建儲問題로 鄭澈이 실각하자, 그 일당으로 몰려
북변인 부령으로 유배되었다가 1592년 임진왜란이 일어나자 특사로 풀려나 복
관되어 대제학을 거쳐, 호조판서에 이르렀다.

207 歸葬(귀장): 타향에서 죽은 사람을 고향으로 운구하여 장사지냄. 여기서는 홍성
민이 돌아가신 어머니를 장사지내기 위해 고향으로 가는 것이다.

208 不定(부정): 未定의 오기.

209 "禮曹郞廳啓曰: '伏見義牧李幼澄書狀, 巡按御史之行, 張都司雖欲自上來見,
境上出接, 前例本無, 接待使則柳永吉來此, 似□ 更遣重臣.' 傳曰: '依啓.'(예
조 낭청에서 장계를 올려 아뢰기를, '삼가 의주 목사 이유징의 서장을 보건대,
순안 어사의 행차를 장 도사가 비록 주상이 와보려고 할지라도 국경에 나가 영접
하는 전례가 본래 없다고 하니, 접대사로 류영길이 이곳에 와있고 (결락) 다시
중신을 파견하십시오.'라고 하니, 전교하기를, '아뢴 대로 하라.'라고 하였다.)"

210《宣祖實錄》1593년 5월 20일 2번째 기사임.

211《宣祖實錄》1593년 5월 19일 1번째 기사임.

212《宣祖實錄》1593년 4월 18일 8번째 기사와 5월 25일 5번째 기사임.

213 韓克諴(한극함, ?~1593): 慶源府使를 거쳐, 1592년 임진왜란 때 함경북도 병

如? 判府[214]內, "身爲大臣, 屈膝[215]賊庭, 惟知乞和爲能事, 棄其
王子, 爭圖出來, 雖不足責, 似爲不美, 議大臣施行. 回啓曰: "今
之出來, 乃是王子之敎, 則亦非獨一身之私計, 朝夕就死者, 何所
冀而爲此苟且偸生乎? 未有屈膝乞憐之事, 又無與克誠同參之
語, 故昨因判下, 敢以分揀入啓." 答曰: "還送定配." 府啓[216]: "大
駕及時前進, 然後可以董陵寢之役, 賴生民之命, 而或曰: '小駐
海州.' 或曰: '安岳爲便.' 使回鑾[217]根本之擧, 漸至遲延. 都督進
次忠州, 無意進戰, 前頭之事, 大有悶迫. 大駕倉急[218]還都, 則策
應·祈懇·慰謝·往復之事, 亦有所便." 答曰: "已議于邊司, 爲
之." 不允. 五月三十日[219], 傳于政院, 曰: "側聞[220]京城賊壘破毁
云, 非徒急遽, 而所築石塊, 若不得推給[221]本主, 則當用於都城修

마절도사로 海汀倉에서 가토(加藤淸正)의 군사와 싸웠다. 이때 전세가 불리해
지자 臨海君과 順和君 두 왕자를 놓아둔 채 단신으로 오랑캐 마을 西水羅로
도주하였다가, 도리어 그들에게 붙들려 경원부로 호송, 가토의 포로가 되었다.
앞서 포로가 된 두 왕자 및 그들을 호행하였던 대신 金貴榮·黃廷彧 등과 다시
안변으로 호송되었다가 이듬해 4월 일본군이 서울을 철수할 때 허술한 틈을 타
서 단신으로 탈출, 高彦伯의 軍陣으로 돌아왔으나 처형당하였다.

214 判府(판부): 判付의 오기. 上奏한 안을 임금이 허가하던 일.

215 屈膝(굴슬): 무릎을 꿇어 절함.

216 《宣祖實錄》 1593년 5월 28일 5번째 기사임.

217 回鑾(회란): 임금이 대궐 밖으로 나갔다가 다시 환궁하는 것.

218 倉急(창급): 悤忙. 매우 급함.

219 《宣祖實錄》 1593년 5월 29일 3번째 기사임.

220 側聞(측문): 어렴풋이 들음.

221 推給(추급): 찾아서 내어 줌.

築之時。城外賊陣, 亦可用於後, 勿爲徑²²²毁之意, 右相處下諭
可也."全羅道運粮使書狀, "慶尙一路, 唐粮四萬餘石, 嶺南各
站, 已爲入送, 一萬石水運洛東江浦口, 光州判官李忠老領送事."
◇²²³ 府啓²²⁴: "皇靈所及, 京賊雖遁, 而密陽以東, 尙復出據據。
至於釜山, 謂之舊穴, 立石爲界, 以欺天將, 須²²⁵無渡海之意, 目
今事勢, 尤爲危迫。而伏見聖節使賫去謝恩奏章²²⁶, 則有腥氣蕩
掃, 窟穴都空, 數千里之封疆, 二百年之基, 一朝還其舊等語, 似
是匈賊盡勦, 區域番²²⁷復, 此後都無事焉。請令承文院, 更加商
確²²⁸措辭, 俾無未盡之意."答曰: "依啓."六月初二日²²⁹, 禮曹啓
目²³⁰, "傳敎云云: '上自大夫, 下至賤庶, 皆欲慕華制, 衣帽之制,
先爲磨鍊施行.'此實用華變俗之盛意。而于禦賊, 亦大有關, 扈
從臣民, 所當急急丕變²³¹, 聳動²³²四方。而近因山陵之變, 改葬

---

222 徑(경): 輕의 오기인 듯.
223 "六月初一日, 爲政(6월 1일 인사이동이 있었다.)"
224《宣祖實錄》1593년 6월 1일 4번째 기사임.
225 須(수): 頓의 오기인 듯.
226 奏章(주장): 천자에게 아뢰어 올리는 문서.
227 番(번): 悉의 오기인 듯.
228 商確(상확): 서로 의논하여 확실하게 정하는 것.
229《宣祖實錄》1593년 6월 1일 2번째 기사임. 李德懋의《靑莊館全書》권57〈盎葉記[四]·易服之令〉에 자세한 내용이 있다.
230 啓目(계목): 중앙 관서에서 국왕에게 올리는 문서 양식.
231 丕變(비변): 전부터 전해오던 나쁜 풍습을 타파함.
232 聳動(용동): 기쁘거나 하여 몸을 솟구쳐 뛰듯 움직임.

前²³³, 白衣從事, 亦已行移八道, 卽吉時衣帽, 並爲擧行事, 當爲
行移八道矣. 在此三升靑藍布, 以華制作, 次令戶曹, 量宜上下,
縫造人起送²³⁴經略衙門, 各樣造來, 而其中難覓冠服等, 則今次
聖節行次譯官處, 付送價物, 貿來何如?" 傳曰: "我國, 每事虛
文²³⁵, 頃日傳敎先從衣帽者, 非此之謂. 唐官每笑其寬袍大袖·
頭戴大帽, 劉員外, 至於移咨革改. 但唐制, 上下人員, 冠服外戎
服及裏衣, 則皆窄袖, 禁軍以下·公私賤, 則皆着小帽, 毋得着笠,
若着氈笠, 則勿禁事. 更爲磨鍊施行." 六月初七日²³⁶, 賓廳大臣,
以進駐京城事, 入啓, 傳曰: "京城則唐人充滿, 白骨叢中, 未可遽
入事, 前已言之. 但默觀事勢, 天將不恊, 事機多異, 賊衆屯據,
其謀叵測, 不如故²³⁷在於此, 觀勢策應之爲愈也. 今遠離經略,
不能臨機周旋, 或者非計矣." 又啓曰: "臣等非不知此意, 而京城
孑遺之民, 日望翠華²³⁸. 山陵修改之事, 亦多關稟²³⁹, 故欲爲漸
次進駐之計, 而今承聖敎, 事勢果然. 但此處粮餉, 十箇日外, 殊
無可繼之道, 極爲悶慮." 答曰: "然則預爲措置, 他邑之穀, 輸入
此縣." 六月初八日²⁴⁰, 備忘記曰: "經略言內, '留兵之將, 你國可

---

233 前(전): 間의 오기인 듯.

234 起送(기송): 사람을 보냄.

235 虛文(허문): 겉만 꾸미는 쓸데없는 禮儀나 법제.

236《宣祖實錄》1593년 6월 7일 7번째 기사임.

237 故(고): 姑의 오기인 듯.

238 翠華(취화): 물총새 깃으로 장식한 임금의 旗. 곧 임금의 車駕이다.

239 關稟(관품): 關稟의 오기인 듯.

意之人, 請之.'云云, 駱參將[241]並留事, 請之如何? 賊兵出據南
徼, 將來之事, 不可知。如竹嶺[242]·鳥嶺[243]及他要害之地, 審其形
勢, 姑爲斫木設柵, 以爲後日設關權輿, 且出把摠官, 守之如何?
遣畫工一人于謝恩等行, 如遼東·廣定·山海關, 說鎭城池之形,
詳悉圖畫, 尺寸俱錄, 先來通事出來時, 爲先出來, 如何? 唐人若
問之, 則當以實告之曰: '本國今被倭患, 將法上國設鎭之制.'"
云。傳曰: "倭焰焇煮取, 勝於唐制, 其傳習匠人論賞."備忘記[244]
曰: "將才乏人, 咸鏡道不無可用之人, 亦有立戰功者, 予意若干
可用之人, 遞來用之如何? 至於行在, 無一可意之將, 亦非遠慮
矣。如或遞來, 則其代或以軍功人除援, 或以本道土人之蒙賞陞
職[245]者, 拔擢用之, 以聳動爲便."六月初九日[246], 備忘記曰: "事
變之後, 賞職[247]一事, 出於有司之手, 予則未嘗有一命焉。軍功
磨鍊時, 徇私不公, 人無不知, 至於陳疏·上言者有之, 以報功之

240《宣祖實錄》1593년 6월 7일 6번째 기사임.

241 駱參將(낙참장): 駱尙志를 가리킴. 1592년 12월 左參將으로 보병 3천 명을 이
   끌고 참전한 명나라 장수. 힘이 월등하여 1천 근의 무게를 들었으므로 駱千斤으
   로 불렸다. 평양 전투에서 앞장서 성벽에 올라 승리에 큰 기여를 하였다.

242 竹嶺(죽령): 경상북도 영주시 풍기읍과 충청북도 단양군 대강면 사이에 있는 고개.

243 鳥嶺(조령): 경상북도 문경시 문경읍과 충청북도 괴산군 연풍면 사이에 있는 고개.

244《宣祖實錄》1593년 6월 7일 8번째 기사임.

245 陞職(승직): 昇職. 벼슬이나 직위가 오름.

246《宣祖實錄》1593년 6월 9일 5번째 기사임.

247 賞職(상직): 국가에 특별한 공로를 세우거나 풍속을 두터이 하는 데 공을 세웠을
   때, 상으로 내리는 관직. 주로 官品만 있고 관직은 없는 閑散職을 제수하였다.

典, 作濟私[248]之資。是以事變以後, 自士流(派)至於賤孽, 化爲
鵷班[249], 而倭賊之勢自如也。有識之士, 或羞其援[250]職, 賞罰無
章[251], 名分掃地。兼且其間, 猾吏舞奸, 難以悉數。此習不袪[252],
雖殺盡倭奴, 恐復有倭賊。抑有司之第功論賞, 無可論者, 而沙
中之語, 自不得不已乎? 是未可知也, 今後各別【缺】飭, 詳察爲
之."備邊司[253]啓曰: "大駕久駐此道, 天兵經歲往來, 海郡山邑,
儲峙[254]俱竭。海州等邑, 有所儲之穀, 而自彼移此, 有長山串[255],
水路極險, 輸來甚艱。今姑移駐海州, 何如?"答曰: "前已定之,
今不可移駐."院啓進駐京城事, 答曰: "觀勢爲之."

　備邊司[256]啓曰: 我國取婢[257]之法, 肇自箕子之世, (世)代已遠,
莫之能變, 豈無其意? 華人謂之, 家家有公侯[258]之樂者, 良有以

---

248 濟私(제사): 자기 잇속을 채움.

249 鵷班(원반): 품계에 따라 늘어선 문무백관의 반열. 봉황새의 일종인 원추새[鵷]
　　는 날아갈 때에도 상하의 질서를 지킨다는 말에서 나온 것이다.

250 援(수): 受의 오기.

251 無章(무장): 뒤죽박죽. 무질서함.

252 袪(거): 祛의 오기.

253 《宣祖實錄》 1593년 6월 7일 7번째 기사임.

254 儲峙(저치): 곡물을 저장해 둠.

255 長山串(장산곶): 황해도 장연군에서 황해로 돌출한 곳. 황해도 龍淵郡 용연군
　　장산리의 서남쪽으로 돌출한 반도의 끝으로, 조선 시대 阿郎浦營과 助泥浦鎭에
　　水軍萬戶가 배치된 국방상 요지였다.

256 《宣祖實錄》 1593년 6월 9일 11번째 기사임.

257 取婢(취비): 奴婢의 오기.

258 公候(공후): 公侯의 오기.

也。今此變故, 天地所未有之會也。公私若斬級, 依事目納粟者,
許令免賤[259], 姑[260]無不可, 其間或以雜物, 如弓矢銃筒, 各處任事
之員, 各以其意, 成給免賤帖。如此等事, 畢竟不可施行事, 已爲
捧承傳矣。且聞各處義兵, 當初納粟, 率以私意低昂[261]捧入, 皆
不准事目之數, 或事罷後, 以人情追塡空名帖亦多云, 極爲駭
愕。如此等事, 亦不可置而不論。事定後一一詳細追究, 從實施
行, 俾無猥濫之弊事, 捧承傳于該司·開城·京畿·江華等處, 尤
甚無理, 故敢此啓達, 傳曰: 依啓。

6월 22일(을사)。 새벽에 큰비。

이전처럼 근무하였다.

어제의 정목(政目: 인사이동 문서)을 보니, 아우 윤수연(尹粹然)이
포천 현감(抱川縣監)에 으뜸으로 추천되어 낙점을 받았다. 천은(天
恩: 임금의 은혜)이 더할 나위 없이 크다.

六月二十二日(乙巳)。曉大雨。

坐起如前。昨見政目[262], 舍弟粹然[263], 首擬[264]抱川縣監, 受

---

259 免賤(면천): 贖良. 천인인 본래의 신분을 벗어나 양인의 신분을 취득하는 신분
   제도.

260 姑(고): 固의 오기.

261 低昂(저앙): 上下. 낮아졌다 높아졌다 함.

262 政目(정목): 관원의 임명 또는 해임, 그 밖의 중요한 사실을 기록한 문서.

263 粹然(수연): 尹粹然(1547~1615). 본관은 漆原, 자는 汝純. 1593년 抱川縣監,

點。天恩罔極罔極。◇²⁶⁵

1596년 龍仁縣令, 1598년 廣州牧使, 1604년 長湍府使 등을 지냈다.

264 首擬(수의): 首薦. 한 사람의 벼슬아치를 임명하기 위하여 세 사람의 후보자를 추천할 때, 첫째로 추천하거나 그 첫째로 추천된 후보자.

265 "是日, 以知申及李主簿叢了狀, 追付於狀啓陪人。□香陪吏崔彦鷗還京, 以李參判(廷立)令前弔狀付之。邊司書吏秦世倫等處了書, 亦付咸允春傳送 酉時以夕飯入衙, 仍審夫人氣候, 別無他候, 方食時, 病者起坐, 余意以爲尋常, 而老婢望見夫人曰: '氣色何如是耶?' 見之, 則氣息奄奄。問于審藥, 則曰痰也。余意以爲明是熱上氣塞也。卽用淸心 · 龍蘇, 和鷄子黃, 各數鍾子, 後又用月經水, 和鷄子黃一器, 用藥似少甦而順下, 猶寒甚。又用月經水, 得以退熱, 自初用淸蘇時, 出汗如流 沾濕二袂衣。到二更, 始爲言語, 放小便, 又少頃, 放大便 皆快。到三更, 始有生道, 入內房過夜。自停産之後, 不爲此病者, 幾十年, 而今復見之, 大槪血虛之致, 而終年勞瘁, 凍傷於石州, 而以母子之情, 心氣俱傷, 若不十分善攝, 豈非可慮之甚乎?(이날 도승지 및 주부 이총에게 보내는 편지를 장계를 가지고 가는 사람에게 부쳤다. 향을 가지고 온 서리 최언곤이 경성으로 돌아갔는데, 참판 이정립 영공에게 보내는 조문장을 부쳤다. 비변사 서리 진세륜 등에게 보내는 편지도 또한 함윤춘에게 부쳐서 전송하게 하였다. 유시에 저녁밥을 먹으러 내아에 들어갔다가 부인의 몸 상태를 살펴보니 달리 이렇다 할 다른 증세가 없었고, 식사할 때는 병자가 일어나 앉아서 나는 예사롭게 생각했지만, 늙은 여종이 부인을 멀리서 보고 말하기를, '기색이 어찌 이와 같단 말입니까?'라고 하는지라, 부인을 보니 숨이 곧 끊어지려 하였다. 심약에게 물어보니 담이라고 하였다. 내 생각에는 분명히 열기가 위로 치솟아 올라 숨이 막힌 것이다. 바로 청심환·용소환을 달걀 노른자위에 개어서 각각 몇 종지를 마시고 난 후에 또 월경수를 달걀 노른자위에 개어서 한 그릇을 마셨더니, 기운이 조금 소생해서 순조로이 넘어갔으나 아직 오한은 심하다. 또 월경수를 써서 열을 퇴치할 수가 있었는데, 처음 청심환·용소환을 복용할 때 땀을 물 흐르듯 흘러서 두 벌의 겹옷을 적셨다. 이경이 되자 비로소 말도 하고 소변도 보았는데, 또 잠시 뒤에 대변도 보니 모두 상쾌하였다. 삼경이 되자 비로소 살아날 것 같아서 안방으로 들어가 밤을 지냈다. 출산하기를 그친 뒤로 이러한 병을 앓지 않은 것이 거의 10년이었거늘, 지금 다시 살펴보건대 대개 허혈 탓으로 일년내내 피로하여 초췌하였고 석주에서 동상을 입은 데다가 모자의 정으로 심기가 모두 상했으니, 만약 잘 조리하지 않으면 어찌 크게 염려할 바가 아니겠는가.)"

6월 23일(병오). 흐렸다가 밤에 큰비. 초양동에 있음.

이날 아내의 병으로 인하여 근무하지 않았으나, 공사(公事: 관문서)·소지(所志: 청원서)는 받아서 처리하였고, 굶주린 백성 또한 이전처럼 구휼품을 나누어 주었다.

윤수(尹銖)의 편지를 받아 보건대, 정평 유생(定平儒生) 장응시(張應時) 등이 상소하여 감사가 머무르기를 바랐다고 하니, 해괴하였다.【상소문은 부록에 보인다.】

六月二十三日(丙午)。陰夜大雨。在初陽洞。

是日, 以妻病不坐, 而公事·所志, 則擇題, 飢民亦如前分賑。得尹銖書, 定平儒生張應時[266]等, 上疏願留云, 可駭可愧【疏辭見附錄】。

6월 24일(정미). 간혹 비 오다가 밤엔 계속 비.

이전처럼 근무하였다.

진시(辰時: 오전 8시 전후)에 장계(狀啓)를 가지고 갔던 사람으로 속량(贖良)된 홍원(洪原)의 김천세(金千世)가 행재소에서 돌아왔는데, 지도 및 군공에 관한 책을 모두 무사히 바쳤다고 하였다.

이날 어둠이 지자 김천세를 불러 보았는데, 천세가 말하기를, "좌상(左相) 댁의 노복이 먼저 도착하였으므로 상공(相公, 협주: 梧陰 尹

---

266 張應時(장응시, 1553~?): 본관은 蔚珍, 자는 公望. 거주지는 定平. 1605년 증광시에 급제하였다.

斗壽)이 먼저 우리 도(道)의 일을 그에게 묻고 나서 또 천세에게 묻기를, '본도(本道: 함경도)에서 당초에 의병을 일으키고 그 후에 왜적을 토벌한 일을 들을 수 있겠느냐?'라고 하였습니다. 천세가 답하기를, '소적(小的: 소인)은 매우 변변치 못하니, 그것을 어찌 제대로 알겠습니까? 대개 왕자들께서 당초에 갑산(甲山, 협주: 북도의 남쪽)으로 들어 가셨어야 하는데 북도(北道, 협주: 會寧을 가리킴)로 잘못 들어가셔서, 순찰사(巡察使: 윤탁연)는 설한(薛罕, 협주: 고개 이름으로 三水와 江界 두 고을의 지경에 있어서 서쪽의 요로와 통한다.)을 막아서 지키려 별해보(別害堡, 협주: 薛罕의 목구멍과 같은 관문)에 들어가 점거하여 의병들을 불러 모아서 대장에게 거느리고 진소(陣所)로 나가게 하였습니다. 순찰사가 다음 차례로 사수(沙水, 협주: 함흥의 마을 이름)에 출정(出征)하였는데, 그때그때 대응하는 일과 관련해 모두 상황에 적절하여 홍원(洪原)의 전투에서 또 대첩(大捷)을 거두었습니다. 적이 싸우러 나온 후에 북도(北道) 관아의 병사들은 한 명도 싸우러 나오지 않았으나 순찰사만 홀로 추격하였고, 그들이 가장 늦게 나와서는 이성(利城) 이남(以南)의 얼마 남지 않은 백성들이 전에 있던 소굴로 되돌아갈 때 가지고 가는 물건을 찾아내 빼앗은 것이 왜적의 소행과 같아서 남도의 백성들이 곤궁함은 이때 이르러 극심했습니다. 순찰사가 되돌아올 때부터 씨를 뿌려 농사짓도록 권면하였고, 굶주린 백성들에게 곡식을 풀어 꾸어주었고, 품관(品官)·군관(軍官)을 나누어 파견하여 쌀과 소금을 소와 말에 싣고 시골 거리를 드나들게 하였는데, 마치 어미 제비나 참새가 새끼를 키우듯 했던 까닭에 백성들이 굶어 죽어서 시체가 도랑이나 골짜기에 버려지는 것을 면했습니다. 작년에 서로(西路: 관서로 가는 길)를 막아 지키면서 북도(北道)의 백성을 잘 타이르고, 올해에 왜적을 추격하면서 군사와 백성들을 보호하고 구제하였으니, 모두 공적(功績)이 상등(上等)이었습니다. 북도의 백성들이 장차 순찰사가 승진해 조정에 갈 것을 두려워하였는데, 길에서 천만번 이치에 맞지 않는 일로 논핵(論劾)을 당했다는 소문을 들었습니다. 부인의 행차가 함흥(咸興)에 찾아왔을 때는 사태가 진정된 뒤여서 예를 갖추어 맞이할 수 있었는데도, 일행의 여주인은 모두 옷소매로 얼굴을 가리고 도보로 고개를 넘어서 말을 타고 임시거처에 들어왔습니다. 아침밥과 저녁밥 이바지하는 것을 모두 행차의 하인이 하도록 하였으니, 어찌 이처럼 개탄스러운 일이 있겠습니까?'라고 하니, 상공(相公: 윤두수)이 답하기를, '너의 말이 옳다. 모두가 그것이 사실이 아님을 알았는데, 너의 말을 들으니 과연 사실이로구나. 관아의 일을 이처럼 마음을 다해 행하였지만, 어찌 헐뜯는 자가 없었다고 하겠느냐?'라고 하였습니다." 라고 하였다. 이곳의 일은 비록 사사로이 나에게 말하라고 할지라도 어찌 능히 이처럼 자세할 수 있겠는가. 행조(行朝: 행재소)의 기별은 대부분 조보(朝報)에 기록된 것과 대개 같았다.

6월 8일 우상(右相: 우의정) 유홍(兪泓)의 서장(書狀)에 의하면, "중군대장(中軍大將) 조경(趙儆), 좌변 포도대장(左邊捕盜大將) 변양준(邊良俊), 우변 대장(右邊大將) 양사준(梁思俊: 梁士俊의 오기)이 도성을 지키는 것에 대한 명을 받드는 일로 5월 22일 아침 일찍 나아가 낙 참장(駱參將: 낙상지)을 뵈니, 참장이 말하기를, '이 나라는 전적으로 문장만 급선무로 삼았을 뿐, 무비(武備: 군사의 시설이나 장비)를 제대로 갖추어 놓는 것을 알지 못하여 오늘날의 변고가 있기에 이르렀소. 지난 일은 그만이지만, 성을 지키기 위한 대비는 지금 소홀할 수가 없소. 화기(火器: 화약을 사용하는 무기)를 수습하고 속히 철환(鐵丸: 탄환) 1만여 개를 준비하여서 성을 지키는 데 사용하면 좋겠소. 왜적은 때마침 바야흐로 부산(釜山)에 함께 모여서 방옥(房屋: 가옥)을 많이 지으니, 그들이 떠나가려는지 머무르는지는 멀리서 헤아릴 수가 없소. 이 나라에는 반역의 농간이 또한 어찌 반드시 없다고 보장할 수 있겠소? 공(公)들은 마음을 다하여 잘못되지 않도록 하오.' 했다."라고 하였다.

같은 날 민준(閔濬)의 서장(書狀)에 의하면, "순안어사(巡按御史) 및 포정사(布政使) 등이 때마침 모두 관전(寬典: 寬奠의 오기)에 주둔해 있는데, 포정사는 오늘 아침에 다시 요동(遼東)으로 향했다."라고 하였다.

전라 병사(全羅兵使)의 서장(書狀)에 의하면, "5월 7일 화령(化寧, 협주: 상주에 있는 고을 명칭)의 왜적 100여 명이 사람을 죽이며 재물을 약탈하다가 멀리서 우리의 군병을 보고 후퇴하여 돌아가는 참에 200여 리까지 진군하였으나 해가 저물어 본진으로 돌아왔습니다. 8일 왜적들이 화령 등지에서 들판을 온통 분탕질하여 신(臣)이 먼저 접전하자, 전 군수(前郡守) 선의문(宣義問)이 죽을 듯 힘껏 싸워서 활을 쏘아 맞힌 왜적이 부지기수였습니다. 왜적들은 신(臣)이 군사를 증강하는 것을 보고 후퇴하여 사라(沙羅) 골짜기의 풀숲 속에 주둔하였는데, 순변사(巡邊使)가 파수(把守)한 곳에서도 접전하여 사라 골짜기의 왜적을 물리쳐 후퇴하게 하였고, 선의문이 방어한 곳

및 신(臣)이 매복한 곳에 침범해왔으나 한동안 힘껏 싸워 적도(賊徒) 중에 화살을 맞은 자가 부지기수였습니다. 선봉의 적은 먼저 흩어 져 달아났으며, 뒤를 막던 왜적도 도망가 숲속에 숨었습니다. 아군 은 승세를 타서 왜적 6명의 머리를 베었고 잡물(雜物)도 아울러 탈 취하였습니다. 10일 상주(尙州) 왜적은 온 진중(陣中)이 물길 따라 내려왔는데, 나아갔다가 물러났다가 하며 접전하면서 갑옷을 입은 적의 괴수를 심광헌(沈光憲)·백기(白起) 등이 5리 내지 6리 남짓 추 격하여 활을 쏘아서 칼로 베어 죽였습니다. 11일 신(臣)이 병사들을 이끌고 달려 상주에 도착하니, 천병(天兵: 명나라 군대)이 이미 적의 보루(堡壘)에 들어가 있었습니다. 신(臣)과 순변사가 천장(天將: 명나 라 장수)을 보려고 단기(單騎)로 달려갔으나 파수꾼이 들이지 않았습 니다. 14일 내달려 개령(開寧)에 도착하니, 선산(善山)·인동(仁同)· 대구(大丘: 大邱) 등의 관아에 주둔해 있던 왜적 또한 이미 아래 지 역으로 달아났습니다. 즉시 방어사(防禦使) 고언백(高彦伯)·조방장 (助防將) 홍계남(洪季男)·경상도 우병사(慶尙道右兵使) 최경회(崔慶 會)·충청 병사(忠淸兵使) 황진(黃進) 등 및 본도(本道: 전라도) 조방장 이계정(李繼鄭)·의병장 임계영(任啓英)과 서로 의논하여 약속하길 적들이 가득한 곳인 창원(昌原)·김해(金海) 등의 고을로 내달려 나 아가기로 하였습니다."라고 하였다.

경상 좌수사(慶尙左水使) 이수일(李守一)의 서장(書狀)에 의하면, "울산 군수(蔚山郡守) 김태허(金太虛)의 치보(馳報: 급보)에서, '5월 3 일 각처에 주둔했던 왜적들이 태화(太和, 협주: 지명)의 진(陣)에 합류 했었는데, 절반 정도가 도로 돌아갔고 선박들도 또한 대부분 부산

(釜山)을 향해 돌아갔습니다. 9일 기장(機張)에서 부지기수의 왜적이 더 내려와 막사를 쳤는데, 그 왜적의 형세를 관찰하니 전혀 물러갈 이치가 없습니다.'라고 하였습니다.

동래(東萊) 조전장(助戰將) 김정서(金廷瑞)의 치보(馳報)에서, '동래에 주둔한 왜적의 형세를 탐지하니, 5월 4일 흉적(兇賊)이 도로에 가득하도록 아래 지역으로 내려왔고, 선박들도 10일에는 400여 척이 12일에는 해가 뜰 녘부터 해가 질 때까지 바다를 뒤덮으며 돌아갔습니다. 태화에 주둔한 왜적들은 수로와 육로를 통해 동래·기장을 수시로 왕래하였습니다. 18일 울산군(蔚山郡) 전탄(箭灘)의 광야(廣野: 너른 들판)에 언양(彦陽)에서 부지기수의 왜적들이 내려왔는데, 이전부터 주둔해 있던 왜적들과 서로 호응하여 분탕질하는 것이 변란 초보다도 배로 더하니 상고(相考)하라 하시지만, 아마도 왜적의 형세가 이와 같아도 천병(天兵: 명나라 군대)에게 내밀려 내려와 대세는 이미 해구(海口)로 후퇴한 것이니 다시 승승장구할 리가 절대로 없습니다. 생각건대 반드시 경성(京城)에서 내려온 왜적들이 양산(梁山) 등지에 가득 찼지만 먹을 것이 떨어져서 양식을 구할 것이니, 험준한 곳을 차지하여 군병을 매복해 있으면서 왜적의 우두머리가 섬으로 돌아가게 하는 계책을 갖추어 놓고 기다려야 하옵니다. 우리로서는 침략을 방어함에 조금이라도 느슨해서는 안 되는데, 병선(兵船: 전투선)은 낡아 쓸모가 없고 사선(私船: 개인 소유의 배)은 정비되어 있어도 몸체가 작아서 총통(銃筒)을 설치하기가 어렵습니다. 이러한 선박들은 비록 쓸모가 없을지라도 군대의 위용을 보이는데 또한 관련되니, 신(臣)이 우후(虞候) 김응충(金應忠: 全應忠의

오기) 및 각 진포(鎭浦)의 변장(邊將)들과 함께 이끌고서 바다로 나가
려던 차, 경주(慶州)의 화량포(禾梁浦)에 주둔하였습니다. 한편으로
는 정예군을 뽑고 신(臣)의 군관(軍官) 황세헌(黃世獻)을 장수로 임명
하여 울산(蔚山)에 주둔하고 있는 적을 돌격하거나 밤에 쳐부수기로
정하여 보냈습니다. 순찰사(巡察使) 한효순(韓孝純)·병사(兵使) 권응
수(權應銖)와 약속하는 것이었는데, 비변사(備邊司)에 계하(啓下)했
습니다.'하였습니다."라고 하였다.

　판윤(判尹)·공조판서(工曹判書)의 서장(書狀)에 의하면, "5월 류
대장(柳大將)이 수하 장관(手下將官) 척(戚) 아무개·유격(遊擊) 김(金)
아무개와 경성(京城)으로 출발하였습니다. 28일 제독(提督, 협주: 명
나라 장수로 성은 이씨, 이름은 여송, 호는 앙성(仰城)이다.)이 총병(總兵)
사대수(査大受)·참장(參將) 이여매(李如梅)·참장 시조경(施朝卿)·유
격 이여오(李如梧)·참장 허국충(許國忠) 등과 함께 출발했는데, 사
시(巳時: 오전 10시 전후)가 되어서 용안참(龍安站, 협주: 충주 소재)에
도착하여 점심을 먹은 뒤 내달려 무극역(無極驛)을 지나 바로 죽산
(竹山)으로 향하는 길에 경략(經略: 송응창)의 문서를 보고 말에서 내
려 손수 베끼고는 화패(火牌: 통행증)를 주어 유정(劉綖)·오유충(吳維
忠)·이령(李寧)·갈봉하(葛逢夏)·조승훈(祖承訓)·장응충(張應种)·방
시휘(方時輝) 등이 있는 곳으로 보냈는데, 그들의 군영(軍營)을 통합
하고 시기를 살펴서 왜적을 추격해 체포하도록 하였습니다. 이어서
통사(通事: 통역관) 등에게 말하기를, '배신(陪臣)은 군량이 부족해서
가 아니라 적의 세력이 워낙 대단하기 때문이라는 사실을 국왕에게
장계(狀啓)를 올려 알렸소?'라고 한 뒤, 전방(前方)으로 적진이 배치

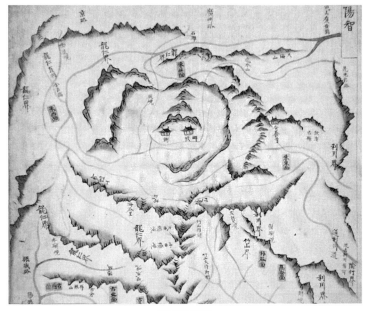

향교(양지리)

된 곳에 이르러 유숙(留宿)하였습니다. 공주(公州) 사람으로 전 참봉 (前參奉) 정진생(鄭晉生) 등 10여 명이 군사들을 호궤(犒饋)하려고 소 9마리·술 100동이·마른 어물·종이 묶음·부채 자루 등의 물건을 가지고 와서 사례(謝禮)의 뜻을 적은 단자(單子)를 올리니, 제독이 말하기를, '내게 무슨 공이 있겠소? 유생들이 이처럼 정성을 다하니 부끄러워 면구스럽소.'라고 한 뒤, 다만 종이 묶음과 술동이만 받아 서 군사들에게 나누어 주어 마시도록 하고 삼승청남포(三升靑藍布) 10필을 내주었습니다. 아침밥을 먹은 후에 출발하여 양지리(陽智里) 를 들어가지 않고 곧바로 용인(龍仁)에 도착하여 유숙하였습니다.

당일 동작진(銅雀津) 뒤편의 다리가 있는 곳에 강물이 불었는지라, 제독은 배를 타고 한강(漢江)을 건넜으며, 이끌고 와 주둔시켰던 10기(騎)는 남산(南山) 길을 거쳐서 미시(未時: 오후 2시 전후)가 되어서 경성(京城)에 들어왔습니다. 이 대장(李大將)·장 대장(張大將)은 그대로 충주(忠州)에 머물러 있으며 하루 이틀 간격으로 서로 이어서 출발하여 돌아올 생각이었는데, 비변사(備邊司)에 계하(啓下)했습니다.' 하였습니다."라고 하였다.

병조판서(兵曹判書) 이항복(李恒福)이 장계(狀啓)를 올려 아뢰기를, "신(臣)이 갑작스럽게 기용(起用)되어 국사를 담당하였고, 더구나 차지해서는 안 될 자리를 맡아 일찍이 한 번도 지모를 내거나 한가지 계책이라도 짜내어 나라에 도움을 준 적이 없습니다. 또한 제가 어리석고 보잘것없음을 알아 그 사이에서 감히 입을 열지도 못하였으나, 논공행상하는 한 가지 일에만은 직책이 병조판서에 있어서 처음부터 담당하였는데 문서가 눈이 어지러울 정도로 복잡하여 다른 사람은 방관만 하고 쉽게 시비를 가려내지 못하였습니다. 그래서 당상관 이상 및 규정 이외의 특별히 따로 정한 규례에 해당하는 논공행상을 제외하고 기타 응당 행해야 할 논공행상은 명목상으로 비록 서로 의논한다고 하지만 신(臣)이 실제로 혼자서 담당하여 전후가 똑같지 못하고 경중이 적의(適宜)함을 잃었습니다. 다른 일은 논할 것도 없고 단지 이 죄만 거론해도 이미 만 번 죽어 합당하나, 적세가 아직도 급하여 미처 자신의 죄상을 인정하지 못하였습니다. 삼가 하교(下敎, 협주: 앞의 비망기에서 논공행상이 공정치 못하다는 하교가 있었다.)를 보고 황공하기 그지없어 대죄하나이다."라고 하니, 답하기를, "대죄하지 말라."라고 하였다.

비변사(備邊司)에서 장계(狀啓)를 올려 아뢰기를, "삼가 접반사(接伴使) 김수(金睟)의 장계를 보니, 유 원외(劉員外: 劉黃裳)가 새로 임명한 중군(中軍) 장여익(張汝翼)은 품질 좋은 왜도(倭刀)를 간절히 요구하고, 찬획(贊劃: 유황상)은 품질 뛰어난 화문석(花紋席: 꽃무늬 돗자리)을 얻고 싶어 하는지라, 비밀교서를 통해 사정과 뜻을 통사정할 때 사용한 은냥(銀兩) 또한 내려보내도록 청하였습니다. 《동국통감(東國通鑑)》을 이미 차지했는데, 몇 편을 주지 않는 것이 이해관계에 도움이 되지 않은데다 《여지승람(輿地勝覽: 동국여지승람)》에 동래(東萊)가 기록되어 있는 권(卷)을 더욱이 보여주지 않아서 의아하게 여기는 마음을 키울 수는 없습니다."라고 하니, 답하기를, "아뢴 대로 하라. 동국통감은 우선 주지 말라."라고 하였다.

비변사에서 장계(狀啓)를 올려 아뢰기를, "삼가 안접사(安接使) 홍세공(洪世恭)의 장계를 보니, '남북도(南北道: 함경남북도)의 진보(鎭堡)가 피폐하지 않은 곳이 없는데, 토병(土兵: 토착병)들이 튼튼한 말을 얻어 위급할 때 쓰기를 원하니 허다한 병사들에게 비록 두루 주기가 어려울지라도, 그 가운데 날쌔고 활 잘 쏘는 사람을 가려 뽑아서 혹 활쏘기를 시험하여 우수한 자에게 상으로 주거나 토병 가운데 군공(軍功)이 있는 자를 요량하여 논공행상하는 것도 마땅합니다.' 라고 하였습니다. 그러나 전쟁터에서의 효용으로 말보다 중한 것이 없는 데다 빈한한 군졸들이 달리 구할 길이 없으니, 장계에 따라 시행해도 무방할 것입니다. 또한 웅이(熊耳)·종포(從浦)의 두 역참(驛站) 및 삼수군(三水郡)이 가장 텅 비어 있으니, 갑산(甲山)·혜산

(惠山) 두 곳의 복주(伏誅: 형벌을 받아 죽음.) 죄인(罪人)의 처자식과 노비들을 삼수군 및 두 역참에 보충하는 것을 해당 관청이 장계에 따라 시행하는 것이 어떠하겠습니까?"라고 하니, 답하기를, "아뢴 대로 하라."라고 하였다.

사헌부(司憲府)가 장계를 올려 아뢰기를, "청컨대 해조(該曹)로 하여금 이전에 내리신 사목(事目: 규정)을 따르되 그 가운데 미진한 것은 다시 상량하여 일정한 규칙을 세워 그간의 군공(軍功)을 모두 다시 마련하게 하소서."라고 하니, 답하기를, "그 분분함을 이루 헤아릴 수 없는 데다 인심이 기뻐하지 않아서 일의 체모에도 또한 방해될 것이다. 이제부터는 자세히 살펴서 시행함이 좋겠다. 또 한 가지 일이 있는데, 곡물을 바치거나 양식을 운반한 공로로 벼슬에 제수된 무리에게도 허위가 있어 조정의 기강이나 법도가 크게 문란해진 듯하다. 그간의 일도 다 말하기가 어려우나, 지금 말하던 끝이라서 아울러 언급하는 바이다."라고 하였다.

약방(藥房)에서 장계를 올려 아뢰기를, "동궁(東宮: 광해군)이 오랜 병고 끝에 거처가 비좁고 답답하니, 이를테면 증산(甑山: 평안도 소재)·강서(江西: 평안도 소재)에 청량한 가옥(家屋)이 많은 곳으로 미리 길일을 택하고 맑기를 기다려서 옮기는 것이 어떠하겠습니까?"라고 하니, 답하기를, "아뢴 대로 하라."라고 하겠다.

6월 12일 경상 좌감사(慶尙左監司) 한효순(韓孝純)의 서장(書狀)에 의하면, "5월 20일 서명을 하고 날인(捺印)한 여러 장수들의 치보(馳報: 급보)에, '18일 왜적들이 밀양(密陽)에서 내려와 동래(東萊) 이하로 갔지만, 본군(本郡)에 주둔하고 있는 왜적은 이전 그대로입니다.'

라고 했습니다. 울산(蔚山)의 제장(諸將)들이 21일 서명을 하고 날인
한 치보에, '19일 수많은 왜선(倭船)이 와서 서생포(西生浦)에 정박
했다.'라고 하니, 저들에게 포로가 되었다가 도망쳐 온 사람의 초사
(招辭: 심문서)를 보면 모두가 돌아가는 배들을 맞아주는 배들입니
다. 도사(都事) 김영남(金穎男)의 치보에, '동래(東萊)·부산(釜山) 등
지의 왜적들이 거의 다 돌아갔고, 신(臣)이 도로에 오가는 사람들을
통해 듣자니 동래 등의 왜적들은 죄다 바다를 건넜으며, 우리나라
사람으로서 포로가 되었다가 왜적의 모습으로 변장한 자들이 바닷
가에 버려져서 당황하여 갈 곳을 모른다고 운운한 것이었는데, 비
변사(備邊司)에 계하(啓下)했습니다.' 하였습니다."라고 하였다.

  승정원(承政院)에 전교하기를, "경략(經略: 송응창)이 부산(釜山)의
말【협주: 왜놈들은 조선이 일찍이 동래와 부산을 할양해준다고 했으므로 이
곳에 머무르고 가지 않겠다고 한 말.】을 가장 의심하고 또 자문(咨文:
외교문서)을 보내어 물어왔다. 이 지도는 함경도(咸鏡道)에서 보내왔
는데, 내가 보려고 그냥 두었지만 경략(經略)에게 보내려고 하니 비
변사에 물어보라."라고 했는데, 회계(回啓: 의논해 대답함)하여 말하
기를, "경상도 연해의 지도를 경략에게 보내어 그곳의 지형을 한
번 분명히 보도록 하는 것은 무방할 듯합니다. 곧 이 시각에 안주(安
州)로 나아가는 사람이 있으니, 지도를 보내 주는 것이 어떠하겠습
니까?"라고 하니, 답하기를, "아뢴 대로 하라."라고 하였다.

  비망기(備忘記)에 이르기를, "나는 조만간 세상을 떠날 사람이니
말을 하는 것은 이치에 맞지 않을 것이다. 평상시에 무비(武備: 군사
의 시설이나 장비)를 제대로 갖추어 놓을 마음이 있었으나, 아래에서

명을 받들어 행하지 않아 한갓 허사로 돌아갔으니 다시 무슨 말을 하겠는가? 그렇지만 단 하루라도 더 살면 당연히 그 하루의 책임을 다하여야 한다. 경성(京城)에 진주(進駐)하는 일은 전날에 좌상(左相: 좌의정 윤두수)과 대면하여 죄다 말해놓았거늘, 지금 사람들은 단지 왜적들이 퇴각한 것을 보고 오직 속히 진주해야 한다는 것만 알 뿐이니, 어찌 멀리 내다보는 생각이라도 가진 적이 있었겠는가? 내 생각으로는 나만 홀로 경성으로 달려가서 백성들의 여망을 수습하고, 종사(宗社: 종묘사직) · 삼궁(三宮: 의인왕후 박씨) · 세자(世子)는 우선 이곳에 머무르다가 천병(天兵: 명나라 군대)이 철수해 돌아가기를 기다려 즉시 들어가 평양성(平壤城)을 거점으로 삼아 백성들을 위무하여 굳게 지키며 경성에서 조치하는 계획들이 조금이라도 믿을 만하기를 기다린 뒤에 종묘사직을 받들어 전진하는 것이 만전(萬全)의 계책일 것이다. 옛날 태조(太祖: 왕건)는 평양을 근본으로 삼아 삼한(三韓)을 통합하였는데, 지금 국가가 서민(西民: 평안도 백성들)의 힘에 의지하여 오늘날이 있게 되었으니, 지금은 당연히 서도(西都: 평양)를 굳게 지키며 동남쪽의 변고를 관망해야 한다. 내가 스스로 장수가 되어 한도(漢都: 경성)를 지키려 하는데, 경(卿)들의 소견은 어떠한가?"라고 하니, 회계(回啓: 의논해 대답함)하여 말하기를, "오랫동안 머무를 큰 계책을 헤아리고 작정하신 것이 여러 신하의 생각을 뛰어넘는 것이어서 신(臣)들은 감격하여 눈물을 흘리지 않을 수 없습니다. 경성(京城)은 오랫동안 적의 소굴이 되어 시체가 쌓여 이리저리 서로 포개어져 있으니, 대가(大駕)가 진주하기에는 참으로 미안한 줄 알고 있습니다. 그러나 외로이 남겨진 백성들이 날마다 취

화(翠華: 大駕)를 바라고 있고, 산릉(山陵)의 일 또한 경영하여 처리
할 것이 많으니, 조정의 의논으로 굳이 청한 것은 실로 이러한 뜻에
서 나온 것입니다. 주상께서 속히 전진하고 삼궁(三宮)·저금(儲禁:
세자)께서는 형세를 보아가며 점차 진주하면 진실로 온당할 것입니
다. 주상께서 앞날의 위급한 때를 대비함이 지극하지 않은 것은 아
닙니다만, 아래에서 명을 받들어 행하지 않아 기강이 해이해져서
국사를 이 지경에 이르도록 한 것입니다. 모두가 신(臣)들이 나라를
저버린 형언할 수 없는 죄에 말미암은 것이니, 비록 만 번 죽임을
당해도 속죄하기가 어려우나 죽음을 무릅쓰고 감히 아룁니다."라고
하니, 답하기를, "아뢴 대로 하라. 아래에서 명을 받들어 행하지 않
았다고 말함은 평일의 일을 지적한 것이지 지금의 일만을 지적한
것이 아닌데, 경(卿)들이 과하도록 이처럼 말을 하니 실은 나의 본래
뜻이 아니며 매우 미안하다."라고 하였다.

사헌부(司憲府)가 장계를 올려 아뢰기를, "군공(軍功)의 등급을 논
하여 정함에 있어서 뒤죽박죽 일 처리가 균등하지 못한 것은 모두
유사(有司: 담당 관청)가 능히 자세히 살피지 못한 데서 말미암은 것
이지만, 이전과 나중의 규정이 달라 상격(賞格)이 같지 않은 데에
이르게 된 것은 사세의 완급에 따라 기준을 올리거나 내린 바가 있
었기 때문입니다.

변란이 일어난 초기에는 왜적 1명의 머리를 벤 자는 공사천(公私
賤)을 막론하고 모두 정과(正科: 문무과)를 허용하였으며, 왜적 2명
의 머리를 벤 자는 당상관(堂上官)을 주었으며, 3명의 머리를 벤 자
는 군(君)으로 봉(封)하고 녹훈(錄勳)하였는데, 이는 진실로 한때의

다급함을 구제하는 구실이지 행할 만한 도리가 아닌 까닭에 곧바로 폐지하였습니다.

평양(平壤)에 있을 적에 경성(京城)의 별시위(別侍衛)로 왜적 1명의 머리를 베어서 가져와 바친 자가 있어 즉시 동부 주부(東部主簿)를 제수하였으니, 그 이후로는 모두 참급(斬級)한 것으로 논공행상하였습니다. 그러나 이천(李薦)은 임진(臨津)의 전투나 평양(平壤)의 야간 기습공격에서 모두 출정해 있는 동안 몸을 돌보지 않고 돌격하여 힘을 가장 많이 쓴 자였는데, 주장(主將)의 보고에 따라 논공행상의 등급 차례를 정하였습니다. 또 순안(順安)의 진영(陣營)에서는 군중(軍中: 군대)에 경고하여 일절 참급(斬級)하지 못하도록 하되 다만 활을 쏘아 죽이도록 허락하여 사람의 신체를 상하는 일이 없게 하였고, 또한 이순신(李舜臣)이 한산도(閑山島)에서 대첩(大捷)을 거두었다는 보고가 있었습니다. 이에, 목을 베거나 활을 쏘아 죽이는 것을 위주로 삼지 않고 오로지 등급을 나누어서만 논공행상하였습니다.

그런데 소소한 적을 잡아 목 베는 경우는 화살을 쏘아 2명을 죽이든지 2명의 목을 베든지 모두 똑같이 먼저 논공행상했습니다. 그 후에 화살을 쏘아 적을 죽였다는 보고가 점차 허위로 판명되자, 왜적의 목을 벤 사람들은 원통하다고 일컫는 자가 많았습니다. 또 왜적 1명의 목을 베면 왜적 2명을 쏘아 죽인 것으로 하여 논공행상하였는데, 그 후에 또한 주상의 하교(下敎)로 인하여 사살한 공로는 논하지 않고 오로지 왜적의 머리를 벤 수로만 논공행상하였습니다. 이에, 제군(諸軍)들이 원통하다고 일컬은 서장(書狀)이 사방에서 올라오자, 대간(臺諫)이 그것을 논핵(論劾)하였습니다. 그래서 부득이

하게 조금씩 이전의 규정을 바꾸어서 왜적 4명을 쏘아 죽이면 1명의
목을 벤 것으로 인정했으니, 이것이 이전과 이후에서 규정을 늦추
었다 당겼다 한 변통의 대략입니다.

또 하나의 진(陣) 안에도 이름이 같은 자가 매우 많았고 심지어
하나의 □에도 이름이 같은 자가 부지기수였는데, 논공행상할 때는
단지 그 이름만 근거하여 사람과 이름이 부합하는지를 살피지도 않
으니 갑이 을의 상을 받았으며, 공적을 올릴 때는 간혹 역명(役名:
맡은 바의 역할 이름)을 쓰지 않아서 양반(兩班)·서얼(庶孼)·평민(平
民)·공사천(公私賤) 여부를 근거할 만한 증빙 자료가 없는 까닭에
다시 공문서를 보내어 서로 물어보는데 그 회답을 기다린 뒤에야
논공행상하였습니다. 그러나 본진(本陣)에서 보내오는 회신은 열에
하나가 도착하거나 끝내 회신해오지 않는 유례가 많았으니, 이로써
군공(軍功)이 있어도 상을 받지 못하는 자 또한 있었습니다.

또 열흘 내지 한 달 남짓의 기간에 하나의 진(陣)에서 공적을 올린
것이 두세 번이나 심지어 되니, 이전의 상도 미처 내리지도 않았는
데 이후의 공적이 잇따라 이르게 된 까닭에 오늘 면천(免賤)한 자가
그대로 문서에 천역(賤役)으로 기록되어 있고, 오늘 벼슬에 제수된
자가 또한 문서에 백신(白身: 벼슬하지 못한 자)으로 기록되어 있었습
니다. 이로부터 분간하여 더 논공행상하려고 해도 하나의 진(陣)에
이름이 같은 자가 매우 많으니, 앞에서 아뢴 바와 같이 갑이 을의
상을 받아서 요행의 문이 간혹 열리곤 합니다. 그래서 마지못해 그
보고한 까닭에 따라 천인(賤人)은 면천하고 벼슬이 없는 사람은 관
직을 제수하여 거듭 받는 것을 꺼리지 않게 하고서 사태가 진정되기

를 기다린 후에 정리하여 바로잡을 일이라고 이전에 이미 이러한 연유를 갖추어서 입계(入啓)해 시행하게 하였으니, 이것이 남상(濫賞: 지나친 상)이 거듭 베풀어진 이유입니다.

대개 논공행상하는 요체는 금은보화를 나누어주어 사람들이 기쁜 마음으로 따르도록 힘쓰면서 졸오(卒伍: 병졸)들이 분주한 공로를 갚는 것이니, 사태가 진정된 후에는 군공(軍功)의 서열을 정하여 상을 내리는 일을 일시에 마련해야 하는 까닭으로 비록 중첩되는 것 같을지라도 이전과 이후가 다르지 않을 것입니다. 지금 큰 변란을 당하여 한양 도성의 사방이 일시에 피폐하지 않은 곳이 없었으니, 관청이 저장하거나 개인이 비축해둔 것으로 하나도 믿을 만한 것이 없습니다. 그런데도 군공을 보고하느라 구름처럼 몰렸는데 상으로 줄 물건이 없으니, 상은 때를 넘기면 원망이 있기 마련이고 선비는 해이해지려는 마음이 있기 마련입니다. 그래서 그 가운데 뚜렷하게 공이 있는 자를 가려 먼저 논공행상하되 금은보화를 나누어주지 않고 벼슬로 상을 주며 그 완급에 따라 여러 번 그 규정을 고쳤으니, 지금 이른바 이전과 이후가 다르다고 하는 것도 또한 반드시 여기에 그 원인이 없다고 할 수는 없을 것입니다.

종전 의주(義州)에 있을 적에도 또한 생각이 이에 미쳤으므로 사태가 진정된 후에 각 도(道)에서 공을 세운 사람 가운데 사족(士族)·공사천(公私賤)을 막론하고 기록하여 문서 1질을 만들었습니다. 각기 그 이름의 밑에 그간 세운 공의 많고 적음, 이미 논공행상했는지 미처 논공행상하지 못했는지의 그 여부 등을 하나하나 기록한 것을 각기 그 주장(主將)에게 상세히 마련하여 임금에게 아뢰도록 이미 공문으로 내려보냈던 것은 사태가 진정되기를 기다렸다가 통틀어 합계하여 논공행상하는데 참작하려고 한 것입니다.

　지난번 함경감사(咸鏡監司) 윤탁연(尹卓然)이 군공(軍功)에 관한 책을 만들어 보낸 것은 이전과 이후의 순서가 극히 상세했었는데, 만약 이 규례에 의하면 아마도 크게 서로 모순되는 폐단이 없을 것입니다. 지금 이전의 일을 죄다 삭제하고 일신하여 다시 고친다면, 일이 소란스러울 뿐만 아니라 군공을 세운 사람들이 하나의 도(道), 하나의 진(陣), 한 전투에만 관계되는 것도 아니고, 하나의 도(道) 가운데서도 혁혁한 관군 외에 이를테면 소소한 의병들이 계속 이어서 목을 베거나 활을 쏘아 죽여 자질구레한 것이 모인 경우는, 각자가 아뢰게 되고 그 즉시 논공행상하면 금방 모였다가 금방 흩어져버리는 자가 부지기수일 것입니다. 문서가 일치하지 않고 참고할 만한 근거가 없어서 비록 다시 물으려고 해도 또한 이미 늦습니다. 설혹 다시 고쳐 정해도 공평하게 충분히 논공행상하는 효과를 볼 수가 없을 것입니다. 지금을 위한 계책은 이전에 보낸 공문서를 다시 상세하고도 철저하게 공문서로 보내어 재촉하는 것입니다. 각도에서 만든 군공(軍功)에 관한 책이 올라온 후에는 이미 상을 받은 자가 비록 약간 초과한 듯하더라도 일체 다시 고치기가 어렵고, 심지어 군공이 있는데도 상을 받지 못한 자는 같은 규례로 논공행상해야 합니다. 그 가운데 유난히 군공이 적은데도 외람되이 상을 받은 자는 여러 사람이 모두 아는 몇 사람을 끄집어내어 대략 교정(校定)하게 한다면, 이는 당초에 공문서를 보내도록 계청(啓請)한 본래의 뜻이며, 또한 대간(臺諫)이 올린 계사(啓辭)의 뜻에서 벗어나지 않을

것입니다. 감히 아뢰나이다."라고 하니, 답하기를, "알았다."라고
하였다.

6월 13일 예조(禮曹)에 전교하기를, "속히 날을 잡아 진주하도록
하라."라고 하니, 19일 또는 24일로 입계(入啓)하였는데, 전교하기
를, "진주(進駐)하는 일을 곰곰이 생각해 보니, 동궁(東宮)은 장차
강서(江西)로 옮겨야 하고 내전(內殿)은 이 고을에 남겨둘 수가 없어
당연히 함께 해주(海州)로 진주해야 할 것이다. 대개 동궁이 요즈음
전번의 증세가 다시 일어나고 있으니, 내가 멀리 떨어져 있기가 어
렵다. 더구나 시절이 한창 무덥고 비오는 시기라서 중도에 만약 큰
비를 만나면 종묘사직을 받드는 것 또한 미안하고 낭패한 일이 생길
까 두려우니, 차라리 우선 그대로 머무르는 것이 더 나을 것이다."
라고 하였다. 비변사(備邊司)가 장계(狀啓)를 올려 아뢰기를, "이곳
은 전염성 열병이 치성하여 비단 하인 중에 서로 사망자가 끊이지
않을 뿐만 아니라 조정의 벼슬아치들도 전염된 자가 많으니, 신(臣)
들은 지극히 답답하고 염려스럽습니다. 전날에 진주하기를 청한 것
도 또한 이러한 뜻이 있었습니다만 감히 분명하게 말하지 못하였사
온데, 택일한 후에는 진실로 삼궁(三宮: 왕비)께도 청하여 모두 옮기
도록 하소서. 동궁의 병은 전적으로 담상(痰傷: 위장병)에서 나온 것
으로 원래 증상이 중하지 않았습니다. 다른 곳으로 옮겨서 안정을
위주로 조리하고 치료하면 약을 쓰지 않아도 회복할 수 있습니다.
동궁은 이전에 정한 바를 따라 강서(江西)로 향하고, 삼궁(三宮) 또
한 해주(海州)로 옮겨 머무르며, 대가(大駕)는 해주에서 곧바로 경성
(京城)으로 향하는 것이 편리하고 합당할 듯합니다. 신들의 간절한

마음을 감히 죄다 아뢰지 않을 수 없었으므로 황공하여 감히 여쭙니다."라고 하니, 답하기를, "그렇다면 종묘와 사직은 강서로 가는가? 해주로 가는가?"라고 하였다. 회계(回啓: 의논해 대답함)하기를, "해주에 봉안(奉安)함이 마땅합니다."라고 하니, 전교하기를, "아뢴 대로 하라. 19일에 진주하는 것이 좋겠다."라고 하였다.

六月二十四日(丁未)。 或雨夜連雨。

坐起如前。 辰時, 狀啓陪人, 洪原免賤金千世, 回自行在, 地圖及軍功成冊, 皆無事入納云。 是日昏時, 招見千世, ◇[267] 千世言: "左相宅奴先到, 故相公【梧陰尹斗壽】先問此道之事, 而又問於千世, 曰: '本道, 當初起兵及厥後討賊之事, 可得聞歟?' 千世答曰: '小的劣甚, 何以知之, 大槩王子, 當初入甲山【北道之南】, 而誤入北道【指會寧也】, 巡察使以防守薛罕【嶺名, 三水·江界, 兩邑地境, 通西要路也。】事, 入據別害堡【薛罕咽喉】, 召募義士, 使大將領出陣所。 巡察使, 以次出陣沙水【咸興村名】, 凡干策應, 動中機宜, 洪原之戰, 又得大捷。 賊出之後, 北官之兵, 無一出來, 而巡察使獨爲追擊, ◇[268] 而最晚出來, 利城以南, 孑遺[269]之民, 還入舊巢之時, 探取所賚之物, 有同倭賊, 南民之困, 到此亦極。 巡察使, 自回程時, 勸課[270]農種, 賑貸[271]飢餓, 分遣品官·軍官, 駄載[272]米鹽,

---

267 "問行朝奇別, 則凡奇, 與朝報所錄, 大槩一樣。(행조의 기별을 물으니 모든 소식이 조보에 기록된 것과 대개 마찬가지였다.)"

268 "至于安邊, 追擊所得, 亦至數百 北軍則非但不爲追擊。(안변에 이르러서 추격하여 얻은 것이 수백에 이르렀지만, 북군은 추격하지도 않았을 뿐만 아니라.)"

269 孑遺(혈유): 약간의 나머지.

出入村巷, 如燕雀乳雛, 故民免溝壑[273]。上年之防守西路, 開諭北民, 今年之追擊賊倭, 護恤軍民, 皆是上功。北民, 將恐陞遷赴朝, 而路聞以千萬理無之事, 被論云。夫人行次, 來赴咸興之時, 則事定之後, 可以具禮迎奉, 而一行女主, 皆以衣袖遮面, 徒步踰嶺, 乘馬入來下處。朝夕供奉, 皆令行次下人爲之, 安有如此痛慨之事乎?' 相公答曰: '汝言是矣。自皆知其不實, 而聞汝言, 果然。官事如是, 盡心爲之, 則豈無毀之者耶?'云矣。" 此地之事, 雖使私我者言之, 豈能如是詳悉也? 行朝奇別, 則凡奇與朝報所錄, 大槩一樣。六月初八日, 右相兪泓書狀, 中軍大將趙儆[274], 左邊捕盜大將邊良俊[275], 右邊大將梁思俊[276], 以守城稟命事[277], 五月

---

270 勸課(권과): 일을 맡기거나 권장하는 것.

271 賑貸(진대): 재난이나 흉년든 해에 나라의 곡식을 풀어서 어려운 백성에게 꾸어 주던 일.

272 馱載(태재): 소와 말에 실음.

273 溝壑(구학): 죽어서 자신의 시체가 도랑이나 골짜기에 버림받는 일.

274 趙儆(조경, 1541~1609): 본관은 豊壤, 자는 士敬. 무과에 급제하여, 선전관·제주 목사를 거쳐, 1591년 강계 부사로 있을 때 그곳에 유배되어 온 鄭澈을 우대하였다는 이유로 파직되었다. 이듬해 임진왜란이 일어나자 경상우도 방어사가 되어 황간·추풍 등지에서 싸웠으나 패배, 이어 金山에서 왜적을 물리치다 부상을 입었다. 그해 겨울 수원 부사로 적에게 포위된 禿山城의 權慄을 응원, 이듬해 도원수 권율과 함께 행주산성에서 대첩을 거두었다. 행주산성에서의 승리로 한양을 탈환할 수 있었고, 都城西都捕盜大將으로 임명되었고, 1594년 훈련대장이 되었다. 그 뒤 동지중추부사·함경북도 병사·훈련원 도정·한성부판윤을 거쳐 1599년 충청 병사·회령 부사를 지냈으며, 1604년 宣武功臣 3등에 책봉되고 豊壤君에 봉해졌다.

275 邊良俊(변양준, 생몰년 미상): 1592년 임진왜란 당시 水使. 그는 충청도 관찰사 겸 순찰사 尹先覺과 함께 稷山 부근에 매복해 있다가 일본군의 진격을 막았다.

二十二日早朝, 進謁于駱參將, 參將曰: ‘本國, 全以文字爲務, 不知克詰[278]武備, 致有今日之變。往者已矣, 守城之備, 今不可忽。收拾火器, 速備鐵丸萬餘筒[279], 以爲守城之用, 可也。倭賊, 時方團聚釜山, 多造房屋, 其去留, 未可遙度。本國, 潢池之弄[280], 亦安保其必無? 公等盡心, 無致違誤。’同日閔濬[281]書狀內, “巡按御

1593년 宋儒眞이 반란을 일으켜 지리산과 계룡산 일대에서 곡물창고 등을 습격하여 탈취하자, 宣祖는 충청도 병마절도사였던 그에게 토벌을 명하였고, 순변사 李鎰과 함께 禁軍을 이끌고 가 송유진을 체포하였다.

276 梁思俊(양사준): 梁士俊(생몰년 미상)의 오기. 본관은 南原, 자는 興淑. 富寧府使를 지냈고, 임진왜란이 일어났을 때 8월 1일 경상도 우병사에 임명되었다가 9월 1일에 파직되었다.

277 《선조실록》 1593년 5월 24일 4번째 기사임.

278 克詰(극힐): 武備를 갖춤. 《書經》〈周書·立政〉의 “능히 당신의 戎服과 병기를 다스려서 우왕의 옛 자취에 올라 사방으로 천하에 행해서 해외에 이르기까지 복종하지 않는 자가 없게 하시어, 文王의 밝은 빛을 보고 武王의 큰 功烈을 드날리소서.(其克詰爾戎兵, 以陟禹之迹, 方行天下, 至于海表, 罔有不服, 以覲文王之耿光, 以揚武王之大烈.)”에서 나오는 말이다.

279 筒(통): 筩의 오기.

280 潢池之弄(황지의 농): 반역의 농간. 《漢書》〈龔遂傳〉에, “瀕海는 동떨어져서 聖化가 미치지 못하여, 그곳의 백성들이 飢寒에 지쳤으나 관원이 구제하지 아니하므로, 폐하의 백성이 폐하의 무기를 潢池에서 우롱하고 있습니다.”라고 한 데서 나온 말이다.

281 閔濬(민준, 1532~1614): 본관은 驪興, 자는 中源·仲深, 호는 菊隱. 1561년 사마시에 합격하여 진사가 되고, 1576년 식년 문과에 급제하였다. 그해 史官으로 등용되고, 1591년 병조참의가 되었다. 1592년 임진왜란이 일어나 조정이 북으로 播遷하자, 임금을 의주까지 扈從하였다. 그해 좌부승지가 되었다. 조정이 도성으로 돌아온 뒤, 1593년 호조참의가 되고, 이듬해인 1594년 병조참의의 중임을 맡아 전쟁 수행에 많은 공을 세웠다. 1595년 외직인 安邊府使로 나갔다가, 1599년 한성부 좌윤이 되었다. 곧 判決事가 되어 관기를 바로잡는데 솔선수범하였다.

史及布政使等, 時皆留駐寬典[282], 布政則今朝還向遼東."云。全
羅兵使書狀, "五月初七日, 化寧【尙州邑號】倭賊百餘名, 殺掠人
貨, 望見軍兵, 退還之除[283], 進至二百餘里, 日暮還陣。初八日,
化寧等處, 遍野焚蕩, 臣先爲接戰, 前郡守宣義問[284], 垂死力戰,
射中不知其數。賊見臣添兵, 退屯於沙羅谷草林中, 巡邊使把守
處, 亦爲接戰, 退北沙羅之賊, 宣義問所防處及臣埋伏處衝犯, 逾
時力戰, (賊)徒中箭者, 不知其數。先鋒之賊, 爲先散遁, 捍後之
賊, 竄伏林藪。我軍乘勝, 斬馘六級, 雜物並奪。初十日, 尙州之
賊, 擧陣流下, 進退接戰, 着甲魁賊, 沈光憲[285]・白起等, 追至五
六里, 射斬。十一日, 臣領兵, 馳到尙州, 則天兵已入賊壘。臣與
巡邊使, 欲見天將, 單騎馳進, 則把守不納。十四日, 馳到開
寧[286], 善山・仁同[287]・大丘等官, 留屯之賊, 亦已遁下。卽與防御
使高彦伯・助防將洪季男[288]・慶尙道右兵使崔慶會[289]・忠淸兵使

---

282 寬典(관전): 寬奠의 오기. 압록강 건너편 명나라 지역의 지명.

283 除(제): 際의 오기.

284 宣義問(선의문, 1548~?): 본관은 寶城, 자는 汝晦. 1585년 식년시 무과에 급제
하고, 대구 도호부사를 역임하였다. 임진왜란 때 의병장 崔慶會의 副將으로 활
약하였다.

285 沈光憲(심광헌, 생몰년 미상): 본관은 靑松, 자는 彦章. 1592년 임진왜란 때
訓練主簿로서 宋大贇을 따라 공을 세워 宣武原從功臣에 錄選되었고 金海府使
였다.

286 開寧(개령): 경상북도 金泉市 북동부에 있는 고을.

287 仁同(인동): 경상북도 구미시 동부 지역에 있는 고을.

288 洪季男(홍계남, 1563~1597): 본관은 남양(南陽). 수원 출생. 용력이 뛰어나고
말달리기・활쏘기를 잘하여 禁軍에 소속되었다. 1590년 일본에 파견되는 통신

黃進²⁹⁰等, 及本道助防將李繼鄭²⁹¹·義兵將任啓英²⁹², 相議約束,

사의 군관으로 선발되어 黃允吉·金誠一 일행을 따라 일본에 들어갔다가 이듬
해 돌아왔다. 관직으로는 경기도·충청·경상도 조방장, 수원판관·영천 군수 등
을 지냈다. 1592년 임진왜란이 일어나자 아버지를 따라 안성에서 의병을 일으켜
인근의 여러 고을로 전전하며 전공을 세워 僉知로 승진되었다. 전라·경상도 지
역으로 진출하여 李蘋·宣居怡·宋大斌 등과 함께 운봉·남원·진주·구례·경주
등지로 전전하며 전공을 세웠다. 그 뒤 1596년에는 李夢鶴의 반란을 평정하는
데 공을 세우기도 하였다.

289 崔慶會(최경회, 1532~1593): 본관은 海州, 자는 善遇, 호는 三溪·日休堂. 전
라남도 陵州 출신이다. 1561년 進士가 되고, 1567년 式年文科에 급제, 寧海郡
守가 되었다. 1592년 임진왜란 때 의병장이 되어 錦山·茂州 등지에서 왜병과
싸워 크게 전공을 세워 이듬해 경상우도 兵馬節度使에 승진했다. 그해 6월 제2
차 晉州城 싸움에서 9주야를 싸우다 전사했다.

290 黃進(황진, 1550~1593): 본관은 長水, 자는 明甫, 호는 蛾述堂. 1576년 무과에
급제, 선전관을 거쳐 1591년 조선통신사 黃允吉을 따라 일본에 다녀와 미구에
일본이 來侵할 것을 예언하였다. 1592년 임진왜란이 일어나자 同福 현감으로
勤王兵을 이끌고 북상하여 龍仁에서 패전하고 이어 鎭安에서 왜적의 선봉장을
사살한 뒤 적군을 安德院에서 격퇴하고, 훈련원 判官이 되어 梨峙전투에서 적을
무찔렀다. 그 공으로 益山 군수 겸 충청도 助防將에 오르고, 절도사 宣居怡를
따라 水原에서 싸웠다. 이듬해 충청도 병마절도사에 승진하여 패퇴하는 적을
추격, 尙州에 이르는 동안 連勝을 거두고, 적의 대군이 晉州城을 공략하자 倡義
使 金千鎰, 절도사 崔慶會와 함께 성중에 들어가 9일 동안 혈전 끝에 전사하였다.

291 李繼鄭(이계정, 1539~1595): 본관은 原州, 자는 景胤. 전남 영암 출신. 1570년
무과에 급제하고 1576년 중시에 합격하였다. 1592년 임진왜란 때 곽재우 등과
함께 진주성을 공격해 온 왜군을 격퇴하였으며, 湅關兵馬節都使로 곤양 군수를
겸직하며 무주, 남원으로 쳐들어오는 왜군을 방어했다. 이후 충정도 수군절도사
에 임명되었고, 1595년 李舜臣 장군과 연합하여 한산 앞바다에서 왜군을 맞아
싸우다 격전 중에 전사하였다.

292 任啓英(임계영, 1528~1597): 본관은 長興, 자는 弘甫, 호는 三島. 1576년 별시
문과에 급제하여 진보 현감을 지냈다. 1592년 임진왜란 때 전 현감 朴光前, 능성
현령 金益福, 진사 文緯 등과 보성에서 의병을 일으켰다. 당시 와병 중이던 박광
전 대신 의병장으로 추대되고, 순천에 이르러 張潤을 부장으로 삼았다. 다시

賊勢彌漫處, 昌原[293]·金海[294]等官, 馳進."云。慶尙左水使李守
一[295]書狀, "蔚山郡守金太虛[296]馳報內, '五月初三日, 各處屯賊,
合陣太和【地名】, 爲半還歸, 船隻亦多還向釜山。初九日, 自機
張[297]不知其數, (加來)◇[298]結幕, 觀其賊勢, 頓無退還之理.'云。

남원에 이르기까지 1,000여 명을 모집하여 전라좌도 의병장이 되었다. 전라우도 의병장 崔慶會와 함께 장수·거창·합천·성주·개령 등지에서 일본군을 무찔렀다. 1593년 제2차 진주성 싸움에 그는 부장 장윤에게 정예군 300명을 이끌고 먼저 성에 들어가게 하고, 자신은 밖에서 곡식과 무기를 조달하다가 적이 이미 성을 포위하였으므로 성에 들어가지 못하였다.

293 昌原(창원): 경상남도 중부 남단에 있는 고을.

294 金海(김해): 경상남도 동남부에 있는 고을.

295 李守一(이수일, 1554~1632): 본관은 慶州, 자는 季純, 호는 隱庵. 충주 출신. 1583년 무과에 급제, 훈련원의 벼슬을 거쳐 1586년 小農堡權管이 되었다가 남병사 申恪의 막하로 들어갔다. 1590년 선전관이 되고, 이듬해 장기 현감으로 발탁되었다. 1592년 임진왜란이 일어나자 의병을 일으켜 분전했으나 예천·용궁에서 패전하였다. 이듬해 밀양 부사로 승진, 이어 경상좌도 수군절도사에 발탁되고 왜적을 격퇴한 공으로 가선대부에 올랐다. 그 뒤 회령 부사에 이어 1597년 나주 목사에 임명되었으나 부임하지 않았다. 정유재란이 일어나자 지역의 중요성을 감안한 도체찰사 李元翼의 요청으로 성주 목사가 되었으나 명령을 어겨 杖刑을 받고 종군하였다. 1599년 북도 방어사가 되었다가 곧 북도 병마절도사로 자리를 옮겼다.

296 金太虛(김태허, 1555~1620): 본관은 廣州, 자는 汝寶, 호는 博淵亭. 1580년 무과에 급제, 玉浦萬戶가 되었다. 1592년 임진왜란 때 밀양성이 함락된 뒤 밀양 부사로 임명되어 분전하였다. 이어 울산 군수로 전임되고, 울산성 전투에서 都元帥 權慄을 도와 큰 전공을 세워 당상관에 올랐다. 1599년 성주 목사를 거쳐, 경상우도 병마절도사가 되었다.

297 機張(기장): 부산광역시 북동부에 있는 고을.

298 "太和越邊結陣, 又於本郡城內, 不知其數.(태화강 건너편에 진을 쳤고, 또 본군 성내에도 쳤는데 그 수를 알 수가 없었다.)"

◇²⁹⁹ 東萊助戰將金廷瑞³⁰⁰馳報內, '東萊賊勢探審, 則五月初四
日, 匈賊道路彌滿下來, 船隻則初十日, 四百餘隻, 十二日, 平
明³⁰¹至日沒時, 蔽海入歸。太和屯賊, 則東萊·機張, 水陸往來無
常。十八日, 同(郡)箭灘³⁰²廣野, 自彦陽³⁰³不知其數下來, 如³⁰⁴前
留屯之賊, 相應焚蕩, 倍變初, 相考【爲白乎矣³⁰⁵】, 必也賊勢如此
【爲白良置³⁰⁶】, 天兵所驅, 大勢已退(於)海口, 萬無更爲長驅之理。
想必自京下來賊, 盈滿梁山³⁰⁷等處, 絶食求粮, 兼爲據險伏兵, 以
待魁酋還島之計【是白齊³⁰⁸】。在我待變, 不可少緩, 而兵船腐朽,
私船整齊而體少難設銃筒。此等船隻, 雖不用, 而觀兵³⁰⁹亦關,
臣與虞候金應忠³¹⁰及各鎭浦邊將, 率領下海次, 慶州³¹¹禾梁浦留

---

299 "蔚山郡守金太虛.(울산 군수 김태허)"

300 金廷瑞(김정서, 생몰년 미상): 본관은 江陵, 호는 栢翠. 아버지는 진사 金希雨
　　이다. 1592년 임진왜란 때 의병장이 되어 동래성 전투를 비롯하여 郭再祐가 이
　　끄는 화왕산성 전투에서 활약하였다.

301 平明(평명): 해가 뜨기 시작하는 때.

302 箭灘(전탄): 울산광역시 울주군 온산읍 德新里. 전탄이란 화살처럼 빠른 냇물이
　　즉 급류가 소용돌이치는 강이 있어서 新野箭灘이라 하기도 하였다.

303 彦陽(언양): 울산광역시 울주군 언양읍 지역의 옛 지명. 동쪽은 범서읍, 서쪽은
　　상북면, 북쪽은 두동면·두서면, 남쪽은 삼남면과 접한다.

304 如(여): 與의 오기.

305 爲白乎矣(위백호의): 이두 표기. ~라 하시지만. ~라 하시더라도.

306 爲白良置(위백양치): 이두 표기. 하와도.

307 梁山(양산): 경상남도 동북부에 있는 고을. 북동쪽은 울산광역시, 남동쪽은 부
　　산광역시 기장군과 금정구, 남서쪽은 김해시, 북서쪽은 밀양시와 접한다.

308 是白齊(시백제): 이두 표기. 이옵니다.

309 觀兵(관병): 군대를 정렬하고 그 위용과 사기, 훈련 상태 따위를 검열함.

駐。一邊精銳軍抄擇, 臣軍官黃世獻定將, 蔚山³¹²屯賊, 或突擊,
或夜斫事定送。與巡察使韓孝純³¹³ · 兵使權應銖³¹⁴約束事, 啓下

---

310 金應忠(김응충): 全應忠(1545~?)의 오기. 본관은 玉山, 자는 元汝, 호는 雲溪.
    지금의 울산광역시 울주군 온양읍 남창리에서 태어났다. 1592년 4월 임진왜란
    이 일어나자 오촌 조카 전영, 全玠와 함께 의병을 일으켰는데, 울산과 경주를
    비롯한 영남 지역 의병들이 모여 결의하였던 문천회맹에 참여하였다. 또 9월에
    는 밀양 부사를 지냈던 金太虛가 임시 울산 군수가 되었을 때, 朴弘春이 서면장
    이 되어 동래 쪽의 왜적을 막고 전응충이 남면장이 되어 양산과 기장 쪽에서
    침입하는 적을 막았다. 이듬해인 1593년에는 울산 태화강 하류에 위치한 구강의
    반구정에서 영남 지역 의병장들과 모여 결전을 결의했던 鷗江會盟에 참여하였
    다. 1597년 정유재란이 발생하자 창녕에서 郭再祐가 주도한 화왕산성 회맹에도
    참여하였다.
311 慶州(경주): 경상북도 남동단에 있는 고을. 북동쪽은 포항시, 서쪽은 영천시 ·
    청도군, 남쪽은 울산광역시 울주군, 동쪽은 동해에 면한다.
312 蔚山(울산): 경상남도 북동단에 있는 고을. 동쪽은 동해에 면하며, 서쪽은 경북
    청도군과 밀양시 · 양산시, 남쪽은 부산 기장군, 북쪽은 경북 경주시와 접한다.
313 韓孝純(한효순, 1543~1621): 본관은 淸州, 자는 勉叔, 호는 月灘. 1576년 식년
    문과 급제, 검열 · 수찬을 거쳐 1584년 寧海府使에 임명되었다. 1592년 임진왜란
    이 일어나자 8월 영해에서 왜군을 격파하고 경상좌도 관찰사에 승진, 순찰사를
    겸임해 동해안 지역을 방비하며 군량 조달에 공을 세웠다. 1594년 병조참판,
    1596년 경상도 · 전라도 · 충청도의 體察副使가 되었다. 그 해 閑山島武科에 試
    官으로 참여하고, 통제사 李舜臣과 함께 수군강화에 힘썼다. 그 뒤 지중추부사
    가 되었다가 남해 지역의 도순찰사로 해상군비 강화에 계속 노력하였다. 1598년
    전라도 관찰사로서 병마수군절도사를 겸하였다. 이듬해 전라 좌수사 이순신 막
    하의 戰船監造軍官으로 있으면서 거북선 건조에 공이 많았던 羅大用의 건의를
    받아들여 거북선 모양의 소형 무장선인 鎗船 25척을 건조하도록 하였다. 1604
    년 이조판서에 이르렀다. 다음해 평안도 관찰사 · 판중추부사 등을 거쳐, 1606년
    우찬성 · 판돈녕부사 등을 역임하였다. 1610년 다시 이조판서를 역임한 뒤, 1616
    년 우의정을 거쳐 좌의정에 올랐다.
314 權應銖(권응수, 1546~1608): 본관은 安東, 자는 仲平, 호는 白雲齋. 경상북도
    영천 신녕 출신. 아버지는 權德臣이다. 1583년 별시무과에 급제, 修義副尉權知

備邊司。◇³¹⁵ 判尹·工曹判書書狀, "五月, 柳大將, 與手下將官

를 거쳐 訓鍊院副奉事로서 의주 용만을 지켰으며, 그 뒤 경상좌수사 朴泓의
막하에 있다가 1592년 임진왜란이 일어나자 고향에 돌아가 의병을 모집하여 궐
기했다. 이 해 5월부터 활동을 전개해 여러 곳에서 전과를 올리고, 6월에 경상좌
도병마절도사 朴晉의 휘하에 들어갔다가 7월에 각 고을의 의병장을 규합해 의병
대장이 되었다. 이 무렵 영천에 있던 적군은 신녕·안동에 있던 적군과 연락하면
서 약탈을 일삼고 있었기 때문에, 이를 공격할 계획을 세우고 7월 14일 적을
朴淵에서 치고, 22일에는 召溪·沙川까지 추격해 격파했다. 한편 이날 군세를
정비하고 영천성 공격을 위해 선봉장에 洪天賚, 左摠을 申海, 右摠을 崔文柄,
中摠을 鄭大任, 別將을 金潤國으로 삼았다. 25일 군사를 동원해 공격을 시작하
고 26일에는 결사대원 500명을 뽑아 적진으로 돌격해 크게 격파했다. 다음 날에
는 火攻으로 대승, 영천성을 수복했다. 그 뒤 신녕·의흥·의성·안동의 적은 모
두 한 곳에 모였고, 영천의 적은 경주로 후퇴하였다. 그 공으로 경상좌도병마절
도사우후가 되었다. 그 뒤 좌병사 박진의 휘하에 들어가 8월 20일 제2차 경주탈
환전의 선봉으로 참가했으나 패전했다. 12월에는 좌도조방장으로 승진했다.
1593년 2월에는 순찰사 韓孝純과 함께 7군의 군사를 합세해 문경 唐橋에서 적
을 대파하고, 25일에는 山陽塔前에서 적병 100여 명의 목을 베는 등 큰 전과를
올렸다. 이어 좌도병마절도사가 되었다. 4월에 안동의 慕恩樓 밑에서 적을 크게
격파한 다음 九潭까지 추격해 적 100여 명을 사살했고, 7월에는 밀양의 적을
격파했다. 9월에는 좌도방어사로 특진되었다. 1594년 정월에는 경상도병마좌별
장이 되고, 4월에는 黃龍寺 부근에서 적을 격파했다. 7월에는 충청도방어사를
겸직하고 李思命의 군사를 대신 거느리고 은진현감 李穀과 함께 倉巖에서 가토
[加藤淸正]군을 대파했다. 1595년 정월에는 경상좌도방어사를 겸했고, 4월에는
兄江에서 적을 대파했다. 1597년 9월 정유재란 때 관찰사 李用淳, 병마절도사
金應瑞와 같이 달성까지 추격했다. 11월에는 왕명으로 명나라의 副總兵 解生을
따라 함경·강원 兩路의 병을 거느렸다. 經理인 楊鎬와 麻貴를 따라 1·2차 울산
전투에 참가했다.

315 "經略·兵部, 曉諭三營將士, 今後只留劉綎·吳惟忠·駱尙志, 各所統兵馬于尙
州·鳥嶺, 各其要害處屯箚, 其餘大兵, 聽提督撤回分布, 休息防守, 俱候釜山
倭奴下海歸國, 題請撤放, 毋違.(경략·병부가 삼영의 장사에게 효유하였으니,
지금부터는 다만 유정·오유충·낙상지만 남아 각각 통솔하고 있는 병마를 거느
리고 상주·조령 등 각 요해지에 주둔하게 하고 나머지 대병은 제독을 따라 철수

戚某·游擊金某等, 發向京城。二十八日, 提督【明將, 姓李, 名如
松, 號仰城.】, 與查摠兵大受[316]·李參將如梅[317]·施參將朝卿[318]·李
游擊如梧[319]·許參將國忠等, 發行, 巳時到龍安站[320]【忠州】, 點心,
馳過無極驛[321], 直向竹山[322]路, 見經略文書, 下馬手寫, 火牌[323]馳
送于劉綎·吳維忠·李寧·葛逢夏[324]·祖承訓[325]·張應种·方時輝

하여 나누어 주둔하며 휴식하면서 방어하다가 부산의 왜노가 바다를 건너 귀국
하기를 함께 기다려 제청한 다음 철수하는 것에 어기지 말라.)"

316 査摠兵大受(사총병대수): 총병 査大受. 명나라 장수. 1592년 임진왜란 당시 李
　　如松을 따라 先鋒副總兵으로 임명되어 조선에 파견되었다. 平壤城 전투에 참여
　　했고, 선봉대를 지휘하면서 정탐 관련 임무를 수행하는 등의 많은 전공을 세웠
　　다. 명군의 장수 중에서 駱尙志·李芳春과 함께 뛰어난 무예와 용맹으로 유명했
　　다. 이들은 모두 遼東지역 출신으로 원래 李成樑의 家人이었다. 따라서 이여송
　　의 측근으로 활동했다.

317 李參將如梅(이참장여매): 參將 李如梅. 명나라 장수. 이여송의 동생. 임진왜란
　　과 정유재란 때 각각 참장과 부총병으로 참전하였다.

318 施參將朝卿(시참장조경): 참장 施朝卿. 명나라 장수. 山西游擊將軍으로 1592년
　　12월 마병 1천 명을 이끌고 나왔다가 1593년 6월에 돌아갔다.

319 李游擊如梧(이유격여오): 유격 李如梧. 명나라 장수. 이여송의 동생.

320 龍安站(용안참): 충청북도 충주시 신니면 용원리에 있었던 驛站.

321 無極驛(무극역): 조선 시대 경기도 지역의 역도 迎華道에 속한 역.

322 竹山(죽산): 경기도 안성시 남동쪽 끝에 있는 고을.

323 火牌(화패): 중국에서 관리들이 공무로 길을 떠날 때 휴대하는 일종의 통행증.
　　이를 제시하면 어디서나 역말·역졸·식량 등을 공급받을 수 있었다.

324 葛逢夏(갈봉하): 명나라 장수. 遼陽衛遊擊을 지냈고, 1592년 임진왜란 때 마병
　　2천 명으로 평양 전투에 참여하였다. 그 후에 남원에까지 원정하였다.

325 祖承訓(조승훈): 임진왜란 때 명에서 파견된 장군 가운데 하나. 파병 당시 직위
　　는 摠兵. 1592년 7월에 기마병 3천을 거느리고 평양을 공격하게 하였으나 이기
　　지 못한 채 퇴각하여 요동으로 되돌아갔다. 그 뒤 12월에 다시 부총병 직위로

等處, 使之合營, 相機追捕. 仍謂通事等, 曰: '陪臣, 不以糧餉窘
乏, 賊勢浩大之事, 啓知國王耶?' 仍到前排賊陣中, 止宿. 有公
州[326]人前參奉鄭晉生[327]等十餘人, 持犒軍牛九隻·酒百盆·乾魚·
紙束·扇柄等物, 進呈謝單, 則提督曰: '我有何功? 儒生等, 致誠
如此, 慚愧慚愧.' 只受紙束·酒盆, 則散喫軍士, 出給靑三升十
疋. 早飯後起程, 不入陽智[328], 直到龍仁[329]留宿. 當日銅雀[330]後
橋水漲, 提督乘船渡漢江, 率屯十騎, 由南山路, 未時入京城. 李
大將·張大將, 則仍留忠州, 間一二日, 相繼發還計料事, 啓下備
邊司." ◇[331] 兵曹判書李恒福[332], 啓[333]曰: "臣暴起當事, 且乑匪

이여송 군대와 함께 다시 와서 평양성을 수복한다.

326 公州(공주): 충청남도 동부 중앙에 있는 고을.

327 鄭晉生(정진생, 1530~1604): 본관은 長鬐, 자는 德昇, 호는 平涼子. 거주지는
   公州. 1564년 식년시에 급제하였다.

328 陽智(양지): 경기도 용인시 양지면 양지리.

329 龍仁(용인): 경기도 중앙부에 있는 고을.

330 銅雀(동작): 銅雀津. 西氷庫와 鷺梁 사이에 있던 나루. 도성에서 한강을 건너
   남태령을 넘어 과천을 지나 수원 이남으로 가는 여정에 있던 나루이다.

331 "承文院移館, 揀擇全大來·玄德升·李成祿·金止男·李蕃·李忔·張晩. 韓應寅
   遭母喪.(승문원이 관사를 옮겼는데, 전대래·현덕승·이성록·김지남·이도·이
   흘·장만을 간택하였다. 한응인이 모친상을 당했다.)"

332 李恒福(이항복, 1556~1618): 본관은 慶州, 자는 子常, 호는 白沙·弼雲·東岡.
   1592년 임진왜란이 일어나자 도승지로서 왕비를 개성까지 무사히 호위하고, 또
   왕자를 평양으로, 선조를 의주까지 호종하였다. 그동안 이조참판으로 오성군에
   봉해졌고, 이어 형조판서로 오위도총부 도총관을 겸하였다. 이 동안 이덕형과
   함께 명나라에 원병을 청할 것을 건의했고 尹承勳을 해로로 호남지방에 보내
   근왕병을 일으켰다. 宣祖가 의주에 머무르면서 명나라에 구원병을 요청하자,
   명나라에서는 조선이 왜병을 끌어들여 명나라를 침공하려 한다며 병부상서 石星

據, 未嘗出一謀·發一策, 有所裨補。且知痛下[334], 亦不敢容喙[335]
於其間, 而惟是軍功論賞一事, 則職在本兵, 終始句當[336], 而文書
眩眼[337], 他人旁觀[338], 未易辨覈[339]。故堂上以上(及)規外別例論賞
事外, 其他應行之賞, 名雖相議, 臣實獨當, 前後異同, 輕重失
宜。未論他事, 只擧此罪, 已合萬死, 而賊勢尙急, 未能自列[340]。
伏覩下敎【在上備忘記, 有論賞不公之敎】, 不勝惶恐待罪。"答曰:"勿
待罪。"備邊司啓曰:"伏覩接伴使金晬[341]狀啓, 劉員外新差中軍張

이 黃應陽을 조사차 보냈다. 이에 그가 일본이 보내온 문서를 내보여 의혹이
풀려 마침내 구원병이 파견되었다. 그리하여 만주 주둔군 祖承訓·史儒의 3,000
병력이 왔으나 패전하자, 다시 중국에 사신을 보내 대병력으로 구원해줄 것을
청하자고 건의하였다. 그리하여 李如松의 대병력이 들어와 평양을 탈환하고,
이어 서울을 탈환, 환도하였다. 다음 해 선조가 세자를 남쪽으로 보내 分朝를 설치
해 경상도와 전라도의 군무를 맡아보게 했을 때 大司馬로서 세자를 받들어 보필
하였다. 1594년 봄 전라도에서 宋儒眞의 반란이 일어나자 여러 관료가 세자와
함께 환도를 주장하였다. 그러나 그는 반란군 진압에 도움이 되지 못한다고 상소
해 이를 중단시키고 반란을 곧 진압하였다.

333 《宣祖實錄》 1593년 6월 9일 6번째 기사임.

334 痛(통下): 庸下의 오기. 어리석고 보잘것없음.

335 容喙(용탁): 容喙의 오기. 입을 놀림. 간섭하여 말참견을 함.

336 句當(구당): 한 가지 사무를 맡아 다스림.

337 眩眼(현안): 눈이 부시어 어지러움.

338 旁觀(방관): 傍觀의 오기. 어떤 일에 직접 나서서 관여하지 않고 곁에서 보기
만 함.

339 辨覈(판핵): 辨覈의 오기. 옳고 그름을 가려서 밝힘.

340 自列(자열): 자기가 저지른 죄과를 스스로 인정하고 그 사실을 적어 내는 일.

341 金晬(김수): 金睟(1547~1615)의 오기. 본관은 安東, 자는 子昂, 호는 夢村.
1573년 알성문과에 급제하여 평안도관찰사·경상도관찰사를 거쳐 대사헌, 병
조·형조의 판서를 두루 지냈다. 1592년 임진왜란이 일어났을 때 경상우감사로

汝翼, 切索品好倭刀, 贊劃欲得絶品花文席[342], 密敎事意通情之
時, 所用銀兩, 亦請下送. 東國通鑑[343], 旣已得之, 則數篇之不
與, 無益於利害, 輿地勝覽[344], 東萊付卷, 尤不可不示以增疑訝之
心." 答曰: "依啓, 東鑑則姑勿與之." 備邊司啓曰: "伏見安接使洪
世恭狀啓, '南北道鎭堡, 無不蕩敗, 土兵等願得犒馬[345], 以爲緩
急之用, 許多之兵, 雖難遍給, 擇其中驍勇能射之人, 或令試射,
賞給優等, 土兵之有軍功者, 亦酌量論賞, 宜當.'云, 戰之用, 莫
重於馬, 而貧賤軍卒, 他無覓得之路, 依狀啓施行, 無妨. 且熊
耳[346]·從浦[347]兩站及三水郡, 最爲空虛, 甲山·惠山[348]兩處, 伏誅

진주에 있다가 동래가 함락되자 밀양과 가야를 거쳐 거창으로 도망갔다. 전라감
사 李洸, 충청감사 尹國馨 등이 勤王兵을 일으키자 함께 용인전투에 참가했으
나 패배한 책임을 지고 한때 관직에서 물러났다. 당시 의령에서 의병을 일으켰던
곽재우와 불화가 심했는데 이를 金誠一이 중재하여 무마하기도 했으며, 경상감
사로 있을 때 왜군과 맞서 계책을 세워 싸우지 않고 도망한 일로 사람들의 비난
을 받았다.

342 花文席(화문석): 花紋席. 꽃의 모양을 놓아 짠 돗자리.

343 東國通鑑(동국통감): 徐居正 등이 왕명을 받아 단군조선부터 고려 말까지의 역
사를 엮은 사서.

344 輿地勝覽(여지승람): 東國輿地勝覽. 조선 成宗의 명령으로 盧思愼 등이 각도
의 지리, 풍속 등을 적은 책.

345 犒馬(호마): 塙馬의 오기인 듯. 튼튼한 말.

346 熊耳(웅이): 熊耳站. 조선 시대 함경도 北靑의 居山驛을 중심으로 편제한 居山
道의 屬驛. 甲山에 있었다.

347 從浦(종포): 從浦站. 終浦 또는 鍾浦로도 표기됨. 조선 시대 함경도 北靑의 居
山驛을 중심으로 편제한 居山道의 屬驛. 甲山에 있었다.

348 惠山(혜산): 함경남도 북동부에 있는 고을. 동쪽은 함경북도 무산군, 서남쪽은
삼수군, 남쪽은 갑산군, 북서쪽은 압록강을 경계로 하여 중국 만주 지방의 長白

罪人妻子·奴婢, 配于三水及兩驛事, 令該司, 依狀啓施行, 何
如?" 答曰: "依啓." 府啓[349]: "請令該曹, 因前啓下事目, 其中未盡
者, 更加商確, 以立一定之規, 將前後軍功, 改爲磨鍊." 答曰: "將
不勝其紛紛, 而人心不喜, 事體亦妨. 今後更加詳察爲之, 可矣.
又有一事, 納粟運糧, 除職之輩, 似有虛僞, 朝章[350]大亂. 其間之
事, 亦難盡言, 今因言端, 並及之." 藥房[351]啓曰: "東宮久病之餘,
居處壅塞, 如甑山·江西, 多有淸凉房室(屋), 預擇吉日, 待晴移
寓, 何如?" 傳曰: "依啓." 六月十二日[352], 慶尙左監司韓孝純書
狀, "五月二十日成帖[353], 諸將馳報內, '十八日, 倭賊自密陽下來,
東萊以(下)去, 本郡留屯之賊, 則依舊.' 蔚山諸將, 二十一日成帖,
馳報內, '十九日, 倭船多數, 來泊于西生浦[354].'【是如爲白良置[355]】,
觀彼擄逃來(人)招辭, 則皆是歸船, 迎去之船. 都事金穎男[356]馳報
內, '東萊·釜山等處, 倭賊幾盡入歸, 臣【段置】, 因道路往來人, 聞

縣과 접한다.

349《宣祖實錄》1593년 6월 10일 2번째 기사임.

350 朝章(조장): 조정의 기강 또는 법도.

351 藥房(약방): 內藥房. 대궐 안에서 의약에 관한 일을 맡아 보는 관아.

352《宣祖實錄》1593년 6월 12일 5번째 기사임.

353 成帖(성첩): 서명날인을 하는 일.

354 西生浦(서생포): 울산광역시 울주군 서생면 서생리에 있는 포구. 1593년 왜군이
이곳까지 쫓겨와서 지구전을 펴기 위하여 돌로 쌓은 城이 있다.

355 是如爲白良置(시여위백양치): 이두 표기. ~라고 하옵셔도.

356 金穎男(김영남, 1547~?): 본관은 光山, 자는 仲悟, 호는 掃雪. 1572년 별시에
급제하였다. 아버지는 金認이고, 장인은 權審言이다.

之, 東萊等賊, 盡越海, 我國被擄, 變作倭數³⁵⁷者, 棄在海上, 遑
遑不知所之.'云云事, 啓下備邊司."◇³⁵⁸ 傳于政院³⁵⁹, 曰:"經略
最疑釜山之說【倭奴言朝鮮曾割與東萊又釜山, 故留此不往云耳】, 移咨
問之。此地圖來自咸鏡, 余欲見而置之, 欲送于經略, 問于備邊
司."回啓曰:"慶尙沿海地圖, 送于經略, 使其處地數³⁶⁰, 一見之
瞭然³⁶¹, 似爲無妨。卽刻³⁶², 有安州進去之(人), 賚送何如?"答
曰:"依啓."備忘記曰³⁶³:"予朝夕人也, 不當有言。平日有意武
備, 下不奉令, 徒歸於虛, 復何言哉! 然在一日, 則當盡一日之
責。進駐事, 前日與左相對面說盡, 今人徒見賊退, 唯知速進, 何
曾有遠慮乎? 予意, 予獨馳進京城, 以係民望, 宗社·三宮³⁶⁴·世

---

357 倭數(외수): 倭形의 오기.
358 "被擄逃還人, 慶州慈仁縣私奴芶叱達招內, '大丘地被擄, 同賊亦太和東邊, 結幕屯聚, 倭船亦逐日加來。矣身偕來賊徒言內, 姑留十餘日, 與太和留賊, 一時分歸本土云.'(포로가 되었다가 도망해온 사람인 경주 자인현의 사노 잉질달의 심문서에 의하면, '대구 땅에서 포로가 되었고, 그 적들이 또한 태화강 동변에 군막을 치고 주둔했는데 왜선 또한 날마다 더 왔습니다. 제가 함께 온 적도의 말을 들으니 우선 10여 일 머물다가 태화강에 주둔해 있는 적과 함께 한꺼번에 본토에 돌아간다고 하였습니다.'라고 하였다.)"
359《宣祖實錄》1593년 6월 12일 6번째 기사임.
360 地數(지수): 地形의 오기.
361 瞭然(요연): 瞭然. 분명하고 명백함.
362 卽刻(즉각): 곧 그 시각에.
363《宣祖實錄》1593년 6월 13일 1번째 기사임.
364 三宮(삼궁): 諸侯의 부인을 가리킴. 여기서는 宣祖의 妃를 의미하는바, 懿仁王后 朴氏이다.《禮記》〈祭義〉에 "삼궁의 夫人과 世婦 중에서 길한 자를 가려 蠶室에 들어가 누에를 치게 한다." 하였는데, 鄭玄의 註에 "제후의 부인은 삼궁이

子, 姑留于此, 待天兵捲還, 卽入據平壤城, 撫民固守, 待京城措
置規畫, 稍有所恃, 然後奉廟社前進, 此萬全之計也。昔太祖, 以
平壤爲根本, 統合三韓, 今國家賴西民之力, 得有今日, 今當固守
西都, 以觀東南之變。予自將守漢都, 卿等所見, 如何?"回啓曰:
"其於久留大計, 揣摩[365]規畫, 出於郡下意慮之表, 臣等不勝感
泣。京城久爲賊藪[366], 積屍相枕, 大駕進住, 固知未安。而子遺之
民, 日望翠華, 山陵之事, 亦多經理, 朝議之强請, 實出於此。自
上從速前進, 三宮·儲禁, 觀勢漸進, 允爲當。自上綢繆[367]陰雨之
備[368], 非不至矣, 而下不奉令, 綱紀解弛, 致國事至此。皆由臣等
負國無狀之罪, 雖萬被誅戮, 難以贖罪, 昧死敢啓。"答曰:"依
啓。下不奉令云者, 乃指平日事, 非獨今日事, 卿等過爲如此之
言, 實非予本意, 至爲未安。"司啓曰:"軍功等第, 錯雜不均, 皆由
有司不能詳察, 而至於前後異規, 賞格不同, 則盖有事勢之緩急,
有所低仰也。生變之初, 斬一級者, 勿論公私賤, 皆許正科, 二級
者堂上, 三給者封君錄勳, 此固一時救急之政, 而非可行之道, 故
旋卽廢之。及在平壤, 有京外侍衛[369], 斬一級來獻者, 卽除東部

니, 왕후의 절반이다."라고 하였다.

365 揣摩(췌마): 자신의 마음으로 다른 사람의 속마음을 미루어 헤아림.

366 賊藪(적수): 적의 소굴.

367 綢繆(주무): 미리미리 빈틈없이 자세하게 준비함.

368 陰雨之備(음우지비): 미리 위험한 일이나 곤란한 일을 방비하거나 준비함.

369 外侍衛(외시위): 別侍衛의 오기. 조선 시대에 양반 자제 따위에서 뽑아 만든
군사. 龍驤衛에 딸리며, 서울 동부와 경상도의 수비를 맡았다.

主簿，此後皆以斬級論賞。及李薦[370]臨津之戰，平壤夜斫之功，皆以軍中忘身突戰，宣力最多者，從主將之報，差次[371]論賞。又於順安[372]陣，戒勅軍中，功[373]勿斬級，只許射殺，免致傷人，又有李舜臣[374]閑山[375]大捷之報。於是，不以斬殺爲主，而專以分等論

---

370 李薦(이천, 1550~1592): 본관은 全州. 고조부는 정종의 10번째 아들 德泉君 李厚生이고, 부친은 駒興副守 李元卿이다. 6촌 형으로 文遠 李贄이 있다. 무과에 급제한 후 관직에 올라 京畿水使 등을 역임하였으며, 선조가 왕위에 오른 후 訓將에 제수되는 등 여러 관직을 거쳐 同知中樞府事에까지 이르렀다. 1592년 임진왜란 때 왜적과 싸우다 전사하였다.

371 差次(차차): 차이를 차례대로 구분함.

372 順安(순안): 평안남도 평원 지역의 옛 지명.

373 功(공): 切의 오기인 듯.

374 李舜臣(이순신, 1545~1598): 본관은 德水, 자는 汝諧. 1576년 식년무과에 급제했다. 1589년 柳成龍의 천거로 高沙里僉使로 승진되었고, 절충장군으로 滿浦僉使 등을 거쳐 1591년 전라좌도 水軍節度使가 되어 여수로 부임했다. 이순신은 왜침을 예상하고 미리부터 군비 확충에 힘썼다. 특히, 전라좌수영 본영 선소로 추정되는 곳에서 거북선을 건조하여 여수 종포에서 點考와 포사격 시험까지 마치고 돌산과 沼浦 사이 수중에 鐵鎖를 설치하는 등 전쟁을 대비하고 있었다. 임진왜란이 일어나자 가장 먼저 전라좌수영 본영 및 관하 5관(순천·낙안·보성·광양·흥양) 5포(방답·사도·여도·본포·녹도)의 수령 장졸 및 전선을 여수 전라좌수영에 집결시켜 전라좌수영 함대를 편성하였다. 이 대선단을 이끌고 玉浦에서 적선 30여 척을 격파하고 이어 泗川에서 적선 13척을 분쇄한 것을 비롯하여 唐浦에서 20척, 唐項浦에서 100여 척을 각각 격파했다. 7월 閑山島에서 적선 70척을 무찔러 閑山島大捷이라는 큰 무공을 세웠고, 9월 적군의 근거지 부산에 쳐들어가 100여 척을 부수었다. 이 공으로 이순신은 정헌대부에 올랐다. 1593년 다시 부산과 熊川의 일본 수군을 소탕하고 한산도로 진을 옮겨 本營으로 삼고 남해안 일대의 해상권을 장악, 최초로 삼도수군통제사가 되었다. 1596년 원균 일파의 상소로 인하여 서울로 압송되어 囹圄의 생활을 하던 중, 우의정 鄭琢의 도움을 받아 목숨을 건진 뒤 도원수 權慄의 막하로 들어가 백의종군하였다. 1597년 정유재란 때 원균이 참패하자 다시 삼도수군통제사에 임명되었다.

賞。捕斬零賊者, 則殺二斬二, 並皆一樣, 爲先論賞。其後, 射殺
之報, 漸至虛僞, 斬級之人, 多稱其冤。又以斬一准殺二論賞, 其
後又因上敎, 不論射殺之功, 而專以斬級論賞。於是, 諸軍稱冤,
狀傳曰集[376], 臺諫論之。故不得已稍變前規, 以殺四准斬一級,
此其前後弛張變通之大略也。又有一陣之中, 同名者甚多, 至於
一【缺】之中, 同名者不知其幾, 論賞之際, 只據其名, 不考同異,
則甲蒙乙賞, 而上功之時, 或不書役名[377], 兩班·庶孽·平民·公
私賤與否, 無憑可據, 故更爲行移通問, 待其回答, 乃得論賞。而
本鎭回報, 十分一到, 終不回報者類多, 以此有功而不得蒙賞者,
亦有之。又如旬朔之間, 一陣上功, 至於數三, 前賞未下, 後功繼
至, 故今日免賤者, 仍以賤役懸錄[378], 今日除職者, 亦以白身[379]懸
錄。自此欲爲分辨加賞, 則一陣之中, 同名者甚多, 如上所陳, 甲
蒙乙賞, 倖門或開。故不得已從其所報故, 賤人則免賤, 白身則
除職, 不嫌疊受, 以待事定後, 釐正[380]事, 前已具此緣由, 入啓施

12척의 함선과 빈약한 병력을 거느리고 鳴梁에서 133척의 적군과 대결, 31척을
부수어서 명량대첩을 이끌었다. 1598년 명나라 陳璘 제독을 설득하여 함께 여수
묘도와 남해 露梁 앞바다에서 순천 왜교성으로부터 후퇴하던 적선 500여척을
기습하여 싸우다 적탄에 맞아 전사했다.

375 閑山(한산): 閑山島. 경상남도 통영시 한산면에 있는 섬.
376 曰集(왈집): 四集의 오기인 듯.
377 役名(역명): 국가에 대하여 의무적으로 부담하는 구실의 이름.
378 懸錄(현록): 文簿에 기록하는 것. 장부에 올려 적음.
379 白身(백신): 벼슬하지 못한 사람을 일컫는 말.
380 釐正(이정): 정리하여 바로잡아 고침.

行, 此其濫賞疊施之由也。大槪, 論功之體, 散與金帛, 務悅人
情, 以償卒伍奔走之勞, 事定後, 定功行賞, 一時磨鍊, 故雖似重
疊, 前後不異矣。今遭大變, 京都四方, 一時蕩敗, 公藏私蓄, 無
一可恃。報功雲集, 無物以償, 賞有踰時之怨, 士有解體之心。故
就其中表表有功者, 爲先論賞, 而不以金帛, 率其爵賞, 因其緩
急, 屢改其規, 今所謂前後之異者, 亦未必不由於是也。前在義
州, 亦慮及此, 故事定後, 每一道立功人中, 勿論士族·公私賤,
錄成一秩。各其名下, 前後立功多小, 已論賞未論賞與否, 一一
懸錄, 各其主將處, 詳細磨鍊以啓事[381], 已爲行移者, 欲待事定,
通融合計, 參酌論賞矣。頃日, 咸鏡監司尹卓然, 所送軍功成冊,
前後差次, 極其詳盡, 若依此規, 庶無大相牴牾之弊矣。今欲削
盡前事, 一新更改, 則非徒事涉騷擾, 立功之人, 非係一道·一陣
·一戰之事, 一道之中, 表表官兵外, 如小小義兵, 續續斬殺, 零
碎湊合, 各自啓聞, 隨卽論賞後, 旋聚(旋)散者, 不知其幾。文書
不一, 參考無據, 雖欲更問, 亦已晚矣。設或更定, 亦未見十分平
准之效矣。爲今之計, 前所行移, 更爲詳盡, 行移催促。各道軍功
成冊上來後, 已受賞者, 雖似差過, 固難一切更改, 至於有功不賞
者, 則一例論賞。其中尤甚功小而濫賞者, 拈出衆所共知略干人,
略加裁定, 則此是當初啓請行移之本意, 亦不外於臺諫啓辭之
意。敢啓。" 答曰: "知道[382]." ◇[383] 六月十三日[384], 傳于禮曹曰: "速

---

381 啓事(계사): 임금에게 어떤 내용을 아룀.

382 知道(지도): (임금이) 알았다는 뜻으로 글에만 쓰던 말.

爲擇日進駐." 以十九日·二十四日, 入啓, 傳曰: "進駐事, 反復更
思之, 東宮將移江西, 內殿不可留此縣, 當幷進駐于海州矣。大
槩, 東宮近日, 前症復作, 予難於遠離。且時方暑雨, 中路若値大
雨, 則奉廟社, 亦恐有未安狼狽之事, 不如姑爲仍留." 司啓曰:
"此地癘疫[385]熾發, 非徒下人死亡者不絶, 朝紳[386]多有傳染, 臣等
極爲悶慮。前日請爲進駐, 亦有此意, 未敢明言, 擇日之後, 固欲
請三宮, 幷爲移駐。東宮之症, 專是痰傷所發, 元證不重。移于他
處, 專靜調治, 勿藥可期。東宮, 依前定, 向于江西, 三宮亦向海
州留駐, 大駕自海州直向京城, 似爲便當。臣等區區[387], 不敢不
盡達, 惶恐敢稟." 答曰: "然則廟社, 往江西乎? 往海州乎?" 回啓
曰: "奉安海州宜當." 傳曰: "依啓。以十九日進駐, 可也."

6월 25일(무신). 간혹 비 간혹 맑음. 초양동에 있음.

이전처럼 근무하였다.

---

383 "接伴使韓應寅在喪, 本鄭崑壽, 新受接伴之命, 進去似當, 將此具由稟帖以去
    矣。傳曰: '依啓.'(접반사 한응인이 상을 당하여 그 대신에 정곤수가 새로 접반
    사의 명을 받고서 나아가는 것이 당연한 듯하니, 이러한 사유를 갖춘 품첩을
    가지고 간다고 하였다. 전교하기를, '아뢴 대로 하라.'라고 하였다.)"
384 《宣祖實錄》 1593년 6월 13일 3번째 기사임.
385 癘疫(여역): 돌림으로 앓는 熱病을 통틀어 이르는 말.
386 朝紳(조신): 조정의 벼슬아치.
387 區區(구구): 간절한 모양.

첨지(僉知) 최우(崔遇)의 편지를 보니, 당성군(唐城君) 홍순언(洪純彦)·동지(同知) 신익(申翌)이 여질(癘疾: 전염성 열병)로 죽었고, 상락부원군(上洛府院君) 김귀영(金貴榮)이 유배지로 향하던 길에서 죽었고, 김천(金闡, 협주: 상락부원군의 아들)이 은혜를 입어 석방되었고, 참의(參議: 이조참의) 홍혼(洪渾)·동지(同知) 목첨(睦詹)이 세상을 떠났고, 한격(韓格)이 지금 형벌을 받았다고 하였다.

상락부원군은 진실로 너그럽고 어진 마음씨와 생각을 지닌 자였으나, 운수가 다한 뒤였으므로 일을 처리함에 착오가 많았다. 지난해 김국준(金國準)의 간계(奸計)와 한극성(韓克誠: 韓克諴의 오기) 병사(兵使)의 흉언(兇言)을 따라 북쪽 지방에 잘못 들어왔다가 끝내 이 지경에 이르게 되었으니 어찌하랴, 어찌하랴?

당성군 홍순언은 나라에 공이 있었고 이때를 당하여 더욱 중요한 사람인데 그 능력을 다하지 못하였으니 애석하고 애석하다. 목 영공(睦令公: 목첨) 또한 사랑할 만한 사람이었으나 직무에는 한계가 있었으며, 홍혼은 비록 재주와 학식이 없었으나 명류(名流)를 붙좇아 섬기면서 3품 관직으로 죽었으니 유감스럽다.

六月二十五日(戊申)。或雨或晴。在初陽洞。

坐起如前。見崔僉知遇書, 則洪唐城純彦[388]·申同知翌癘亡, 金

---

388 洪唐城純彦(홍당성순언): 唐城君 洪純彦(생몰년 미상). 본관은 南陽. 漢語譯官. 宗系辨誣에 공을 세워 당성군에 봉해지고, 羽林衛將까지 승진한다. 1592년 임진왜란이 발생하자 그는 명나라에 구원병을 요청하러 가게 되었다. 이때도 석성의 도움으로 명나라 원병을 파견하는 데 큰 공을 세우게 된다. 명나라 장수 이여송은 그를 믿고 조선 정세를 파악했으며, 선조가 이여송을 만날 때에도 그가

上洛貴榮向配所路逝, 金闉【上洛子也】蒙恩見放, 洪參議渾[389]·睦
同知詹[390]別世, 韓格時方受刑云。上洛固是有德量者, 而運盡之
後, 故處事多誤。上年, 從金國準奸計·韓克誠兵使匈言, 誤入北
地, 終至於此, 如何如何? 洪唐城, 有功於國, 而當此之時, 尤爲關
重之人, 而未究厥效, 可惜可惜。睦令公, 亦是可愛之人, 而職業
有限, 洪渾雖無才學, 而從事名流, 沒於三品之官, 爲可憾也。◇[391]

통역했다고 한다.

389 洪參議渾(홍참의혼): 參議 洪渾(1541~1593). 본관은 南陽, 자는 渾元, 호는
時雨堂. 1566년 별시 문과에 급제하여 승문원 정자가 되고, 1568년 주서와 검열을
거쳐 전적에 올랐으며, 곧 공조 좌랑이 되었다. 1573년 정언과 1578년 지평을
거쳐 1579년 집의가 되고, 이듬해 동부승지가 되었다. 1583년 대사간·이조참의를
거쳐, 뒤에 병조와 형조의 참의를 두루 역임하였다. 또한, 판결사와 강원도 관찰사
및 성주·양주의 목사를 지냈다. 1592년 임진왜란 때는 부제학이 되어 왕의 몽진에
호종하였으나, 과로로 병을 얻었다. 송도에서 다시 이조참의가 되었으나 병이
위독해지자 직을 사임하고 고향인 예산에 돌아갔으나 곧 세상을 떠났다.

390 睦同知詹(목동지첨): 同知 睦詹(1516~1593). 본관은 泗川, 자는 思可, 호는 時
雨堂·逗日堂. 1546년 증광문과에 급제하고, 持平·侍讀官·輔德·교리·부응교
등을 역임하였고, 1558년 사간에 이어 1565년 공조 참의, 淸洪道觀察使를 거쳐
1567년 대사간에 기용되고, 이조참판·부호군 등을 거쳐 千秋使로 명나라에 다
녀왔다. 그 뒤 이조참판·도승지·좌윤·우윤을 거쳐, 1591년 耆老所에 들어갔
다. 이듬해 임진왜란이 일어나자 강화도에서 의병을 모집하여 그 지휘를 禹性傳
에게 맡기고 자신은 宣陵·靖陵을 보살피라는 선조의 명을 받고 길을 떠났다가
도중에서 병사하였다.

391 "是昏, 入寢, 夢見孝服之人, 且見尹善修令公, 必是是日多見凶計而然也.(이
날 저녁에 침실에 드니 꿈에 복을 입을 사람을 보고 또 윤선수 영공을 보았는데,
필시 이날 흉한 부음을 많이 보아서 그런 것일 것이다.)"

6월 26일(기유). 맑다가 저녁에 비. 초양동에 있음.

이전처럼 근무하였다.

오후가 되어서 문천(文川)에 사는 유생(儒生) 한천우(韓天祐)가 찾아와 그의 아비 한사걸(韓士傑)이 보낸 서과(西果: 수박)를 전하였는데, 병을 앓고 있는 아내가 찾은 것으로 고을 사람들의 후의(厚意)에 너무도 고마웠다.

한천우는 일찍이 군사를 일으킬 때 간장 한 동이를 군문(軍門: 軍營)에 바친 자였다. 부관(府官: 함흥부 관원)이 당초에 감사에게 보고하지 않아 안타까웠으나, 이 사람은 그러한 공을 송사하지 않으니 매우 가상하였다. 바로 소금 10말을 보내는 첩문(帖文)을 주었다.

六月二十六日(己酉). 晴晩雨. 在初陽洞.

坐起如前. 午後, 文川居儒生韓天祐, 來傳其父韓士傑所送西果, 爲病妻所索也, 深荷邑人之厚也. 天祐曾於起軍時, 納醬一瓮於軍門者也. 府官初不報使, 可痛, 而此人之不訟其功, 甚可嘉也. 卽帖送塩一斛. ◇[392]

6월 27일(경술). 흐리다가 오후에 비.

이전처럼 근무하였다.

六月二十七日(庚戌). 陰午後雨.

---

[392] "座首朱應麟, 以米糆雜物輸來事, 向邑城.(좌수 주응린이 쌀과 국수, 잡물 등을 실어 오겠다고 읍성으로 향하였다.)"

坐起如前。◇[393]

6월 28일(신해)。맑음。

이전처럼 근무하였다。

순변사(巡邊使: 李鎰)와 함께 의논하여 쓴 장계(狀啓, 협주: 의논한 일은 앞에서 보임)를 가지고 갔던 나언신(羅彦信)이 행조(行朝: 행재소)에서 돌아왔는데, 승여(乘輿: 大駕)가 지난 19일에 해주(海州)로 옮겼고 그날 오후에 큰비가 왔다고 하였다。진주(進駐)하는 행차가 경성(京城)에 있자니 너무나도 퇴락하여서, 영남의 신하들은 임금을 우러러보려는 길이 더욱 멀어지는 데다 그날에 큰비가 왔다고 하니 북쪽으로 향해 애끓는 마음을 더욱 가누지 못하였을 것이다。

동쪽 변방에 있는 왜적의 형세를 물으니 이미 다 바다를 건넜다고 하였다。그러나 어찌 그것이 틀림없이 그러한지를 믿을 수 있으랴。다만 형세로 미루어보건대 사실인 듯하다。서로(西路: 관서로 가는 길)의 빗줄기에 관해 물으니, 서로는 더욱 심해져 강가의 밭들이 모두 자갈밭이 되었다고 하였다。1년 내내 분탕질한 끝에 또 물난리를 만나 이처럼 끔찍한 지경에 이르게 되었으니, 하늘이 내린 화를 뉘우치지 않아서인가? 사람들이 재앙을 돌리지 못한 것이니 가히 통곡할 만한 일이다。

---

393 "午後, 鄭禮國還自北道, 問北道聲息, 則(缺).(오후에 정예국이 북도에서 돌아왔는데, 북도의 소식을 물으니.)"

전 이성 현감(前利城縣監) 한덕구(韓德久) 영공(令公)이 경성으로
가는 길에 들러서 만나보았다. 일찍이 듣자니 왜적이 우리 집을 헐어
가져갔는데, 재목·기와·숙석(熟石: 잘 다듬은 돌)은 이복남(李福男)의
집 뒤로 실어 보내서 높게 층대(層臺)를 지으려고 한다니, 내가 비록
도성으로 돌아갈지라도 집 지을 계획을 세울 수가 없었으므로 그
재목·기와를 쓰지 말라는 뜻을 이 영공(李令公, 협주: 이복남은 군공으로
가선대부에 올랐다.)의 하인에게 엄히 타이르라고 말해서 보냈다.

六月二十八日(辛亥)。晴

坐起如前。巡邊使同議【議事見上】狀啓, 陪人羅彦信, 回自行朝,
乘輿於去十九日, 移蹕³⁹⁴海州, 是日午後, 大雨云。進駐之行, 在
京城則萬萬淪洛, 嶺表之臣, 瞻仰之路益遠, 且於其日大雨云, 尤
不勝向北煎慮之至。問東邊賊勢, 則已盡過海云。然豈可信其的
然乎? 第以事勢推之, 則似乎的矣。問西路雨勢, 則西路尤甚, 水
邊之田, 盡爲沙石云。終年焚蕩之餘, 又遭水災, 至於此極, 天不
悔禍耶? 人未轉禍, 可謂痛哭。前利城縣監韓令公德久, 向京歷
見。曾聞倭賊撤取吾家, 材瓦熟石³⁹⁵, 輸上李福男³⁹⁶屋上, 高築

---

394 移蹕(이필): 임금이 다른 곳으로 옮겨가는 일.

395 熟石(숙석): 石工이 인공을 가하여 잘 다음은 돌.

396 李福男(이복남, ?~1597): 본관은 羽溪. 韓德久의 매부이다. 일찍이 무과에 급
　　제한 뒤 1592년 나주판관이 되고, 이듬해 전라 방어사·충청조방장이 되었다.
　　1594년에는 남원 부사·전라도 병마절도사, 1595년에는 나주 목사 등을 역임하
　　였다. 다시 전라도 병마절도사가 되었고, 1597년 정유재란 때 남원성에서 왜군
　　과 싸우던 중, 조방장 金敬老, 山城別將 申浩 등과 함께 전사하였다.

層臺云, 吾雖還洛, 無計立屋, 故以其材瓦勿用之意, 嚴諭李令
【福男, 以軍功陞嘉善】下人事言送。◇[397]

6월 29일(임자)。 비。

이전처럼 근무하였다.

경성 판관(鏡城判官) 황정철(黃廷喆)이 교서(敎書)에 숙배(肅拜)하기 위해서 들렀다. 윤섬(尹暹)이 간 곳을 물으니, 전란 초기를 당해 진중(陣中)에서 죽은 것이 틀림없다고 하였다. 김온(金韞)의 생사를 물으니, 모부인(母夫人)이 죽은 뒤에 울분으로 병들어 죽었고 처자식도 또한 죽었다고 하였다. 참판(參判) 이유인(李裕仁)에 관해 물으니, 지난해 변란 초에 미처 대가(大駕)를 따르지 못하고 양주(楊州)의 선영(先塋)이 있는 시골집에 갔었는데, 사람들이 왜적을 피하도록 권하자, 말하기를, "내가 이미 대가를 따르지 못하고 이곳 선영에 왔으니 마땅히 이곳에서 죽겠다."라고 하고서 깊은 곳으로 들어가 왜적을 피하지 않고 끝내 화를 당했다고 하였다.

정승(政丞) 심수경(沈守慶)·지사(知事) 강섬(姜暹)·동지(同知) 송찬(宋贊) 세 분의 늙은 재상 안부를 물으니, 심 재상(沈宰相: 심수경)은 아산(牙山)으로 피난하였고, 강 지사(姜知事: 강섬)는 피난하여 강성(姜晟)의 사위인 홍천(洪川) 이광륜(李光倫)의 집으로 옮겼으나 강성

---

397 "甲山奴國只還.(갑산의 사내종 국지가 돌아왔다.)"

과 그의 사위가 모두 죽어서 지사 또한 의지할 곳이 없다고 하였다. 나이 젊고 용맹하며 건장한 사람들도 많이 죽임을 당하였는데, 세 분의 늙은 재상들은 모두 80세가 되도록 생명을 보존하였으니 하늘 이 어쩌면 이 늙은 재상들을 남겨놓아 중흥의 업적을 돕게 하려는 것인가? 심 재상과 강 지사 두 분은 일찍이 양계(兩界: 평안남북도·함경남북도)의 절도사 직임을 맡았었으니, 변방을 방비하는 온갖 계 책을 만약 오로지 이 재상들에게 맡긴다면 비록 대단한 왜적의 침입 이야 모면하지 못할지라도 여러 방면의 군사 방비가 어찌 계속 허술 해지는 지경에 이르겠는가?

의관(醫官)은 반드시 약을 투여하여 효과를 거둔 뒤라야 훌륭한 의원이라 할 수 있고, 지관(地官)은 반드시 산을 답사하여 두루 살펴 본 뒤라야 좋은 풍수라 할 수 있거늘, 지금은 의방(醫方: 醫書)을 예 사로 보고서 스스로 편작(扁鵲: 중국 전국시대의 명의)이라 일컫고 지 경(地經: 지리서)만을 익히 보고서 스스로 곽박(郭璞: 중국 東晉의 풍수 가)이라 일컫는다. 예전에 김종서(金宗瑞)·허종(許琮)은 모두 제일 가는 문인이요 제일가는 재상이었지만, 반드시 내직과 외직의 중임 을 시험한 뒤에야 마침내 유용한 재목이 되었다. 지금에 와서는 문 (文)과 무(武)를 둘로 나누어 생각하는 데다, 일찍이 변경의 직임을 거친 적이 있는 자를 외직이라 하여 비루하게 여기고 묘당(廟堂: 비 변사)의 일을 담당하는 반열에 끼일 수가 없었으니, 이것이 어찌 장 구하게 편안하도록 다스리는 계책이겠는가? 성현(聖賢)의 서적만 읽고 장수를 맡아 서로 책망만 하다가 나랏일이 급할 때 속수무책으 로 아무 일도 하지 못했으니, 그 결과로 얻은 것은 겨우 임금이 도성

을 떠난 한 가지의 일 뿐이었다. 200년 종묘사직이 하루아침에 전
란으로 폐허가 되었으니, 어찌 차마 말할 수 있겠는가?

六月二十九日(壬子)。雨。

坐起如前。鏡城判官黃廷喆³⁹⁸, 以教書肅拜歷入。◇³⁹⁹ 問尹
暹⁴⁰⁰去處, 則當初陣亡無疑。問金韞⁴⁰¹生死, 則母夫人死後, 憂憤
以病逝, 而其妻子亦死云。問李參判裕仁⁴⁰², 則上年變初, 未及隨
駕, 往楊州先塋村舍, 人勸避賊, 則曰: "吾旣未及隨駕, 來此先塋,

---

398 黃廷喆(황정철, 1547~1626): 본관은 長水, 자는 充善. 1570년 사마시에 합격
하고, 1586년 알성 문과에 급제하여, 승문원 부정자·저작·주서를 거쳐, 형조좌
랑에 승임되었다. 1592년 임진왜란이 일어나자 평안감사 宋言愼의 종사관이 되
었으며, 병조정랑이 되어 광해군을 호종, 경성부 판관이 되었다. 난이 끝난 뒤
돌아와서 지평·장령·집의·사성·사간·필선·좌부승지·장례원판결사 등을 거
쳐, 호조참의에 이르렀다. 1606년 謝恩副使가 되어 정사인 형조판서 韓述과 함
께 명나라에 다녀왔다.

399 "問尹曄在處, 則尹暾之子, 乃鄭天慶之壻。故尹曄初陪其母, 與正郎同寄于天
慶家, 曄又與李滄洲春年婚姻家, 故往寄于扶餘云。(윤엽이 있는 곳을 물었는데
윤돈의 아들이 바로 정천경의 사위이다. 그래서 윤엽이 처음에는 그 어머니를 모시
고 정랑과 천경의 집에 함께 기숙을 하였지만, 윤엽이 또 창주 윤춘년과 혼인가
였으므로 부여에 가서 기숙했다고 하였다.)"

400 尹暹(윤섬, 1561~1592): 본관은 南原, 자는 汝進. 호는 果齋. 1583년 별시 문과
에 급제한 뒤 검열·주서·정자·교리·정언·지평을 지냈다. 1587년 사은사의 서
장관으로 명나라에 가서 李成桂의 조상이 李仁任으로 오기된 명나라의 기록을
정정한 공으로, 1590년 龍城府院君에 봉해졌다. 교리로 있던 1592년 임진왜란
이 일어나자 巡邊使 李鎰의 종사관이 되어 싸우다가 尙州城에서 전사하였다.

401 金韞(김온, 1538~1592): 본관은 光山, 자는 君玉. 1567년 식년시에, 1585년
별시 문과에 급제하였다. 지평을 지냈다.

402 李參判裕仁(이참판유인): 참판 李裕仁(1523~1592). 함경도 관찰사를 지냈으
며, 임금을 호종하지 못한 것을 자책하여 굶어 죽었다.

當死於此地, 不避入深處, 竟遭禍云。問沈政丞守慶[403]·姜知事
暹[404]·宋同知贊[405]三老宰安否, 則沈相則避於牙山[406], 姜知事則避
寓於姜晟之壻, 洪川李光倫家, 而晟及其壻皆死, 知事亦無依着處
云。年少勇健之人, 多被死亡, 三老宰皆以八十年, 得保性命, 天

---

403 沈政丞守慶(심정승수경): 沈守慶(1516~1599). 본관은 豊山, 자는 希顏, 호는
聽天堂. 1546년 식년문과에 장원으로 급제, 賜暇讀書하였다. 1552년 檢詳을
거쳐 직제학을 지냈다. 1562년 靖陵(中宗陵)을 이장할 때, 경기도 관찰사로 大
興가 한강을 건너는 船艙 설치를 하지 않은 죄로 파직되었다. 뒤에 대사헌과
8도 관찰사를 역임하였으며, 청백리에 녹선되었다. 1590년 우의정에 오르고 기
로소에 들어갔다. 1592년 임진왜란이 일어나자 삼도 체찰사가 되어 의병을 모집
하였으며, 이듬해 영중추부사가 되었다가 1598년 벼슬길에서 물러났다.

404 姜知事暹(강지사섬): 知事 姜暹(1516~1594). 본관은 晉州, 자는 明仲, 호는
松月堂·松日·樂峰. 1540년 진사가 되었고, 1546년 증광문과에 급제하였다.
1550년 예조 좌랑에 보임된 뒤 사간원정언·홍문관 수찬·함경도 어사·사간원
헌납·홍문관 부교리를 역임하고, 滿浦僉使로 전임되었다가 다시 중앙으로 들어
와 병조 참지가 되었고, 성절사로 명나라에 다녀온 뒤 첨지중추부사와 도승지를
역임하였으며, 1562년 회령 부사로 나갔다. 1568년 성절사로서 명나라에 다녀
왔으며, 1573년 다시 한성부판윤이 되어 특진관으로 경연에 참석한 바 있고,
신병으로 판윤을 사직하자 경기 관찰사로 체직되었다. 1583년 비변사로부터 在
京元帥로 추천을 받았다.

405 宋同知贊(송동지찬): 同知 宋贊(1510~1601). 본관은 鎭川, 자는 治叔, 호는 西
郊. 1537년 생원시에 합격하고, 1540년 식년 문과에 급제하였다. 1545년 홍문관
수찬, 이듬해 시독관·校理·獻納 등을 지내고, 다시 成均館直講·병조정랑·홍
문관 부교리·사헌부장령·홍문관응교를 거쳐, 1551년 檢詳·舍人·全羅道救荒
御) 등을 역임하였다. 이듬해 典翰·직제학·승지를 지낸 뒤 1557년 대사간이
되었다. 1561년 弼善을 거쳐, 우승지·한성부 우윤·도승지·형조참판 등을 역임
하고, 1567년 陳慰)로 명나라에 다녀왔다.

406 牙山(아산): 충청남도 북부에 있는 고을. 동쪽은 천안시, 서쪽은 삽교천을 경계
로 하여 당진시, 남쪽은 예산군·공주시, 북쪽은 아산만을 사이에 두고 경기도
평택시와 접한다.

其或者, 慗遺⁴⁰⁷此老, 以資中興之績耶? 沈·姜兩相, 曾經兩界⁴⁰⁸
閫任, 備邊凡百之策, 若專付此宰, 則雖不免大端賊患, 而諸路兵
備, 豈至一向疎虞⁴⁰⁹耶? 醫官必投藥得效, 然後可謂良醫, 地官必
踏山遍觀, 然後可以善相, 而今時則習見醫方, 則自謂扁鵲⁴¹⁰, 慣見
地經, 則自謂郭璞⁴¹¹。昔者, 金宗瑞⁴¹²·許琮⁴¹³, 皆以第一文人·第

---

407 慗遺(정유): 남겨놓음.《孔子家語》제40편의 "노 애공이 애도사를 지어 말하기를, '하늘이 불쌍히 여기지 않으셔서 노인 하나 남겨놓기를 원치 않으시니 나 한 사람만 군주의 자리에 버려두게 하여 외롭게 남아 괴로워하도다. 아, 슬프다! 尼父여, 내가 법으로 삼을 사람이 없게 되었구나!'(哀公誄之曰: '旻天不弔, 不慗遺一老, 俾屛余一人以在位, 煢煢余在疚. 嗚呼哀哉! 尼父, 毋自律!')"에서 나오는 말이다.
408 兩界(양계): 평안남북도인 西界와 함경남북도인 東界를 이르는 말.
409 疎虞(소우): 조심을 하지 않고 어설프게 잘못을 저지름.
410 扁鵲(편작): 중국 전국시대의 名醫.
411 郭璞(곽박): 중국 東晉의 학자. 박학하여 천문과 古文奇字, 曆算, 卜筮術에 밝았다.
412 金宗瑞(김종서, 1383~1453): 본관은 順天, 자는 國卿, 호는 節齋. 세종의 신임이 두터워 1433년 左代言인 김종서에게 吏部之選(이조의 인사권)을 관장하도록 특명하기도 하였다. 같은 해 12월 함길도도관찰사가 된 뒤 7, 8년간 북변에서 六鎭을 개척해 두만강을 국경선으로 확정하는 데 큰 공로를 세웠다. 1445년에는 충청·전라·경상 3도의 도순찰사로 파견되어 삼남 지방에서 목마장으로 적합한 곳과 말을 놓아 기를 수 있는 곳의 수효를 조사해 보고하였다. 1446년 의정부 우찬성으로 임명되고 判禮曹事를 겸했으며, 이듬해 충청도에 파견되어 태안 등지의 柵堡를 살펴 정했다. 1449년 8월 達達(Tatar) 也先이 침입해 요동 지방이 소란해지자 그에 대처하기 위해 평안도 도절제사로 파견되었다가 이듬해 소환되었다. 1452년 좌의정이 되어 단종을 보필하다가 이듬해 수양대군에게 살해되었다. 육진 개척의 수장으로서, 강직하고 위엄을 갖춘 관료이자《高麗史》《高麗史節要》의 편찬 책임자이기도 하였다. 아버지가 무관직에 있었고 육진 개척에서 이룩한 공로가 있어 흔히 무장으로 알기 쉬우나, 강직·엄정하고 밝은 문인·학자였으며, 유능한 관료이기도 하였다.

一名相, 必試內外重任, 然後終爲有用之材。今乃以文武爲二物,
曾經邊任者, 則外而鄙之, 不得齒於廟望[414]當事之列, 此豈長久治
安之策耶? 讀聖賢書, 任將相責, 而國事有急, 束手無爲, 畢竟所
得, 只是去罽一事。使二百年宗社, 一朝兵墟, 尙忍言哉? ◇[415]

---

413 許琮(허종, 1434~1494): 본관은 陽川, 자는 宗卿·宗之, 호는 尙友堂. 1460년
여진족의 침입 때 평안도 병마절제사 도사로 출정했고, 조정으로 돌아와 성균
관 주부·예문관 봉교 등을 거쳐 이듬해 형조 도관좌랑이 되었다. 그 뒤 함길도
도사·사간원정언·함길도 경차관·훈련원판관 등을 거쳐, 1465년 성균관 사예
에 올랐다. 그리고 평안·황해·강원·함길도체찰사 韓明澮의 종사관이 되어 북
변 경영에 공헌하고 동부승지에 발탁되었다. 1466년 함길도 병마절도사가 되었
으나 아버지상으로 사직했다가, 1467년 李施愛의 난을 계기로 起復(상중에 국
가의 필요로 관직에 나오던 제도.)하여 난을 평정한 공으로 적개공신 1등에 책
록되고 陽川君에 봉해졌다. 1469년 평안도 관찰사·전라도 병마절도사 등을 거
쳐 대사헌에 오르고, 이듬해 병조판서가 되었다. 1471년 純誠佐理功臣 4등에
책록된 뒤, 지중추부사·판중추부사·오위도총부 도총관을 거쳐 1477년 예조판
서가 되었다. 1477년 10월 建州衛 여진족이 침입하자 평안도 순찰사로 파견되
었고, 이듬해 의정부 좌참찬이 되었다가 조모상으로 사직하였다. 1489년 강원
도 축성사로 파견되어 축성·병기를 고험하고 곧 영안도 관찰사가 되었다. 1491
년 여진족 우디거(兀狄哈)가 함길도 방면으로 침입하자, 北征都元帥가 되어
이를 격파하고, 이듬해에 우의정에 올랐다. 문무를 겸비해 국방과 문예에 큰 공
을 남겼고, 의학에도 조예가 깊어 內醫院提調를 겸임하였다.

414 廟望(묘망): 廟堂의 오기인 듯.

415 "說兒, 自朝氣似不平云, 可慮. 似是暑症, 而未能的知也. 奴劉香之子·婢加
八里病臥云. 劉奴之子則第三巡也.(열아가 아침부터 기운이 불편하다고 하니
염려스럽다. 더위병인 듯한데 확실히 알 수가 없었다. 사내종 유향의 아들과 계
집종 가팔리가 앓아누웠다고 하였다. 사내종 유향의 아들은 3번째이다.)"

찾아보기

북관일기 상
北關日記 上

출처 : 《중호선생문집》 권상, 1957, 전남대학교 도서관 소장.

여기서부터는 影印本을 인쇄한 부분으로 맨 뒷 페이지부터 보십시오.

及於此外耶極知未安而尚未趨詣是亦命也如何

如何吾家子弟其有不喜功名之理耶其毋羞歟則

當即起程也

　雜著

　　北關日記

萬曆二十年壬辰四月三日錄

四月二十五日甲寅晴坐羽林衛廳

京城侍簡都檢察使李陽元漢山府院君

副使尹卓然號漆溪君謚憲敏湖郡公也

從事官司饔正柳永詢戶曹正郎李慶涵佐郎李礦

前府使朴寅亮前主簿李天裕

軍官前府使金好怳前縣監申應泗前部將李宗誠

李景震李應震前萬戶元景詮內禁衛李德義尹[缺]李

鴻韓德久房應甬李大立柳王樹李繼男李天秀李

敏信金百礪元景納金秀寅郭安國李湍李衙成春

卿李奉憲元守義惱忠李尙善李尙古金大吉南璿成舜卿

權升慶

左廂大將邊彦琇

從事官李賢哲李遵憲吳定邦李尙古李士慕

中廂大將申恪 此則無從事官所錄可疑

右廂大將李戩

從事官李公佐鄭壽鷗崔獻祥崔歆李暹

京城周回

弓象與仁門惠化門肅靖門白岳堂至二千三百三
十七坐白岳堂敦義門至一千八百十二坐敦義門
西小門崇禮門水覓堂至一千二百坐水覓堂水口
門至一千八百七十五坐　都巳上七千二百二十
四坐

備邊司　啓曰賊兵萬一漸逼則當使諸軍據長江
之險連勢合力以郤永突之變京城諸色軍皆以守

城調度在外徵召者待其來會分統於諸將以爲固

守之計京畿諸將則上番正軍外觀察使責以捍衛

京師之任與防禦使助防將等處處屯兵攄守天塹

與城內外挾勢送爲掎角之形江水上下淺淺亦令

預爲掘鑿毋使賊衆踰越其屯兵攄守之處亦須豫

定且宜多定哨探聲息之人逐日送遣則忠清道及

慶尚道初面相續來報以爲臨時榮應之圖事 下

書于京畿監司防禦使助防將及時措置監司亦當

任劄於廣州等處以爲策應此意並 下諭何如

傳曰依啓 檢察使意 啓曰都城弓家七千二百

而該曹抄出之軍只四千五百名雖使一名各守一

弓家而為半不足至於各項諸將則獨身之外更無　該當指備邊使

他人至為悶慮令各該掌速措置何如

傳曰依啓　是日疪候如前　是日議遠兵判洪汝諄

于邊司及其擬望而　命仍之如子者亦見擬不如

仍舊之為愈大緊臨急易將不可況本兵之長耶子

意則不遞為得

四月二十六日晴　坐訓鍊院

杞城府院君俞㳡　啓曰繩鞋非宮禁之用銀鐵非

禦賊之物而當邊圍孔棘之日自

上下賀之　命都下淘淘皆以為將有　去鄰之

擧臣獨不信也自　上博觀往史的見前車豈為是

以國之事子　宗廟在此社稷在此人民

在此去此而爰適哉吾雖能往賊亦能往而奔竄之

際變且中起其何以禦之為今之計君臣上下各以

忠義相勉而以死社稷為心使士氣曰壯民無叛意

據守要害待賊人師老背城一戰則豈有不勝之理

子長江天塹苟有把截敵能飛渡守古之人君不畏

方張之敵國而淩畏民心之一撓民心之之撓憐於賊

兵伏願

重朝先生文集卷之上　二十二

殿

下丞下丁寧之 教曉諭都城之民以示効死勿去

之衷則 宗祀幸甚

答曰此啓至矣繩鞵則必是頃日精兵俵給之事也

銀鐵則頃見都監公事戶曹貿易而變後停之矣不

鈇則奸人假托而爲之也 府 啓曰當此 國勢

汲汲之時鎭空人心最爲上策而人心危懼己爲土

崩尾解之勢曰 上親征決戰之教猶不信服自貴

近至士大夫家或埋其財産或從其妻子小民麋然

奔波過半空虛請巫下効死勿去之 教以鎭垂潰

之人心潰避出城者斬頭梟示逃避之人不可不及

7

時收還請　下書于京畿江原黃海監司各驛譏察
道路且使守令搜出自京來接者從重治罪家長摘
發從軍
答曰並依啓　是日兵判見遞應南受遞金公亦見遞金黙
四月二十七日節五月丙辰晴　坐訓鍊院
傳曰數日之內都下民情日益騷動此良由處置之
際未免失置漢江等處津渡皆已沈船沙况等處亦
防塞使行旅難通都城四門防禁出入之際騷擾嚴
急且因臺諫所啓搜推山谷驛卒譏察乘時奪掠刦
辱婦女如此大亂之道軍國重事自有其主而近者

謀議雜出莫能歸一防牌備納事昨日出令而今日
督納呼泣盈路不可忍聞此亦當有以處之或以兵
曹軍需價布募民納木則不十餘日而可辦令各司
十分商度施行兵曹等　傳教　檢察使意　啓曰
守城甚重軍數至少京中雜色之軍皆是不解操弓
所恃者禁軍數百而今將抄送戰所云今日護衛反
不如營鎮極爲悶慮請稱量輕重勿送外處如何
傳曰依啓又　啓曰京城侍衛軍數至少故抄率牙
兵七十餘名以爲緩急之用而今以名在射籍將抄
送戰所云請勿抄送何如　傳曰依啓

四月二十八日丁己晴　坐訓諫院

是日督各衛大將分軍結陣而扗伹馬少爲從軍軍

官者皆不解軍事者故不成模樣向晚僅得分軍結

陣于射廳東西而罷

四月二十九日戊午晴　坐訓鍊院

是日試令城頭排立弓家五六僅立一人見之齟齬

其時適於水口門路有人騎馬過去捉致問之則昧

日中巡邊見敗於忠州云僉位以爲此人妄傳虛

言以亂軍中當斬云愚意以爲此人自來軍中而飛

語曰某人見敗則誅之可也捉致問之而彼以實對

靑坮胡先生文集卷之上　二十三

決不可誅以此停之排立之初從事官來言曰大將

不知去處從事則李遲大將則李戩也不勝駭愕察

之則遲也出入他處時大將領軍馳往西城陣所而

不知大將去處而生怯來告極爲痛憤似當行軍令

而恐爲驚動軍中姑貸之是日罷場後聞　去幽之

舉已定卽馳諧

闕下則門已開矣待開門入詣賓廳則不復論兵而

只料理行具俄而有　教曰留都寧臣中何人可陪

王子而出耶大臣回　啓曰尹卓然韓準可堪而他

大臣則請　上裁　傳曰臨海君則金貴榮尹卓然

11

順和君則鄭琢韓準陪去鄭琢　啓曰臣爲內醫院

提調請隨駕

傳曰鄭琢隨駕他宰更定囘　啓曰李榘年雖衰老

而忠信可堪　傳曰依啓金賣榮　啓曰宣傳官趙

仁徹請以軍官帶去卓然　啓曰小臣亦請軍官一人

帶去　傳曰並依啓部將李景震帶去事言于兵曹

及當身　是日有政禮判權克智暴逝洪汝諄代之

子亦見擬又擬京兆及金吾並受　點此下二
點章缺

四月三十日己未雨　宿楊州蓮亭

是日承　命將出　王子臨海君自　內偕中史出

12

來

閤門外曰誰是領府事誰是漆溪耶吾兩人進

曰某是金某纘某是尹某纘云而仍陪出　官門某

俯伏閤門之外不知所裁放聲痛哭爲人所止而

退到仁政門外不忍出來北向四拜而退迨及王

子將出敦化門外　王子曰人各有家屬願歸家敘

別而來吾亦向于本家甬感其言而歸家則家小聚

首無爲相向痛哭而已擧妻子出門坐轎出送後臨

海宮人又來言　王子將發馳進則　王子出見曰

王子幾人出向何處卓然答曰他則不知韓準李

鎜陪順和君向江原道云矣　王子曰先出門以待

13

即馳到與仁門則以開鑰不來越未開門日出始開
而自門外忠州敗還之軍不知其數排門以入故銀
以偷隙而出車推馬仆狼藉門路所見極為慘酷立
馬門外苦待妻孥之出奴莫金頴入門見之出來言
曰夫入則已到監司宅下處而書房主宅以下則時
未出來又令莫金入見則一行已畢出城矣余即往
下處妻兒相扶而泣是時之難難以云云相與訣別
馳出樓院則　王子及領府之行已入吳加屎之家
銀溪察訪金頴達鐵原府使金軼到此店察訪曰
吾以驛馬差使員入城而　乘輿已發餘馬到此可

汕軒先生文集卷之一　二十五

以護送此行聞來喜幸府使曰吾則領軍到京城而

朝寧郡守馳還而路見本府軍人曰

兼輿己發汝等往何處云故諸軍皆退來云吾答曰

諸道徵兵爲守城難

乗輿西行而必有交付之處何以徑自罷來府使間

言即起上馬向京　王子之行冒兩而發晩抵楊州

牧使金福慶在客舍中大廳相揖而言曰吾去夜宿

驪州有人來傳倭賊入來驪牧驚動而吾則不動兼

府下來今續到此云余曰令公呀領何軍耶答曰掘

灘軍也盡掘予答曰軍少灘多難掘云余曰其役不

可停也答曰軍士聞
衆輿之出盡爲散去奈何仍曰老母病重云而入衛
不出
王子行次數箇子鄭德麟領府事子金鬪軍官趙仁
徹隨行子呀帶則仝也軍官李景震則避而不現
可痛
壬辰五月初一日庚申朝兩晩晴 宿抱川
是日朝牧使楊州牧使金福慶 出見問其母夫人氣候則去
夜再度氣絶艱得甦醒今日陪移他處吾亦從此棄
去云子曰守城之人何能自任耶答曰老母病重不

可遠離如何如何大抵人心已離難以收拾去予曰

領定人心之責都在守令何以發此言耶勉以死守

而別□到石門嶺見前南兵使申砬砬曰吾兄輕敵

果敗奈何聞命馳來而路遠馬疲今乃到此將向

何處耶領府答曰勤　王守城皆是重事而今則京

城當敵八京城則都檢察使必為節制須十分盡心

為之　午後抵抱川官門外絶無男人一名來見者

八門招鄉吚則鄉所朴文斗者來見問主倅去處則

縣監領軍馳去云或曰避在村舍云發楊邑時送世

斤往候于陳畓里則家屬等追來于吳家屎家而吾

行己發未得相値云往在辛酉年間予隨外舅永公
諱孟環公之往讀淮陽官舍要以省觀或赴舉來過
初配父也

豐田驛寓宿驛吏崔仇家其子億京其族弟李

金孫相知久矣明到豐郵則蘇見可慰是日順和

君行次適然相値聞韓判書準則聞原州之路有聲

息云故欲由加平路來此云一行幷無事及策應之

事狀　啓仍宿于本縣明日欲留此探問京城消息

而王子不欲滯行予之痁患益篤悶　缺　奈何

五月初二日辛酉晴　宿豐田驛

是日午到梁文驛則驛子無一人來見村落皆空艱

投一舍炊飯療飢艱到豊田驛此驛之吏亦皆竄匿

察訪八郵艱得召集鐵原之人亦來支供艱得過夜

崔億京李金孫來見問其昔日之事慈感無任是日

入郵後京來永興　真殿修理時卷時官前觀察監

正尹踐形來謁此舊年同里之人三十年後相億抆

千里之外可慰此人自少狂直者多有敵懷之言可

嘉其言曰攄險守城易移　蹕復舊難豈非失策乎

意如是云

五月初三日壬戌晴　宿松洞

昨夜使世亦持斗米徃見家屬于陳沓里納以追來

19

于豊田驛而日昏宿于池習浦人家到岐古介下相

値得家屬平書旦得正字書（公之第二子諱古元公之出投北關後三日継）裹出投北關後三日継

逝此脈乃投去三月十八日大同江船上相別以點

馬缺向龍灣者也未知何縁而相値投此耶見其書

則到鳳山郡驛馬以事變皆上京艱得私馬到岐州

復命納馬牌于柳直長淇以父母相見事向洛路

聞父母皆向北路馳來之際與母行相値流離困頓

之極母子相逢實是不幸中之大幸也是時蘓倒不

可形喻妻及兩女李郎（公名紗汝壻喜元公三子第之書亦）

來過王城到金化縣五里地有金城真木驛公文

20

餘戶尋得玄守貞家初昏始得夕飯困臥度夜是夜
甚只飲米食一器後踰歧嶺則雙嶺下有新村三十
僉位議定還出其後路過赤濱里投入路邊人家飢
改路出此洞則有松洞路可達鐵嶺只路險難行爾
城予乃告曰旣有向北之命似難因此道頭遽易
大路　王子曰然則夾難仍進前路當自此西向箕
大驚趙宣傳仁徹亦曰自呂州其音安灘渡涉則春
倭賊睬陷春川今明當來此監司亦走避云　王子
來到昨日金城縣令鄭賜湖奴子在春川者來報曰

馬頭安春希逃去可痛是日金化路聞變時　王子

夫人下轎上馬此必是初度騎馬而事迫矣不以爲

難可歎　寮訪曰今朝驛下人來言曰去曉佩弓矢

騎馬二人過去驛里而踪跡其殊常云未知何如人

耶無乃賊謀耶余大言此不過避亂之人何如是發

駿衆之言耶云則寮訪則解惑而下人則難以鎭定

可慮

五月初四日發亥晴　宿淮陽官舍

是日早發踰雙嶺到嵐谷縣皆是辛酉年間往來使

嗟者薪蒭之費下人之供盡心爲之此是未忘舊情

重湖先生文集卷之七

22

而然也感喜無任午餉後向銀溪十里許王子夫

人忽得眩證幾墜下人艱扶下馬鋪馬轎臥痛於路

上一行遑遑無以為計俄而淮府小吏輩來傳府使

出待銀溪川自此綠距二十里云王子曰自前

刻稍定隨行領先往以待再三送言故領府以下先

行川邊則銀溪上津向鐵嶺岐路也依幕下吏白府

使於前刻本道使關內趁今日領兵馳進事馳還本

府云似字有睞日真木驛戶報監司走避之說已歸於虛

極為痛憤日勢已晚未及踰嶺則不可露宿王子

八幕即時稟議向于本府銀溪以下物色宛然幸壬

年間面目而娉君來笘眼前使嗅之人太半作右
府儒生等及府吏奴輩多來見中貴仁者乃慶元之公
長儒避病主人也慶元年二歲時隨娉君來此娉君在
子北川船上招此兜登舡則登舡即時捲其舟中坐席
而見之其心疑必其舟中亦有水也娉君見而奇之
曰乃兜他日必詐有心計者云其冬得大病將不救
而官奴根耳官婢姜德等隨廳攽避寓之處最是有
功勞者姜德則己疕云此雖事變騷擾之時而舊年
情護之人重逢扵三十年後不可不表情故乞得役
穀扵主倅輩等分給山川形勢宛然如眜只舊㣲數

北關日記上之三 三十一

24

盡無餘官廨則一新百廢俱興人民安集閭閻櫛比
前府使洪仁傑可謂良吏也視近來要悅於士豪以
致官事潰裂盜得常職間變釁逃者不亦遠乎老吏
老奴老婢等皆重泣而言曰自聞令監登第日望此
道別星而吾輩不幸一未得見而今逢於劇邑之中
不勝感愴大上典公家遞去之後又有許多善政之官
而亦無如其時之安耕鑿至今遺愛如父母矣以令
監之德免被宋司僕醉狂之害者不知其幾也所謂
司僕者宋公之孼産也非沉潛者而頗有酒失畏我
不敢盡行酬怒故如是云可笑　是夜府使金鍊光

25

領兵向京

五月初五日甲子朝雨晚晴夕雨　宿安邊高山
驛

是日平明冒雨向嶺路到嶺頭安邊人支待銀溪寮
誅金嶺達驛歸此是急難救護人也別懷頻惡此人
有兩親在湖南任實縣為人慈詳謹愼極可愛也如
是者可堪要路之任而沉放下僚可怪　到高山驛
自鐵嶺下山之路三十六曲云而未見其的大縣盤
回依路一行之人曲曲相値山勢直下若不盤回則
難以著足未及驛門五里許逢兩入驛後雷作雨注

一行僅免沾濕良草良幸今日乃端陽節也每年此
日受椒扇之賜而今乃跋涉到此不得把一觴蒲
酒可歎

五月初六日乙丑晴
是日早發行欲知家屬安否且聞有飢餓之獎使景
守員斗米而送于陳畓里午過南山驛路逢德源府
使李永琛領兵向京其兵頗精馬亦肥健入府後永
興判官李仁男利城縣監崔湖領兵過入見而歸本
府使崔鋧來見此乃地部秋部判書時郎僚也見之
多慰

五月初七日丙寅晴

王子初五日踰嶺大抵人心驚動自楊州一路人民

散亂若不別樣 宣諭則前頭之事極為可慮臣等

來伏嶺外 乘輿起居京城消息不得聞知西望

雲天危淚自滂事狀 啓 趙宣傳徽來言曰有金

生員子與三寸事貴榮有世分云者來稟於三寸曰

此王子陪來之事 朝廷所知所令者耶云其言

極為駭愕云余曰上洛金貴榮云何答曰三寸別無

呀言只言受 命陪來之意云如此之人所當梟示

警衆而恐人心驚動未果且如是為言者非獨此人

此府吏亦是虛刦者故多爲驚動之言不爲鎭定之

計可慮可痛

五月初八日丁卯晴

是日以賊入都城臣子之義罕當奔赴相議處置次

割即馳來事關通于監司兵使又以臣子之義不可

安坐承　命出來之日以號召義旅事　傳教先後

軍二百餘名定將奔赴路粮留粮措置無路各其

附近官粮餉盡心措置各官守令監官各其會穀量

數分給事關通于京畿江原忠清道監司淮陽一路

守令監司定送各行陪吏　王子道則高原宋春慶

上洛道則文川金世龍判尹也即公道則德源金麒麟

云有自京來者言倭冠於入城之後晝夜困睡若

乘此時用兵則可以勦滅云二十八日忠州接戰後

晝夜長驅此非但百里趨利者而我兵先走如何可

痛可痛

五月初九日戊辰雨　宿德源府

是日冒雨向德源大雨終日晚入德源府此下欽

萬曆二十年壬辰十月初一日丁亥晴　留別害堡水三

是日濟用僉正李坤判欽李夢見陪　聖旨來　王子

重明毛主文集卷之上　三十三

圖出事也仁執附牧公馳聞臨海順祐兩王子行入會寧叛民鞠景

教而瘀銀金綿紬募人潛入賊中乘隙百行在故有此下

計既還事也後竟斬景仁以獻頭祗受後相

與痛哭押等持綿紬六十疋白金三十兩段鍱匹

來聖旨內閣卿幕下有白應祥者多有心計亦令

與之同事云而　王子枚前月已過此府白應祥已

出陣呀故具由狀　啓還上送是時河原君方在北

青欲除此綿紬若干匹送于河原而李押曰李夢見

偷用綿紬云若計數則恐有難處之事未果夢見者

乃京居廢孽悖戾之甚者而濫竊科第其用心如此

云午後金忠良得佐郎君漆坪平書

31

十月初二日戊子晴終夜雪

是日餉堡中軍士一陣皆爲醉飽可喜　從事軍官

終日較射　南道別試武科初試試取一百人開坐

啓本秘密　下書祗受秘密書狀二道雙靑堡斬

賊一級上送事及避亂入北監司李聖任召募義旅

討賊事移文知委事端川郡守姜燦斬賊一級李應

福李瑗等斬賊五級上送論賞事定平府使申石溪

雲龍萬戶宋安廷羅狀　朝廷處置事天兵入送事

別遣重臣事　啓請書狀封進

十月初三日己丑晴

重湖先生文集卷之上　三十四

是日如前坐起招諭陣中軍校曰昨日病未親監饋

飼而自朝廷有撫恤軍士之命故依命令爲之

汝等其知此意耶咸曰昨日人皆醉飽熟不感德新

及第之人則尤爲感激不知乭言云此乃初試而如

是言之者乃德談也可笑

十月初四日庚寅晴或陰

是日如前坐起

十月初五日辛卯

是日如前坐起　王子乭在探審牒報事關通永興

以南各官

十月初六日壬辰

是日如前坐定平金得泓斬賊一級召募軍官金

壽俊等論賞聳勸他人事各邑守令逃遺者治罪還

任事北評事鄭文孚與六鎮將士來會于鏡城而吉

州之賊射斬綠利城縣監吳定邦本差事金壽俊

等萬戶除授事北道避兒李聖任狀　啓轉達事書

狀封進

十月初七日癸巳晴或陰　在別害堡

是日朝金鑮所領軍士及官層點考皆是壯軍可喜

咸興居李得來詣見其爲人則非但勇健聞其言

重羽先生文集卷之上　三五二

則似有智慮且無慮誕恇怯之病其言曰吾以單身
亦可斬賊倭數十第恐我人告訴於賊中故未果大
軍出陣則何難勦殺耶吾意則合諸色之軍大擧一
掃可也余曰大軍未易聚而且氣漸寒自賊小處先
擧則用力少而成功易也得曰令教亦當聞咸賊所
謂大將則已於秋初大作木柵以自衛所謂判官者
亦於近日發軍四百伐木作柵云若入柵內則恐難
勦殺也余曰雖入柵內若結陣城外樵採糧餉絶矣
亦豈無行謀可爲之事子得曰捧米已多過冬無憂
余曰過冬之粮厥數不少何以接濟亦可一炬作燼

得曰此則然也吾隣有徐莫世者其奴投入賊中而

時或出入主家可以有爲云方留城内者不過五六

百名而病弱三分之一持銃筒者什居三四云稗

將崔瓚出去咸與爲體探城中賊勢而還來也咸

興判官白應祥自天飛仇非（兩堡地名）三水地還　教書肅拜

咸判之言曰近日諸處飛報皆不實大抵大小將中

一人踰黃草嶺然後可得聚軍吾欲踰嶺召募軍民

云余曰吾欲見君者此也君言如此可喜咸判言内

募兵當處其一踰黃草嶺院東邊熟石坡洞其二

府西西朝陽杜蘭行洞其三德安陵洞云是日成

重朝先生文集卷之七　三十

允文此兵使　批關及官教下來即爲　肅拜

十月初八日甲午晴

是日如前坐起　御史李校理行次先文來到初六
離立石指向別管云李是晬光而聞其母夫人避亂
此地陳疏尋母而　特許從願仍　命爲宣諭　御
史云此是分外　天恩可謂孝得慈母也　檢律

黃彦秀來現早朝從事黃會元兵使成允文甲山府
使田鳳亞使李應虎三水字鈇数相會展地圖指示道
路李得朱應武等亦同象

十月初九日乙未晴又雪

是日朝大將北兵使成允文左衛將甲山府使田鳳
中衛將鏡城判官孫守憲右衛將前僉使李應元出
師余登南門樓送之以兵貴精不貴多用命賞不用
命戮兩件常談約誓而送大檠人心思舊賊惡賞盈
以理推之則可以成事仍與從事亞使酌二巡而罷
仍坐于大廳
十月初十日丙申晴夕雪
是日如前坐起柳應春李鳳鄭千守趙彦守來麕賊
頭二級問其捕賊之由則一賊則彦守與李鳳以石
塊打殺一賊則僧贊允彦守以木椎打殺云

十月十一日丁酉晴午後大雪

是日如前坐起北青府斬馘六級銃筒一柄上送事

李悌可論賞事北兵使成允文等出陣咸興事柳應

春等斬賊二級事空名告身空名帖免役免賤帖下

送事狀啓

十月十六日壬寅晴或陰或雪　以上四日無錄

是日如前坐起咸興知印韓栢崔彦守等所復賊馘

二十五級上送事軍粮軍器　啓請事申石溪等請

罪空名告身　啓請事書狀

是日　御史李校理入堡割別金司僕震緯隨來得內

行平書江界府使亦有問饋申石溪捕賊倭三名送

于衆巡察 名言愼號壹峯文科 吏曹判書礪山人

十月十七日癸卯晴 啟陪去人李元還自義州行 書前月二十七日向圻營云

是日坐起如前狀

在萬安又得佐郎漆坪君 漆坪君壬辰以戶曹佐郎特拜陽城縣監 歲伯沈公然然啟請爲從事官故向圻營

十月十八日甲辰晴

是日前北靑判官李悌可來現行刑施威後教授

十月十九日乙巳晴夜大雪 此日無錄

十月二十日丙午晴

40

是日 御史李校理向北由廟坡路云

十月二十一日丁未陰或雪

是日吳應禮陪獻馘書狀向義州柳應秀等所捕咸

賊十八名又三名林均等所捕端川倭賊九名定平

倭賊二名本府賊五名事也 洪原前縣監郭岑來

赴營門納五馘前日所捕亦有十馘云是日獻馘三

十二也 是夕德山社將李惟一與洪原倭咸興倭

接戰斬三十級來納馬三十三匹銃筒十二柄倭衣

一百四十三領牛四頭云

十月二十二日戊辰朝晴午陰

41

是日郭岑呀捕倭馘二來納定平假官報府人斬馘

五馘而送于巡察使云

十月二十三日己巳晴

十月二十四日庚午晴

是日營知印朴銀千陪書狀向義州李惟一所獲馘

耳三十九全頭一李惟一前呀獲二馘郭岑前呀獲

四馘柳應秀呀獲二馘上送事都巡察使巡察使事

日下送事定平假官姜德男所斬六級上送事田鳳

穩城韓希吉南虜候假差事書狀亦進松窩書狀亦

去是日乭足等堡馳報內北道軍士及其知介等

澤堂先生文集卷之上 三十九

來討吉州倭賊無類勦殺仍向臨溟云

十月二十五日辛未晴　宿天飛仇非君良家

十月二十六日壬申晴　留天飛村

是日咸與賊黨陳大猷[我國反賊]及子界壽捉來

十月二十七日癸酉晴

是日秘密　啓本一道洪原縣監呀捉賊倭封書十

四張倭鞍上送事咸與罪人陳大猷父子等械送

十月二十八日甲戌晴

十月二十九日乙亥晴

是日軍官宋賢押大獻等向義州

十月三十日丙子晴

壬辰十一月初一日丁丑晴

十一月初二日晴

是日助防將李之禮節制八送永興府使安世熙罷

黜事兩巡察孥出則監司別設事定平斬馘五級上

送事申夢仁陪狀　啓去

十一月初三日晴

是日狀　啓陪去人樹蘭還　行在萬安別試初試

人一百并　賜及第紅牌來

十一月初四日晴

44

是日發衆山家向兀朴仇非燕申家朝時到麻水里

領給紅牌

十一月初五日晴午小雪

是日韓僉知希吉陪 教書來 行在萬安播告一

道民人 教書及掩理僵屍撫恤妻子事有 旨祗

受書狀全伯王斬十蘵事郭岑所獲四蘵上送事

啓聞封進

十一月初六日晴

十一月初七日晴

十一月初八日晴

十一月初九日晴
是日夜夢終南書舍南庭盆池白蓮出水尺餘每盆
蓮花依英各两孕開西牗視之則又依两孕東邊
池又依一英并九英也一日之內蓮花依英至於九
數甚是竒事勝兆云覺來即記者志喜也

十一月初十日晴

是日秘密書狀一道叛賊鞠景仁等十五名捕斬事
定平府柳忠進斬馘七級明川金德龍斬二級北道
将士來會鏡城北地事板蕩悶慮事鏡城精兵等斬

胡五馘事

十一月十一日晴

是日以芚場等處防截設險事軍官李彦禧出去

十一月十二日晴 此下五日本皆有記而事小故不錄

是日高山察訪向咸興

十一月十三日晴

是日前吏下僉事柳泠來現推問還送

十一月十四日晴

是日吳應禮回自義州 行在萬安

十一月十五日晴

是日前雲寵萬戶宋安廷來現教授還送

十一月十六日晴

是日金從事向咸興大陣

十一月十七日晴

十一月十八日晴

十一月十九日

十一月二十日晴

是日大將牒報內十八日移陣高遷倉近處云以龍德安陵近處事囬送

籔近處設伏似有字還移中央

十一月二十一日晴

是日曉漢彌縛三人來告曰此人等自屛風坡出來

故挺納云且曰北評事捕得吉州之賊甚多云可喜

可喜 是午北評事馳報到付前月晦日吉州倭賊

六百餘名出掠海汀高敬民等捕斬一百二十五級

馬一百三十匹倭旗環刀等物多數奪取所掠人畜

亦爲還奪云鄭文孚帶鄭見龍領吉州兵千餘名退

縮明川縣故未得盡捕云可痛

十一月二十二日晴

是日三更受 恩賜羊裘謝箋封進吉州捷報端川

所捉倭書三十三張全伯王元塽等獻馘十九咸賊

向南官事書狀封進 賊勢捷報為諸道之最時冬涉 自上彰念其暴露之久特賜

49

羊裘一襲以勞之
其謝箋見上箋條

十一月二十三日晴

是曉白應祥馳報內林萬千十八日告目內前後請

兵皆己還去咸上衙倭將聚村牛十五驛子十五將

以採銀事出去云又令倭奴三名分送定平弘原云

其情叵測不過爲南出之計或不無更會南北之軍

也大槩十二日之戰倭奴涉水凍僵皆臥痛云惟

一柳應秀皆欲屠城軍情亦如此云廿日大將使北兵成

文允
還陣于陵近處

十一月二十四日雪

重胡先生文集卷之上　四十三

是日曉一從事向大將所以龍虎分衛及屠城便否

議處事也　是日判官與報倭判官之撱有判箭傷而

鼈云　是夜夢見長脉君漆坪形容甚瘦問之則患瘧漆坪

云手持數道書札相泣之際夢罷夢亦未洽可痛坪

君己枚十月十八日殉節枚朔穿而公尚不得聞知故至情相感無異幽明現夢枚千里之外如是丁寧

嗚呼異哉

十一月二十五日晴

是日世斤面自石州得各處平書可喜正字公翰林書

有欲來見之意　大將馳報內十八日移陣于高遷

著非移陣也以無擾奸事移陣高遷一夜而又往來

永川還云

十一月二十六日晴

是日南兵使從事居山察訪李春祺軍官曹貞敏來

言南兵使以利城北青等擧事臨時而人心以赴咸

爲難將有潰散之患故不得馳赴云極爲痛憤而其

事情則亦不無是理大槩利北之軍以爲今明擧事

而大將領軍馳來則非促不得討賊而賊若知幾則

不無肆毒焚蕩之患此果可慮故不得已以若不得

領軍則只率軍官及營屬馳赴之意回送且以實若

今明擧事則過後馳赴之意言于從事而送

王子及諸宰皆仍留本府留賊可六千名而二千名
以得粮事向江原嶺東云

十一月二十七日晴

是日二從事及李元立回自陣砑聞從事之言則陣
中別無他奇大緊軍物軍粮難繼且城中賊以不早
還爲悔至有自中相詰之語云朕何可信也聞元立
之言則穏城當初則頗有逗遛之迹而後則力戰韓
德久輕動可慮云而李瞖之言則韓也逗遛最甚云
而二人之言各異可怪且元立之言曰以咸興之兵
似難擧事雖延退數旬欲收嶺北兵以來云此則極

爲無理可痛可痛

十一月二十八日晴

是日北兵使奴囬自石州得家屬九日平書 南兵

使所報利城敗走之賊二賊中路見斃十五六名入

城見斃箭傷將死者又卅餘云且端川所報嶺東驛

出入之賊六十餘名見誅云可喜且聞元立言則李

之禮韓希吉不受節制於兵使云可痛 是日柳裴

奴來呈狀曰朱慶禧處上典有寄置之物而慶禧托

以監司判官座首盡用而不給請屬公云考其前日

手本則手本外物件亦多其所謂監司判官用下者

重溟先生文集卷之上　四七二

54

必是使監司激怒而慶禧者大榘不爲手本不爲推
給可痛可痛爲柳裝者則雖失許多物件而厥父之
贓物濫數錄呈慶禧則可憎而裝也亦爲無狀慶禧
若推問而成罪則柳希澤亦應錄柰柳寛之國初相孫
錄職則可謂忝祖之風可痛

十一月二十九日晴

是日利城五級北青二級倭書七張上送書狀吉州
斬馘十六咸與韓承威斬賊馘各一四賊黨馘三定
平柳冷斬馘三文川高原斬馘各一吉州賊六十馘
斬得事科甲權管高敬民軍功事等書狀二道封進

洪原根世持一醎來見此乃喜元
公心第
三子
永家奴也

內行入來時持馬徙迻于淮陽到洪原退留者令復

來現可嘉崔僉知石加踰鐵嶺云未知詩卷置之何

處可歎空平左衛將
使甲山府
鳳所報南來之賊七十

餘名向于咸興云十二日接戰之後今已十餘日故

賊也疑我軍舉事而請兵于他邑也可痛可痛即文

移于大將使之奮勵而未知動心否也

十一月三十日晴

是日夜夢待衛　王座座前封褁叚子略干封分

賜諸臣余所受者黑色也覺來感激無任

重湖先生文集卷之上　四十六

十二月初一日晴　留沙水村　咸興地

是日曉夢待衛　王座從容下問賊倭終始形止余

亦詳舉進對　上意嘉悅八彩有喜色在傍諸宰亦

爭詳問多有喜幸之色覺來如有所得即起記之

十二月初三日晴

十二月初二日陰或雪

府屬申夢仁營羅將崔俊回自義州　行在萬安云

十二月初四日晴

是日吳應禮陪陣所將士軍功官教向陣所

一十二月初七日晴己上兩日缺

十二月初八日晴

是日營奴加應耳陪狀　啓向義州因公差聞金大

啇直走江界不勝痛憤即姜李球捉還守令邊將假

孝等第退行事金大啇棄陣軍事端川等官斬馘四十

六大將推考事金大啇軍粮軍器持去事金大啇捉

還事乞平斬馘八北青斬馘五上送事書狀封進

十二月初九日

十二月初十日晴

是日高原郡守所報內本縣留賊八百餘名而添德

源來賊數至千餘名云又云文川賊八百餘名十一

月廿七日同郡地境箭灘結陣而即爲還去云又云

昨日鏡城人末應土里端川申男持鄭文孚狀啓

到義州回來言沈游擊帶五千餘名向平壤以回兵

南還事開諭出城之後與我軍合勢勦滅云出城之

後唐兵趁未追及或依約出城量其唐兵還北之日

回軍向西則何以爲之　朝迁必念及于此而大槩

可疑未知誰爲此策也

十二月十一日晴

十二月十二日晴

十二月十三日晴

是日御史李校理駿到江界立石里寄贈絶句可慰

南道兵使崔湖向磨雲馳報來可痛鄭文孚向六鎭

馳報又來

十二月二十四日晴巳上十日無錄

曉夢還漢洛舊舍叢菊長可尺半枝葉頻茂余與友

生相對曰賊也折盡而此花根本擔在可作霜後之

玩也　是朝與兩從事相議以韓仁濟爲北虞候以

金範爲富寧府使送可帖　是又莫世還自江界

春蜱亦來正守以慰我事來到江界一日程見余停

行之戒罷勉田程云石州之事多有可慮者故申申

戒之使之仍留着護一行而見書（翰林公書）不覺涕迸榮

享五十年豈料有今日耶聞金大扃退臥樺皮村使

其所領之軍日事畋獵而潰散之軍逐名徵鷹而此

時得鷹爲難故皆納山羊皮獤鼠皮故己散者不聚

云可痛

十二月二十五日晴 無錄此下五日缺

大將衛　　　　　　六千八名

左衛　田鳳　　　　六百二十三名

右衛　崔大洋　　　五百九十一名

左斤墩　白應祥　　六百十九名

右斥堠

鄭彥龍 三百五十八名

游擊將 李琰 八十一名

游擊將 金大商 六十名

游擊將 李惟一 二千八十六名

召募將 柳應秀 七百六十名

召募將 朴吉男 四百六十名

召募將 韓承威 三百八十名

萬曆二十一年癸巳正月初一日丙辰朝晴晚陰

在沙水村

坐起如前是曉無殿牌未行望闕禮如前向北

重朔先生文集卷之上

四拜是朝外間有誼譁聲問之則有日變云出視則
日暈兩珥有冠有戰見之可駭朕非貫日變也而以
元日故人多驚惑余明以解之俄而大將馳報內去
十二月二十八日柳應秀鄭海澤李彦亮等斬賊倭
五鹹我國被廣人一名上使馬七牛一衣六釼六則
在陣云新年之慶自此可占而朝日誼譁驚惑之輩
沓曰巡使之言政是可笑

正月初二日丁巳晴　在沙水村
坐起如前文川郡守鄭鶚馳報內假軍官校生朴仁
善斬一鹹官奴杢廬未斬一鹹假軍官鄭元國斬一

醎及環刀三柄上使云刀則永興府使留上云又郡
守奪倭所收粮田米十五石云可喜 釼山等四處 錚
伏兵畢咸定咸興助戰事炮手四五百名八送事 釼
定牟

狀啓

正月初三日戊午晴 在沙水村

坐起如前狀 啓陪持人營奴加應耳囬自義州

行在萬安

正月初四日己未晴 在沙水村

坐起如前崔東望子也 牒呈據評事鄭文學推考事

張應祥明川縣監牒呈據鄭文學鄭熙績推考事德

源文川高原等官賊倭八級上送事安邊府使崔鋧

罷黜事吉州牧使鄭熙績牒呈據嶺東之戰死傷數

弓箭造作魚膠牛角牛筋下送事金大商還赴陣所

依前

聖旨施行事狀　啟

正月初五日庚申晴

坐起如前

正月初六日辛酉晴　在沙水村

坐起如前三水郡守馳報內首匄商春年網漏京中

避兔權與開諭甲山品官朴延彌金潤國等設策生

擒而頭顱見傷絕命之前處斬梟示魚忠佑使其子

進級誠心爲 國叛賊閔希元等亦爲捕斬至爲可

嘉事牒報權輿魚進級具德仁等論賞事狀 啓

正月初七日壬戌晴 在沙水村

坐起如前日氣晴明此是吉北可喜因佐郎徐湄稟

簡通以安澳德興大院君婚 夫人事不知去處曾以再三行

移列邑令承 聖旨更爲移文使其守令鄕所盡心

訪問事書狀見徐湄之書則此道之人以鄭文孚適

將多有缺望云極爲未安不可仍冐司命號令三軍

請 賜退斥事書狀 玫討事有 教祇受等書狀

66

二道封進

正月初八日癸亥晴

是日夜莫孫莫金來自石州亡脈君漆坪遇害扷十月

十八日早朝云欲問無語欲泣氣塞恨吾不死聞此

不忍聞之言也

正月初九日甲子晴

是日曉招問莫孫則凶兇扷九月二十五日離義州

十月十二日到朔寧將退留扷兔山而畿伯岱公不

許故仍留十六日送莫孫于廣陵莫奴扷十八日到

廬則佐郎君漆坪內行己扷十六日向陽城陽城座首

67

李文白以米十斗募人持粮送廣寧室內去云此義

士也亦可知亡兇信義之感人也尤可痛也

正月初十日乙丑晴

坐起如前

正月十一日丙寅晴

坐起如前鐵山等處伏兵軍除出以助咸興等處兵

力事蒙 允而節山雪漸消同路防禦尤緊不可除

出事鏡城判官孫守憲八送吳應台吉州因任蕩平

端刺等賊事狀 啓

正月十二日丁卯晴

坐起如前

正月十三日戊辰晴

坐起如前

正月十四日己巳晴

坐起如前

正月十五日庚午晴

坐起如前是日晴明亦是吉兆也第以兒離之故藥滋聰酒皆闕可歎　李聖任令公以義　且罷後燕所

錦魚所事將向　行朝來過營門問其比來事蔡則曰利城捷前已馳報而騷言終始則去十一月十七

日領所率兵向端川行到利城縣迤西院洞望見烟
火即爲約束先以慶興府使羅廷彦吾乙足萬戶宋
恩誠爲先鋒吾則率元軍與兵使從事官李春祺即
向焚蕩處賊倭百餘名發射放炮我軍挾擊大呼賊
勢摧挫我軍乘勝斬馘五級奪馬八四環刀十五柄
銃筒三柄火藥鐵丸八盛三囊又奪還擄去女人二
名及牛馬軍功人則私奴安連福最優羅廷彦亦有
慶奮不顧身極爲可嘉云
二月初一日丙戌 巳上十五日錄
二月初二日丁亥晴

重刯先生文集卷之七 二七三

二月初三日戊子晴

崔僉知哛㗊金彦誠囬自㝎州　行在春宮亦會

侍衛萬安云重歡之慶如何如何聞來不勝感泣

以鄭文孚大將事辭職塊而勿辭事　囬諭亦爲感

泣無任　備邊司公事内　天將欲以炮手數百名

入送云陣中之事必多缺㬠可慮可慮　是日咸正

劉昌陪邊將守令假差薛𡌧遮截防禦使以下節制

使李仁男被害事全伯王李惟一哛獲三賊北道將

士蕩平吉州後盡捲南出事崔鈾所獲三賊渭原理

山軍餉取用事書狀向㝎州

二月初四日己丑晴

亞使以軍中將士交米供饋事報禀極爲未安而天

將支待稻米極難都察以下亦爲交米事下令文

川郡守報依前道節制去月廿一日郡留賊等入接

處官舍賊粮積置處並衝火無遺燒盡郡被擄吏申

忠彦申忠輔金彦正李春孛鄭光倫等潛入衝火云

李從事報前月二十一日　天兵到松京留賊移擄

青石洞　天將生擒賊魁三名其餘一時蕩滅後直

向京城云京城之賊聞平壤之急空城西向之際嶺

南兵十餘萬直入京都云　天將懺許有令一技兵馬

當入北路
平壤今雖克復北賊猶在背後將患不可不慮故出一技兵馬分勤來之北賊留處

蒭糧別措事云故 東宮特命巡察使平安道先

入北道 大朝別無命令調度事黃選尹洞分掌西

路各處軍糧轉運各道而後來唐兵自義州抵平壤

首尾相接不知其幾萬經費日增用度將多姑寢運

北之擧轉輸於箕城事已有都巡察文移故成川之

粮餉七百餘石中途還輸云極爲悶應

二月初五日庚寅雪

見端川郡守呀報則北道兵自以爲北青兵接戰呀

得之鹹盡數奪去云會寧府使報評事　啟以府使

即鏡城府
使鄭見龍

奎防禦使云防禦使果是評事乎可　啓

筆者耶鄭文孚之大將出於羅德明鄭見龍之防禦

使出於鄭文孚可痛可痛

此下三朔
日記缺

六月初一日甲申兩　在初陽洞

是日與都事審藥檢律行望　闕禮仍坐行公酉時

上衙

潭源殿晬容秋安日期已迫所當馳詣而寮防投入

按安接行次　恭洪世　人馬一無來到到則可以乘夕起

程而終無形影可痛與都事終日苦待人馬而終不

重明老生文集卷之上　三十二

來

是朝初見莪菜

六月初二日乙酉雨　宿定平府

是朝寮訪始現人馬則終不來去月晦夕聞

移安擇日定行　奇即馳送馬頭南應龍収斂德山

名驛人馬而本驛人馬亦皆為安接所帶艱得七八四

而來除形名〔形名疑誤〕陪牌與都事一行軍官曹主簿思

善李主簿球子弟宋直長巍隨之終日冒雨到府地

閑堂里陳霧家午餉向之平由徑路馳去則可以早

到而前導吹螺亦欲扱境上遞代彊由大路以致渡

涉川水下流水漲馬腹衣籠文書箱盡濕到得十里

程日已昏黑人馬難得免死到下處則安接使過去
宿于五里洞云府使聊見行次先文則可以預備支
拱之需而將至戌夜不爲進飯忍飢臥宿除茶啖而
先文題送無可望矣並除夕飯可歎載塩醬米太分
賑飢民到處停馬日已向晚不得已留郡事落後分
賑以此不得同時八府終夜待之不來必是過夜孜
村幕可憐

六月初三日丙戌丙或晴　留定平府
是日兩勢不止問諸下人則前頭金水津渡涉爲難
而耀德路則大川應渡處六也雖小兩決不得渡源

遠之水故六七日內水勢不減云思之則初六日則
決難為之又為退日而又有如此之雨則不可每退
不如待晴臨時 移安而擇吉行祭似為無妨故狀
啓稟定為計而永興野報一如吾意故停行事回
送仍留待晴而雨勢不止都事追來同議則其意亦
然是日分賑飢民終日不止

六月初四日丁亥雨或晴 還初陽洞

早朝發向咸京又載分賑之物而本府無米糧之儲
故以追擊時所留軍粮餘米及營鹽載來路邊飢民
聞聲出來者不知其數一處停馬分賑後則恐致期

日之晚令都事及察訪落後分賑到一川邊則郵

卒指左右弟舍曰彼則都事之家此則從事之家也

都事門前則種柳四株從事門前則種一株馬上口

占一絕覽卷上還到閑堂午餉未時還營

六月初五日戊子晴或兩　　在初陽洞

是日卯時坐起初六日水漲不得

移安事及此後則待晴擇曆書內吉日　移安事狀

啓酉時上衙眼飢如眛　　在初陽洞

六月初六日己丑兩　　在初陽洞

是日卯時坐起賑飢如昨

重湖先生文集卷之上　五十七

六月初七日庚寅陰　在初陽洞

坐起如前北道評事崔東崒以巡邊鑑李之令領罪人
頭足向京崔乃府尹岦之子也問崔令公起居則平
安以箕城討賊碑文製述次承
召朝夕當到　行在云評事之職雖非春　命之臣
而乃兵使牙將道内有都巡察使則評事又是巡察
衙門之官也巡邊使不當使喚而罪人頭足之領去
又非評事之任也　國體至此可慮可痛　問北道
消息則近無大段聲息只是錢部落有反側之胡而
今已納降云問北道軍功大槩而且言頃見永興鄭

文孚令公言其軍功之數過多則其令公曰其數果
多高下亦多失實處云黙耶崔荅曰文孚之言亦未
盡信也　評事出休軍官大言鄭文孚攘取高敞
民之功曰鏡明鏡州城之起兵專是敬民傳通
帝勑王言及道關之功也云
六月初八日辛卯陰　在初陽洞
坐起如前部將辛光遠自京備邊司密關持來
行在萬安東宮平復關于內前北兵使成允文領六
鎮土兵二百名由陽德黄河之路直赴戰所舖事也
後仍公　啓問曰此事甚可怪也徵兵於北道之遠
講事得乙

天章胡先生文集卷之上　五十二

似是緩緩使之直赴戰所似是急急別有南來消息
耶部將答曰別無他事促聞清道密陽有留賊賊曰
東萊等邑則朝鮮己付與我國欲為仍留天將問
于我國云問有生擒者來于 天將云然耶答或數
三十人或十餘人捉來見之道路云成兵使處膽送
備邊司關子端川吉州軍粮各二百石十日粮準計
舟運回泊于咸興定平海口事成關付部將而送兵
使出來時毋得使軍卒依事再三言送使之傳告
成公成公曾以追擊病留德源時縱其管下將士掘
取民家埋穀毆打穀主在在如是故南官未得付種

皆此輩爲崇云故戒送而未知施行否也

六月初九日壬辰晴　在初陽洞

坐起如前午時巡邊使李鑑令公自咸城來見而向

坐平具告昨日辛光遠所持關內事理及

聖旨內事理則巡邊曰北道之事吾所目見方今邊

敗虜踈朝夕可慮之時何以出送二百精兵耶六鎮

戰馬只有五六匹雖多出去亦無用矣須於今日內

狀啓云遂同議具由狀　啓鄭見龍成允文處亦

關通此意　巡邊使曰前則過去時見之大野中牛

馬甚爲稀罕而今則牛馬蔽野必是彼邊育物極爲

痛憤問北道消息則所答如評事亦安知急於還
朝而如是云耶且日上年投賊之徒不可待其取服
而後定罪云此言似嚴救討賊而事定之後仍用臨
陣之形決非可爲　問鄭禮國入歸時使告以田彦
國不可不捕之意則巡邊答曰鄭也不傳若聞此言
則狀　啓豈不校舉耶田賊勿殺之意鄭文孚狀
意未知有何所見可怪　巡邊且曰北地將士皆曰
啓若聞此言則只以吾言孤單狀　啓耶云文孚之
巡察使不用北道軍功云或怨或悶余答曰賞不留
時固是兵家所言而考其成冊則極爲夗雜往復勦

實之除自遲緩大騤自　朝廷言之則論功宜速而

將士言之則不可督促而左不可做出虛言也李

北道之人希望太急當以軍功已　啓之意移

邑何似云可笑　沙中之語自古皆有許陳其論賞妄折

巡邊且言上年勝敗曰申碎常所自言者顧為　下諫院啓辭陳其論賞歎我在

鋒挫其賊氣而上年徬川之戰則使我為先鋒之

先登挫賊而砬則為背水陣終至淊死云箕城之

唐將強使開路至於再三申勅將欲論以遠令而

終乃以此被罪可笑云　巡邊且言許銘令公之子

徹在京城方居父喪近色食肉貽譏民間故据囚而

重湖北北文集卷之二（一一）

安接濊以爲咎云巡邊且曰北地罪人定配事所

當關由道主而急拔實還疑擅便爲之而具由待罪

狀啓云余曰未爲不可而便宜施行之後不即關

通是則果爲未穩　巡邊且曰慶興移粟事當以八

月爲准而安接强以七月爲准自此循要爲望念

問巡邊曰彼地所居藩胡開諭各鎭藩胡歸順時有頭頭酋長

可以招致別樣指擇者耶答以別無頭頭之胡只在

我兵力盛强而已

六月初十日癸巳晴　　在初陽洞

坐起如前

六月十一日甲午晴　在初陽洞

坐起如前朝見麥飯時物之變可感

六月十二日乙未朝兩午晴　在初陽洞

坐起如前軍官金國鼎告曰內洪原縣監文李筌未聞

母消息病重令則向歇而旬後欲出南鄉云極可怪

也法典內乘鎮者本鎮克軍克軍者安有自顧擇地

之理子事旣後舉眷以來使享專城養乃爲孝子而

敢爲此計果是愚頑之甚者也

六月十三日丙申晴　在初陽洞

坐起如前午時洪原公兄文狀內縣監棄官出歸云

重湖先生文集卷之上　六十二

充軍事狀　啟啟草謄送使之開諭利害

六月十四日丁酉晴朝虹見而雨

坐起如前午時洪原公兄文狀內縣監病軍還官云

其人之處事往安在官無益而當此荒政方急之時

空官可慮况未必新勝於舊耶　紏察官金景紳刑

推囚禁上年冬　啟請平安道軍粮則以量數取用

事判下府使李明河能軆　朝廷盛意極力運出

故擇置瓦毛老僉使咸與人輸運以為救荒之資本

府之民頑其各一名輸米五斗恐有欠縮之獘加給

一升又給五升以為行粮而踰嶺之後卽還其家無

一升來納者而雖或有呀納而亦不過三升或二斗

八九升極為過其招問糾察官則景紳弓曰民飢其

故食之云問曰等是飢民均宜而既食六升之米又

為今食五斗大非　朝廷本意宜徵納分數使之均

活則答曰民皆盡食何以徵納云聞之則皆是此人

同謀偷食云極為痛憤如此之人不可不大徵空配

次家口推刷事行後本府

六月十五日戊戌晴　在初陽洞

依前行坐　關禮卯時坐起金直長應福任主簿愁

義問金應福曰上年晃汝書次往見陳賊 咸興叛賊陳大猷也

陳賊有所索云然耶答曰陳賊因人飛言曰金某應

嘗有尊分而何不來見近以議事事往來遠地云以

此不爲來見耶聞來知其已聞往來別害（公據所）而若

不往見則必至即爲縛送故一日往見則倭人二名

在座前則鮮長幼不敵必爲下堂揖禮而其日則坐

而受禮辭氣慢亢殊非昔日之大獻乃曰君於近日奉親

何不來見頃日往來遠地云以此不來耶答曰奉親

避賊何處不往耶非促此也近得腫證不得出入仍

出覲腫處則頗有和色曰人言果不實矣近日君八

答封中云聞之耶答曰何處得聞耶陳曰戍守妹（即桂）

言救厥甥曰窰封内東邊金書房主
亦在其中云吾亦以此知之耳答曰雖知其必死而
賴君前知是則君之賜也陳不答俄而婢子告以
點心飯則陳曰姑徐之余知其欲與倭人對飯即辭
出則出門後更招入余即八見則曰窰封如此君當
何以處之當初言其窰封而應福不問求生之路故
再招而問之使之乞救也即解其意問其生道則曰
倭人所求乃綿紬鷹子好品馬匹也余之畨有與陳
之畨連境處故以此畨為言則答曰何以出此言耶
倭判官所求之物納之為可云云而其實則欲取其

重明先生文集卷之上 六十三

畓約以後日而出來仍永八山赴陳云　任怨義乃

金應福之婦翁也有老毋云故給食物而送

六月十六日己亥陰　在初陽洞

狀　啓陪去人營屬孔德武還自永柔

行在萬安李從事春祺有書見其別錄則李提督報

宋經畧曰倭奴言朝鮮曾與我約私割與東萊釜山

等地東萊釜山是我土地故留此不還云經畧問于

朝廷自　上引見大臣兩司以明其誣且以進討

之意移咨于經畧及提督左相去是五月十九日

也　憲府連日　啓請　○園陵遭變未舉慰安之禮

91

黎庶還集咸切後后之望返　駕京都一日為急而
論議不一使海西僻邑為任　駕之所非但情理有
所未安都下群情亦將鈌然　答曰備邊司豈偶然
為之裁又　啟答曰宋侍郎曾有相會之議觀勢為
之　今月初七日
大駕將移駐安岳　中殿東宮移住海州而議論不
一未果云　寅城府院君鄭澈以謝　恩使曾已發
行而宋侍郎以為賊徒尚在境上遣人停之云
月初四日劉員外自京還
大駕將徃見向于肅川而左相來達速會之意

92

大駕直向安州相會後見劉員外則劉曰觀國都形
勢京都爲上平壤次之須速還京都云經畧之語則
未有的開大槩賊若不出則我無退避之理須還本
都致力防備云　今月初六日朴晉鄭希賢以二百
餘卒逐出密陽之賊狀　啟八來　傳曰朴晉捕斬
十五級遣宣傳官賚去于宋經畧處劉怒兵李主將
吳游擊時在善山云一院　啟大槩趙挺親承
御札于東宮所當掩涕奔走而横馳他境慢忽
君命請　命拿鞫　答曰依啟
備忘記曰賊倭之退歸也人皆動色相喜以爲賊不

曰歸巢無意追勦予力言其不然今屯據釜山等地
不即退歸觀此吳游擊稟帖則賊數浩大賊謀叵測
此人非憚賊者非妄言者　天兵捲還之後賊若長
驅而北則未知東土爲如何哉我國之憂於斯爲大
矣三軍勇怯係於元師都元師金命元未嘗斬一揭
竿如此而爲將者予呀未見依前教適差以權懔爲
元師全羅監司誰可爲之此等事勢須反覆籌度以
啓義州牧使金信元廣州牧使高敬祖全羅監司
李廷馣全州府尹黃暹
六月十七庚子雨　在初陽洞

重湖先生文集卷之上　六十五

94

坐起如前

六月十八日辛丑雨或晴　在初陽洞

坐起如前午後夫人氣候不平　是夕亞使還自定
平私舍云雨勢雖似連日而或有開霽之時只川渠
漲溢而已不至於傷損禾穀　洪原假官書思善辭
去成洞而又言勿接吾奴之意

六月十九日壬寅終日大雨　在初陽洞

是朝夫人氣候如昨　亞使從容來話傳巡邊等之
語巡察自奉過薄人不可堪云田之耕種者僅十分
之一而可望者耕種之田廢有所獲而雨勢如此民

之無祿一向至此可憐可痛以北道精兵一百名

依前公事加抄待令事僉知洪世恭妻朴氏烈死事

判官柳希津褒錄事安邊等官烈女等褒錄事狀

啓 是日則飢民不來水漲之故可憐

六月二十日癸卯晴去夜二更有月 在初陽洞

坐起如前川水大漲人不能渡半死飢民則尤難渡

涉使氣健驍衛可信品官文與教持米鹽分賑于飢

民所在處 夫人氣候如昨全不進食欲飲氷水可

應第有汗氣是則順候堅兒本以質弱新經重疾早

寢晚起眹昏不錄今曉早起問之則母氏臥痛故如

重胡先生文集卷之上 六十六

是云可憐可嘉 亞使送生川魚小俗得於舍前小

川云令人惹起三湖舊興茲賜多矣即與諸僚幕將

其破

六月二十一日甲辰晴

坐起如前午時書史崔彥鯤陪 璿源睟容奉安香

祝下來 行在萬安東官平復以黑團領祗迎兩勢

如此必不及是日極爲悶慮悶慮 五月十三日實

聽大臣啓曰今聞柳根之言京師遺民得見故家

舊基爭相八接亦有開市資生各官米穀亦到此於

江峽時生理稍爲成形飢民亦多撫按賑救之策不

97

可無也判尹李德馨旣随 天將而去判尹請速擇

差各司殘破而亦有遺存之物管理無人偸盗緫之

戶曹堂上不可曠闕無判書洪聖民以歸盡受由而

行䙝事若不定則始八京師蔡任收復之初苟非其

才難以收復敢啓

答曰依啓以歸出去似小未安

傳于政院曰自京城至義州憂駕內外上下人員皆

錄以啓備邊司卽廳 答曰北道兵使成允文前在

南道約束甚嚴軍民不樂及為本職其規畫處置之

能否未及聞知而只以振起行間難以鎮壓一道云

今啓諫所論不無意見依呀　啓遞差鏡城判官亦

以文官擇送何如　傳曰依啓　禁府罪人金貴榮

子闕上疏煞酌以　啓事判下矣其父貴榮不與韓

克誠同事分揀放出何如　判府内身為大臣屈膝

賊庭惟知乞和為能事棄其　王子爭圖出來雖不

足責似為不羨議大臣施行回　啓曰今之出來乃

景　王子之教則亦非獨一身之私計朝夕就死者

何呀其而為此苟且偷生平未有屈膝乞憐之事又

無與克誠同發之語故眛困　判下敢以分揀入

啓　答曰還送定配　府　啓大駕及時前進朕後

99

可以董　陵寢之役賴生民之命而或曰小駐海州
或曰安岳為便使　回鑾根本之舉漸至遲延都督
進次忠州無意進戰前頭之事大有悶迫　大駕還
意還都則策應祈恩慰謝徃復之事亦有所便　答
曰已議于邊司為之下允　五月三十日
傳于政院曰側聞京城賊壘破毀云非徒意遠而所
築石塊若不得推給本主則當用於都城修築之時
城外賊陣亦可用扱後勿為徑毀之意右相處下論
可也　全羅道運粮使書狀慶尚一路唐粮四萬餘
石嶺南各站已為八送一萬石水運洛東江浦口光

州判官李忠老領送事 府啓 皇靈所及京賊
鼪逬而窘陽以東尚復出攄至扵金山謂之舊穴立
石爲界以欺 天將湏無渡海之意曰今事勢无爲
危迫而伏見

聖節使賚去謝 恩奏章則有腥氣蕩掃窟穴都空
數千里之封疆二百年之基一朝還其舊等語似是
凶賊盡勤區域畨復此後都無事焉請令承文院更
加商確措辭俾無未盡之意 答曰依啓 六月初
二日禮書 啓目

傳教云云上自大夫下至賤庻皆欲慕華制衣帽之

制先為磨鍊施行此實用華變俗之盛意而於衡賊

亦大有關 毫從臣民所當急急丕變筭動四方而

近因

山陵之變改葬前白衣從事亦已行移八道即吉時

衣帽並為舉行事當為行移八道矣在此三升青藍

布以華制作次令戶曹量宜上下縫造人起送經署

衙門各樣造來而其中難貿冠服等則令次

聖節行次譯官處付送價物貿來何如

傳曰我國每事虛文頃日 傳教先從衣帽者非此

之謂唐官每笑其寬袍大袖頭戴大帽劉員外至於

移咨革改但唐制上下人員冠服外戎服及裏衣則
皆窄袖禁軍以下公私賤則皆著小帽毋得著笠若
簪鐶笠則勿禁事更為磨鍊施行 六月初七日賓
廳大臣以 進駐京城事入 啓 傳曰京城則唐
人充滿白骨叢中未可遽入事前已言之但黙觀事
勢 天將不協事機多畢賊衆屯擾其謀叵測不如
故在於此觀勢策應之為愈也今遠離經畧不能臨
機周旋或者非計矣又 啓曰臣等非不知此意而
京城子遺之民日望 翠華 山陵修改之事亦多
關禀故欲為漸次 進駐之計而今承 聖教事勢

103

果眹徂此處粮餉十箇日外殊無可繼之道極為悶

處答曰眹則預為措置他邑之穀輸入此縣

六月初八日

備忘記曰經畧言內留兵之將係國可意之人請之

云云駱粲將並留事請之如何賊兵出擾南徵將來

之事不可知如竹嶺鳥嶺及他要害之地審其形勢

姑為研木設柵以為後日設關權輿且出把摠官守

之如何造畫工一人于謝恩等行如遼東遺空

山海關設鎮城池之形詳悉圖畫尺寸俱錄先來通

事出來時為先出來如何唐人若問之則當以實告

重明七生文集卷之七　二十一

之曰本國今被倭患將法　上國設鎮之制云　傳

曰倭焰焰莫取勝於唐制其傳習匠人論賞

備忘記曰將才乏之人咸鏡道不無可用之人亦有立

戰功者予意若干可用之人遆來用之如何至扸

行在無一可意之將亦非遠慮矣如或遆來則其代

或以軍功人除授或以本道土人少蒙賞陞職者扸

擢用之以雀動為便　六月初九日

備忘記曰事變之後賞職一事出扵有司之手予則

未嘗有一命焉軍功磨鍊時徇私不公人無不知至

於陳疏上言者有之以報功之典作濟私之資是以

105

畫變以後自士流至於感孽化為鷚班而倭賊之勢
自如也有識之士或善其授職賞罰無章名分掃地
無且其間猾吏舞奸難以悉數此習不袪雖殺盡倭
奴恐復有倭賊抑有司之第功論賞無可論者而沙
中之語自不得不已乎是未可知也今後各別鍊飭
詳察為之　備邊司　啓曰　大駕久駐此道天
正經歲往來海郡山邑儲峙俱竭海州等邑有所儲
之穀而自彼移此有長山串水路極險輸來其艱今
姑移駐海州何如　答曰前已定必今不可移駐
院　啓　進駐京城事　答曰觀勢為之　備邊司

啓曰我國取婢之法摩自箕子之世代已遠莫
之能變豈無其意華人謂之家家有公候之樂者良
有以也今此變故天地所未有之會也公私若斬級
依事目納粟者許令免賤姑無不可其間或以雜物
如弓矢銃筒各處任事之員各以其意成給免賤帖
如此等事畢境不可施行事已爲捧　承傳矣且聞
各處義兵當初納粟轉以私意低昂捧八皆不准事
目之數或事罷後以人情退塡空名帖亦多云極爲
駭懍如此等事亦不可置而不論事定後一一詳細
退究從實施行俾無猥濫之弊事捧　承傳于該司

開城京畿江華等處尤其無理故敢此　啓達　傳

曰依啓

六月二十二日乙巳曉大雨

坐起如前昨見政目舍弟粹然首擬抱川縣監受

點　天恩罔極罔極

六月二十三日丙午陰夜大雨　在初陽洞

是日以妻病不坐而公事所志則捧題飢民亦如前

分賑　得尹鍊書空平儒生張應時等上疏願留云

可駭可愧附疏辨見

六月二十四日丁未或兩夜連雨

重胡先生文集卷之上　二十三

坐起如前辰時狀　啓陪人洪原免賤金千世田自

行在地圖及軍功成冊皆無事入納云

招見千世千世言左相宅奴先到故相公梧陰尹先

問此道之事而又問挾千世曰本道當初起兵及厥

後討賊之事可得聞歟千世答曰小的劣其何以知

之大槩　王子當初八甲山北道之南而誤入北道會指

第地名巡察使以防守薛罕嶺名三水江界兩邑事八擾地境通西要路也

別害堡阿喉召募義士使大將領出陣所巡察使以

次出陣沙水咸興村名凡于策應動中機宜洪原之戰又

得大捷賊出之後北官之兵無一出來而巡察使獨

為追擊而最晚出來利城以南子遺之民還入舊巢
之時探取所資之物有同倭賊南民之困到此亦極
巡察使自回程時勸課農種賑貸飢餓分遣品官軍
官馱載米鹽出八村巷如燕雀乳雛故民免溝壑上
年之防守西路開諭北民今年之追擊賊倭護恤軍
民皆是上功北民將恐陸遷赴朝而路聞以千萬
理無之事被論云夫人行次來赴咸興之時則事多
之後可以具禮迎奉而一行女主皆以衣袖遮面徒
步踰嶺乘馬入來下處朝夕供奉令行次下人為
之安有如此痛慨之事子相公答曰汝言是矣自皆

重胡先生文集卷之七 二十三

知其不實而聞汝言果眹官事如是盡心為之則豈

無毀之者耶云吳此地之事雖使私我者言之豈能

如是詳悉耶

行朝奇別則凡奇與朝報所錄大槩一樣六月初八

日右相俞泓善狀中軍大將趙儆左邊捕盜大將邊

良俊右邊大將梁思俊以守城稟命事五月二十二

日早朝進謁于駱參將發將曰本國全以文字為務

不知克詰武備致有今日之變徃者已吳守城之備

今不可忽收拾火器速備鐵丸萬餘筒以為守城之

用可也倭賊時方團聚釜山多造房屋其去留毒可

遂度本國潢池之弄亦安保其必無公等盡心無致

違誤 同日閱潚書狀內巡按御史及布政使等時

皆留駐寬典布政則今朝還向遼東云 全羅兵使

書狀五月初七日化寧邑尙州牧 倭賊百餘名殺掠人貨

望見軍兵退還之際進至二百餘里日暮還陣初八

日化寧等處遍野焚蕩臣先為接戰前郡守宣義問

連宛力戰射中不知其數賊見臣添兵退屯于沙羅

於草林中巡邊使把守處亦為接戰退北沙羅之賊

宣義間所防處及臣埋伏處衝犯逾時力戰賊徒中

箭者不知其數先鋒之賊為先散遁捍後之賊竄伏

112

林藪我軍乘勝斬馘六級雜物並奪 初十日尚州
之賊擧陣流下進退接戰者甲馳賊沈光憲白起等
追至五六里射斬十一日臣領兵馳到尚州則 天
兵已八賊壘臣與巡邊使欲見 天將單騎馳進則
把守不納 十四日馳到開寧善山仁同大丘等官
留屯之賊亦已遁下即與防禦使高彥伯助防將洪
李男慶尚道右兵使崔慶會忠淸兵使黃進等及本
道助防將李繼鄭義兵將任啓英相議約束賊勢彌
漫處昌原金海等官馳進云 慶尚左水使李守一
書狀蔚山郡守金太虛馳報內五月初三日各處屯

賊合陣太和地名為半還歸船隻亦多還向釜山初九

日自機張不知其數結幕觀其賊勢頓無退還之理

云東萊助戰將金廷瑞馳報內東萊賊勢探審則

五月初四日匈道路彌滿下來賊船隻則初十四

百餘隻十二日平明至日沒時樂海八歸太和屯賊

則東萊機張水陸往來無常十八日同　箭灘廣野

自彥陽不知其數下來如前留屯之則相應接濟倍

後初相考守矢為白必也賊勢如此為白天兵叱驅大

勢已退海口萬無更為長驅之理想必自京下來賊

盈滿梁山等處絶食求粮無為擾險伏兵以待題酉

還島之計齊是白在我待變不可少緩而兵船腐朽私
般整齊而體少難設銃簡此等般隻雖不用而觀兵
叉關臣與虞候金應忠及各鎮浦邊將藥領下海次
慶州未染浦留駐一邊精銃軍抄擇臣軍官黃世獻
定將蔚山屯賊或窦擊或夜硏事定送與巡察使韓
孝純兵使權應銖約束事　　啟下備邊司　判尹工
曹判書書狀五月柳大將與手下將官戚某游擊金
某等發向京城二十八日提督如明將姓卯名　與會揆
兵大受李衆將如梅施衆將朝卿李游擊如梧許樂
將國忠等發行已時到龍安站　點心馳過無極驛

亘向竹山路見經畧文書下馬手鴈火牌馳送于劉

綎吳維忠李寧蔦逢夏祖承訓張應神方時暉等處

使之合營相機進捕仍謂通事等曰陪臣不以粮餉

窘乏賊勢浩大之事　啓知　國王耶仍到前排賊

陣中止宿有公州入前發奉鄭晋生等十餘人持犒

軍牛九隻酒百盆乾魚紙束扇柄等物進呈謝單則

提督曰我有何功儒生等致誠如此慚愧慚愧只受

紙束酒盆則散喫軍士出給青三升十疋早飯後起

程不八陽智直到龍仁留宿當日銅雀後橋水漲提

督乘舡渡漢江辜屯十騎由南山路未時入京城李

大將張大將則仍留忠州間一二日相繼發還計料
事　啓下備邊司　兵曹判書李恒福　啓曰臣暴
兢當事且㐧匪擾未嘗出一謀發一策有所裨補且
知痛下亦不敢容喙扵其間而惟是軍功論賞一事
則職在本兵終始勾當而文書眩眼他人猝觀未易
辨覈故堂上以上規外別例論賞事外其他應行之
賞名雖相議臣實獨當前後異同經重失宜未論他
事只舉此罪己合萬死而賊勢尚急未能自列伏觀
下教論在上備總之記有不勝惶恐待罪　答曰勿待
罪備邊司　啓曰伏覩接伴使金睟狀　啓曰劉員外

117

新㸅中軍張汝翼切索品好倭刀贊畫欲得絶品花

文席 密教事意通情之時所用銀兩亦請 下送

東國通鑑旣已得之則敎篇之不與無益校利害與

地勝覽東萊付卷尤不可不示以增疑訝之心 答

曰依啓東鑑則姑勿與之備邊司 啓曰伏見安

接使洪世恭狀 啓南北道鎭堡無不蕩敗士兵等

顧得㺚馬以爲緩急之用許多之兵雖難遍給擇其

中驍勇能射之人或令試射賞給優等士兵之有軍

功者亦酌量論賞冝當云戰之用莫重於馬而貧賤

軍卒他無覓得之路依狀 啓施行無妨且能耳徙

浦兩站及三水郡最為空虛甲山惠山兩處伏誅罪
人妻子奴婢配于三水及兩驛事令該司依狀啓
施行何如　答曰依啓　府啓請令該曹因前
啓下事目其中未盡者更加商確以立一定之規將
前後軍功改為磨鍊　答曰將不勝其紛紛而人心
不喜事體亦妨令後更加詳察為之可矣又有一事
納粟運粮除職之輩似有虛僞朝章大紊其間之事
亦難盡言今因言端並及之　藥房　啓曰　東宮
久病之餘居處雍塞如甑山江西多有清涼房室預
擇吉日待晴移寓何如　傳曰依啓　六月十二日

119

慶尚左監司韓孝純書狀五月二十日成帖諸將馳
報內十八日倭賊自窑陽下來東萊以去本郡留此
之賊則依舊屯山諸將二十一日成帖馳報內十九
日倭船多數來泊于西生浦台良置是如為觀彼虜逃來招
鮮則皆是歸船迎去之船都事金頴男馳報內東萊
金山等處倭賊幾盡八歸臣段因道路往來人聞之
東萊等賊盡越海我國被擄憂作倭數者竟在海上
邊邊不知所之云云事 啓下備邊司 傳于政院
曰經畧最疑金山之說倭奴言朝鮮曾割與東萊又故留此陛云耳
移咨間之此地圖來自咸鏡余欲見而置之欲送于

120

經畧問于備邊司曰　啓曰慶尚沿海地圖送于經

畧使其處地數一見之瞭然似爲無妨即刻有安州

進去之資送何如　答曰依啓

備忘記曰予朝夕人也不當有言平日有意武備下

不奉令徒歸孜歷復何言哉然在一日則當盡一日

之責進駐事前日與左相對面說盡令人徒見賊退

雖知速進何曾有遠慮子予意子獨馳進京城以係

民望　宗社三宮世子姑留于此待　天兵捲還即

八撥平壤城撫民固守待京城措置規畫稍有所恃

然後奉　廟社前進此萬全之計也昔太祖以平壤

為根本統合三韓令國家賴西民之力得有今日今

當固守西都以觀東南之變子自將守漢都卿等所

見如何回 啓曰其於久留大計擋摩規畫出於群

下意慮之表臣等不勝感泣京城久為賊藪積屍相

枕

大駕進住固知未安而子遺之民日望 葦華山

陵之事亦多經理朝議之強請實出於此自 上從

速前進 三宮儲禁觀勢漸進允為當自 上綢繆

陰雨之備非不至矣而下不奉令綱紀解弛致 國

事至此皆由臣等資 國無狀之罪雖萬被誅戮難

以贖罪昧死敢　啓　答曰依啓下不奉令云者乃
指平日事非獨今日事卿等過為如此之言實非予
本意至為未安　司　啓曰軍功等第錯雜不均皆
由有司不能詳察而至扶前後異規賞格不同則盖
有事勢之緩急有所低仰也生變之初斬一級者勿
論公私賤皆許正科二級者堂上三級者封君錄勳
此固一時救急之政而非可行之道故旋即廢之安
在平壤有京外侍衛斬一級來獻者即除東部主簿
此後皆以斬級論賞及李薦臨津之戰平壤夜斫之
功皆以軍中忘身突戰宣力最多者從主將之報室

次論賞又扵順安陣戒勑軍中功勿斬級只許射殺
免致傷人又有李舜臣閑山大捷之報扵是不以斬
殺為主而專以分等論賞捕斬零賊者則殺二斬二
並皆一樣為先論賞其後射殺之報漸至虛僞斬級
之人多補其寃又以斬一准殺二論賞其後又因
上教不論射殺之功而專以斬級論賞扵是諸軍稱
寃狀　傳曰集臺諫論之故不得己稍變前規以殺
四准斬一級此其前後弛張變通之大畧也又有一
陣之中同名者其多至扵一鋏之中同名者不知其
幾論賞之際只據其名不考同異則甲蒙乙賞而上

功之時或不書役名两班廢孽平民公私賤與否無
憑可攄故更爲行移通問待其回答乃得論賞而本
鎭回報十分一到終不回報者類多以此有功而不
得蒙賞者亦有之又如旬朔之間一陣上功至投數
三前賞未下後功縱至故今日免賤者仍以賤役懸
錄今日除職者亦以白身懸錄自此欲爲分辨加賞
則一陣之中同名者甚多如上所陳申蒙乙賞倖門
或開故不得已從其所報故賤人則免賤白身則除
職不嫌疊受以待事定後釐正事前已具此緣由八
啓施行此其濫賞疊施之由也大槩論功之體散

與金帛務悅人情以償卒伍奔走之勞事多後多攻
行賞一時磨鍊故雖似重疊前後不異矣今連天變
京都四方一時蕩敗公藏私蓄無一可恃報功雲集
無物以償賞有踰時之怨士有解體之心故就其中
表表有功者為先論賞而不以金帛率其爵賞因其
緩急要改其規令所謂前後之甚者亦未必不由於
是也前在義州亦應及此故事定後每一道立功
中勿論士族公私賤錄成一秩各其名下前後立功
多小已論賞未論賞與否一一懸錄各其主將處許
細磨鍊以　啟事已為行移者欲待事定通融合計

爰酌論賞矣頃日咸鏡監司尹卓然所送軍功成冊
前後差次極其詳盡若依此規展無大相牴牾之嘆
矣今欲削盡前事一新更改則非徒事涉騷擾立功
之人非係一道一陣一戰之事一道之中表表官兵
外如小小義兵續續斬馘零碎湊合各自啓聞隨
即論賞後旋聚散者不知其幾文書不一爰考無攄
雖欲更問亦已晚矣設或更定亦未見十分平准之
效矣為今之計前所行移更為詳盡行移催促各道
軍功成冊上來後己受賞者雖似差過固難一切更
改至抆有切不賞者則一例論賞其中左其功小而

127

濫賞者拈出衆所共知畧干人畧加裁汰則此是當

初啓請行移之本意亦不外於臺諫啓辭之意

敢　啓　答曰知道　六月十三日　傳于禮曹曰

速為擇日　進駐以十九日二十四日八啓傳

曰進駐事友復更思之東宮將移江西內殿不可留

此縣當拜進駐于海州矣大縣東宮近日前症復作

子難拔遠離旦時方暑兩中路若値大兩則奉　廟

社亦恐有未安狼須之事不如姑為仍留　司啓

曰此地癘疫熾發非徒下人死亡者不絕朝紳多有

傳染臣等極為悶慮前日請為　進駐亦有此意未

敢明言擇日之後固欲請　三宮幷為　移駐　東

宮之症專是疫傷所發元證不重移于他處專靜調

治勿藥可期　東宮依前夕向于江西　三宮亦向

海州留駐

大駕自海州直向京城似為便當臣等區區不敢不

盡達惶恐敢　稟　答曰朕則　廟社往江西予往

海州予亦　啓曰奉安海州復當　傳曰依啓以十

九日進駐可也

六月二十五日戊申或雨或晴　　在初陽洞

坐起如前見崔僉知遇書則洪唐城純彥申同知豊

蔣以金上洛賣榮向配所路逝金闥子也上洛蒙恩見

放洪發議渾睦同知詹別世韓格時方受刑云上洛金

固是有德量者而運盡之後故處事多誤上年從金

國準奸計韓克誠兵使囟言誤入北地終至扲此如

何如何洪唐城有功故　國而當此之時左為闥重

之人而未究礙欸可惜可惜睦令公亦是可愛之人

而職業有限洪渾雖無才學而從事各流没於三品

之官為可憾也

六月二十六日己酉晴晚雨　在初陽洞

坐起如前午後文川居儒生韓天祐來傳其父韓士

傑所從西果為病妻哵索也深荷邑人之厚也天祐

曾於起軍時納醬一瓮於軍門者也府官初不報使

可痛而此人之不諉其功甚可嘉也即帖送盤一觧

六月二十七日庚戌陰午後雨

坐起如前

六月二十八日辛亥晴

坐起如前巡邊使同議議事見上狀

自行朝 東輿於去十九日移 啓陪人羅彥信囬

蹲海州是日午

後大雨云 進駐之行在京城則萬萬淪落嶺表之

臣瞻仰之路益遠且於其日大雨云尤不勝向北顚

慮之至

問東邊賊勢則已盡過海云然豈可信其

的然子第以事勢推之則似乎的矣問西路兩勢

則西路尤甚水邊之田盡為沙石云終年焚蕩之餘

又遭水災至扵此極天不悔禍耶人未轉禍可謂痛

哭前利城縣監韓令公德久向京歷見曾聞倭賊云

撤取吾家材瓦熟石輸上李福男屋上高築層臺云

吾雖還洛無計立屋故以其材瓦勿用之意嚴諭李

福男以軍下人事言送　合下隆嘉善

六月二十九日壬子兩

坐起如前鏡城判官黃廷喆以　教書肅拜歷入問

尹運去處則當初陣亡無疑問金鎰生死則母夫人
死後憂憤以病逝而其妻子亦死云問李爀剡裕仁
則上年憂初未及隨　駕往楊州先鋒村舍人勸避
賊則曰吾既未及隨　駕來此先鋒當死扸此地亦
避入深處竟遭禍云問沈政丞守慶知事遅來同
知贊三老宰安否則沈相則避扸牙山姜知事則避
寓扸全崴之壻淇川李光倫家而晟及其壻皆死知
事亦無依着處云年少勇健之人多被死此三老宰
皆以八十年得保性命天其或者憗遺此老以資中
與之績耶沈姜兩相曾經兩界閫任備邊凡百之廩

若專付此宰則雖不免大端賊患而諸路兵備豈至

一向踈虞耶瑩官必投藥得效然後可謂良瑩地官

必踰山遍觀然後可以善相而今時則習見瑩方則

自謂扁鵲慣見地經則自謂郭璞昔者金宗瑞許琮

皆以第一文人第一名相必試內外重任朕後終為

有用之材今乃以文武為二物曾經邊任者則外而

鄙之不得茜於　廟堂當事之列此豈長久治安之

策耶讀聖賢書任將相責而　國事有急束手無為

軍境所得只是　去邲一事使二百年　宗社一朝

丘墟尚忍言哉

重朝先生文集卷之上八十五二

重湖先生文集卷之上

북관일기 상
北關日記 上

출처 :《중호선생문집》권상, 1957, 전남대학교 도서관 소장.

여기서부터 영인본을 인쇄한 부분입니다. 이 부분부터 보시기 바랍니다.

역주자 신해진(申海鎭)

경북 의성 출생
고려대학교 국어국문학과 및 동대학원 석박사과정 졸업(문학박사)
전남대학교 제23회 용봉학술상(2019) ; 제25회·제26회 용봉학술특별상(2021·2022)
현재 전남대학교 인문대학 국어국문학과 교수

저역서 『취사 이여빈 용사록』(보고사, 2022), 『양건당 황대중 임진창의격왜일기』(보고사, 2022)
      『농아당 박홍장 병신동사록』(보고사, 2022), 『청허재 손엽 용사일기』(보고사, 2022)
      『추포 황신 일본왕환일기』(보고사, 2022), 『청강 조수성 병자거의일기』(보고사, 2021)
      『만휴 황귀성 난중기사』(보고사, 2021), 『월파 류팽로 임진창의일기』(보고사, 2021)
      『검간 임진일기』(보고사, 2021), 『검간 임진일기 자료집성』(보고사, 2021)
      『가휴 진사일기』(보고사, 2021), 『성재 용사실기』(보고사, 2021)
      『지헌 임진일록』(보고사, 2021), 『양대박 창의 종군일기』(보고사, 2021)
      『선양정 진사일기』(보고사, 2020), 『북천일록』(보고사, 2020),
      『괘일록』(보고사, 2020), 『토역일기』(보고사, 2020)
      『후금 요양성 정탐서』(보고사, 2020), 『북행일기』(보고사, 2020)
      『심행일기』(보고사, 2020), 『요해단충록 (1)~(8)』(보고사, 2019, 2020)
      『무요부초건주이추왕고소략』(역락, 2018), 『건주기정도기』(보고사, 2017)
      이외 다수의 저역서와 논문

중호 윤탁연 북관일기 ⑨
重湖 尹卓然 北關日記 上

2022년 9월 14일 초판 1쇄 펴냄

원저자 윤탁연
역주자 신해진
펴낸이 김흥국
펴낸곳 도서출판 보고사

책임편집 이경민
표지디자인 김규범

등록 제6-0429호
주소 경기도 파주시 회동길 337-15 보고사
전화 031-955-9797(대표)
팩스 02-922-6990
메일 bogosabooks@naver.com
http://www.bogosabooks.co.kr

ISBN 979-11-6587-388-2 94910
       979-11-6587-387-5 (세트)
ⓒ 신해진, 2022

정가 26,000원